MÜNCHEN
DD
WÖRGL
BRIXLEGG
WIEN
ALPBACH
N
W
O
S
FLORA 50

Das Forum Alpbach
1945 - 1994

Das Forum Alpbach
1945 - 1994

DIE DARSTELLUNG EINER
EUROPÄISCHEN ZUSAMMENARBEIT

Herausgegeben von
ALEXANDER AUER

Mit Beiträgen von
HANS ALBERT, ALEXANDER AUER, FRITZ BEHRENDT, PAUL FLORA, HORST KNAPP,
FRITZ MOLDEN, HANNA MOLDEN, OTTO MOLDEN,
ROBERT MUTH, WOLFGANG PFAUNDLER, HEINRICH PFUSTERSCHMID-HARDTENSTEIN,
PAULA VON PRERADOVIC, GASTON THORN.

Eine Dokumentation
anläßlich des 50. „Europäischen Forum Alpbach"
veranstaltet vom
Österreichischen College.

IBERAVERLAG - EUROPEAN UNIVERSITY PRESS

Danksagungen

Das Österreichische College dankt der Tiroler Landesregierung,
insbesondere Herrn Landeshauptmann Dr. Wendelin Weingartner, Landesrat Fritz Astl und Dr. Christoph Mader
für die großzügige Unterstützung bei der Herausgabe dieses Dokumentationsbandes.

*

Der Herausgeber, die Gestalter und der Verlag danken
dem Präsidenten sowie den Mitgliedern des Vorstandes und dem Sekretariat des Österreichischen College
für ihre große und geduldige Unterstützung bei der Gestaltung dieses Buches.
Besonders gilt dieser Dank jenen „Uralpbachern", deren Wissen, Erfahrung und Erinnerung
an die ersten Jahre und Jahrzehnte des Forums es überhaupt erst ermöglicht haben, dieses Werk
trotz erheblicher Mängel an brauchbaren Unterlagen halbwegs vollständig zu produzieren.
Daß Unterlassungen und Fehler trotzdem unvermeidlich waren, bittet der Verlag zu entschuldigen.
Persönlich ist vor allem Herrn Univ. Prof. Dr. Wolfgang Pfaundler, dem großen Alpbachkenner und
Photographen für die Erlaubnis, seine hervorragenden Bilder publizieren zu dürfen, zu danken.
Ebenso dankt der Verlag allen Autoren und Künstlern,
die ihre Beiträge dem Österreichischen College kostenlos zur Verfügung gestellt haben,
für die Erlaubnis zur Veröffentlichung.
Schließlich gilt auch der Dank des Verlages
den Firmen Alpenbild, Blach, Gattinger, Habermüller, Hausmann, Murauer und Salus
für ihre Genehmigung, die von ihnen stammenden Bilder zu publizieren.

*

Redaktionelle Planung und Gestaltung
FRITZ MOLDEN

Layout, Graphik und Bildgestaltung
BRIGITTE STROBELE

Das Bild auf dem Umschlag stammt von
WERNER SCHOLZ
und wurde von diesem dem Österreichischen College
als Fahne geschenkt.

Diese Dokumentation enthält
256 ABBILDUNGEN

*

1. Auflage

Verlegt durch den Ibera Verlag.

Wissenschaftliche Zusammenstellung der Programme: Dr. Franz Schwediauer
Lektorat: Dr. Franz Schwediauer, Genia Gazda
Litho: Lithoscan, Wien
Druck: Remaprint, Wien
Buchbinder: Papyrus, Wien
ISBN: 3-900436-11-8

Inhalt

Einführung - *Alexander Auer* 7

I. Teil: Der Boden, auf dem der Geist von Alpbach gewachsen ist.
Alpbacher Elegie - *Paula von Preradović* 10
Alpbach – eine Wiege Europas - *Otto Molden* 12
Die Gründer und Präsidenten des Europäischen Forum Alpbach von 1945 bis 1994 13
Der Blick aus Vergangenheit und Gegenwart in die Zukunft - *Heinrich Pfusterschmid-Hardtenstein* 15
Wissenschaft in Alpbach - *Hans Albert* 17
Betrachtungen eines Auslandsalpbachers - *Gaston Thorn* 23
Wirtschaft zwischen Theorie und Praxis - *Horst Knapp* 27
Kunst und Kultur zwischen Auslöschung und Wiedergeburt - *Alexander Auer* 31
Alpbach – Portrait eines Dorfes - *Hanna Molden* 33

II. Teil: Gang durch fünf Alpbacher Jahrzehnte.
Das Österreichische College 40
Die wissenschaftliche Arbeit der ersten Jahre - *Robert Muth* 42
Es begann mit Grubers Zigaretten - *Fritz Molden* 45

1945 - 1955 Österreichs Weg von der Befreiung zur Freiheit. Alpbach als erstes Tor zur freien Welt. 48
1945: Wissenschaft und Gegenwart. 50
1946: Erkenntnis und Wert. 52
1947: Weltbild und Menschenbild. 54
1948: Gesetz und Wirklichkeit. 56
1949: Grenzen der Forschung - Neue Lösungen und offene Probleme. 58
1950: Natur und Geschichte. 62
1951: Formprobleme - Strukturen und Modelle. 64
1952: Wissenschaft im Umbruch- Universität und Europa. 66
1953: Was ist der Mensch? 68
1954: Gegenwart und Wissenschaft. 72

1955 - 1965 Konservativismus im Westen, Festigung des Sowjetimperiums,
Auflösung der letzten Kolonialstrukturen. 76
1955: Erkenntnis und Aktion. 78
1956: Evolution und Revolution. 80
1957: Mythos, Utopie, Ideologie - Elemente zur Erkenntnis der Gegenwart. 84
1958: Bilanz der Freiheit. 86
1959: Politik und Kultur. 90
1960: Sprache und Welt. 94
1961: Wissenschaft und Zukunft. 96
1962: Asien und die westliche Welt. 98
1963: Arbeit. 100

1964: In der Mitte des XX. Jahrhunderts. Neue Fragestellungen seit 1945 ... 102

1965 - 1970 Die Revolte der Jungen. ... 104
1965: Europa und die Vereinigten Staaten von Amerika. ... 106
1966: Gesellschaft versus Wissenschaft. ... 108
1967: Information und Kommunikation. ... 110
1968: Macht - Recht - Moral. ... 112
1969: Zukunft – Vision, Forschung, Planung. ... 116

1970 - 1980 Wechselseitige Duldung: Demokratischer Sozialismus im Westen, Realer Sozialismus im Osten. ... 118
1970: Ohne Generalthema. ... 120
1971: Wissenschaft – Gesellschaft – Politik. ... 122
1972: Krise der städtischen Gesellschaft. ... 124
1973: Forschung und Bildung in der industriellen Gesellschaft. ... 128
1974: Idee und Wirklichkeit – 30 Jahre Europäisches Geistesleben. ... 130
1975: Rationalität und Entscheidung ... 136
1976: Grenzen der Freiheit.. ... 138
1977: Konflikt und Ordnung. ... 142
1978: Wissen und Macht – Legitimitätsprobleme in Kultur und Gesellschaft. ... 146
1979: Der Mensch in der unvollkommenen Gesellschaft. ... 150

1980 - 1989 Konservative Realpolitik und soziale Marktwirtschaft bringen das Imperium des erstarrten Sozialismus zu Fall. ... 152
1980: Konsequenzen des Fortschritts. ... 154
1981: Strukturen im Umbruch. ... 158
1982: Erkenntnis und Gestaltung der Wirklichkeit. ... 160
1983: Wissen – Glaube – Skepsis. ... 162
1984: Der Beitrag Europas. Erbe und Auftrag. ... 166
1985: Evolution und die Zukunft der Menschheit. ... 170
1986: Autonomie und Kontrolle. Steuerungskrisen der modernen Welt. ... 172
1987: Erkenntnis und Entscheidung. Die Wertproblematik in Wissenschaft und Praxis. ... 174
1988: Krise der Moderne? Veränderungen in Kultur, Wirtschaft und Gesellschaft. ... 176

1989 und danach. Unterwegs zum Jahrtausendwechsel. ... 181
1989: Geschichte und Gesetz. ... 182
1990: Freiheit – Ordnung – Verantwortung. ... 184
1991: Zeitenwende – Vision und Wirklichkeit. ... 186
1992: Entscheidung für Europa. Bewußtsein und Realität. ... 190
1993: Was ist der Mensch? Menschenbilder im Wandel. ... 194
1994: Zeit und Wahrheit. ... 198

Index ... 206

Einführung

Alexander Auer

Der vorliegende Band will an Hand von Bilddokumenten und Sachbeiträgen zu einigen Hauptgebieten der Arbeit dem Leser eine Retrospektive über 50 Jahre Alpbach eröffnen. Fünfzig Jahre sind eine sehr lange Zeit in einer rasch sich wandelnden Welt. Trotz ihrer betonten Bezogenheit auf das jeweilige Gegenwärtige rückt die Veranstaltung selbst zwangsweise allmählich in eine historische Dimension. Deshalb bemühen sich die hier versammelten Beiträge, die am meisten typischen Charakteristika, die Ideen der Repräsentanten und die handelnden Personen, die das Gesicht des "Europäischen Forum Alpbach" seit seiner Entstehung 1945 geformt haben, in die Gegenwart zurückzuholen.

Einer der Gründer des "Europäischen Forum Alpbach" und des "Österreichischen College", Otto Molden, hat 1981 unter dem Titel "Der andere Zauberberg" eine ausgezeichnet dokumentierte, ausführliche Darstellung vorgelegt, die die Vorgeschichte und Geschichte dieses Unternehmens, seine Ziele und Resultate genau und authentisch beschreibt und viele der Protagonisten dieser Jahrzehnte umspannenden Arbeit lebendig vorstellt.

Dieses kurze Vorwort kann sich daher damit begnügen, die Wegmarken anzudeuten und an ihre für die jeweilige Zeit gewichtigen Gedankengänge und Verwirklichungen zu erinnern. Die Ausgangspunkte der beiden Gründer Otto Molden und Simon Moser ergänzen einander hier in sehr glücklicher Weise.

Molden forderte den "Einsatz des ganzen Menschen" und strebte die Sammlung all derer an, die den Grundvoraussetzungen einer Auswahl nach „Geistigkeit, Lebendigkeit, Universalität und Toleranz" entsprechen. Die Erneuerung des geistigen Lebens sollte dadurch verwirklicht werden, daß die besten Geister zueinander finden und, ohne den eigenen Standpunkt zu verleugnen, jene Vorurteile aufgeben, die zwischen Konfessionen, Nationen und weltanschaulichen Lagen entstanden und die naturgemäß die Keime von Mißverständnissen und Krieg in sich schließen.

Simon Mosers Ziel war dem gegenüber vor allem eine Erneuerung auf dem Gebiet der Universitäten. Nach seinen eigenen Worten: "Aus den Hochschulen, dem Dienste politischer Zwecksetzungen, des Faschismus und des Nationalsozialismus zum ersten Mal wieder Fuß zu fassen im selbstzweckhaften Leben der an den Hochschulen gelehrten Disziplinen, heimzukehren zum Humanum als Unterpfand der Wissenschaft".

Wenn also in Alpbach seit 1945 von der Erneuerung des geistigen Lebens die Rede war, so war damit gemeint: Überwindung des selbstzweckhaften Spezialistentums, die Einführung des interfakultativen Gesprächs der Wissenschaften untereinander, die Konfrontation von Einzelwissenschaften mit der Philosophie und schließlich die Wiederherstellung der übernationalen Lebensform wie sie Europas hohe Schulen einst ausgezeichnet hatte. Zur Umsetzung dieser Grundforderungen sollten die Internationalen Hochschulwochen beitragen. Obwohl diese Konzeption von vielen mißverstanden und als romantische Donquichotterie abgetan wurde, hat sie doch sehr frühzeitig ihre robuste Lebenskraft unter Beweis gestellt und sich als magnetische Kraft erwiesen, die viele junge Menschen nach Alpbach zog, um hier eine ihnen gemäße Form der Selbstverwirklichung vollziehen zu können.

Hatte am ersten Versuch der Hochschulwochen 1945 nur eine von Molden und Moser zusammengeführte Gruppe von weniger als 100 Interessenten aus Frankreich, Deutschland, der Schweiz, den USA und Österreich teilgenommen, so wurden in den folgenden Jahren bis etwa 1950 in steigendem Maß einige sehr bedeutende Intellektuelle aus verschiedenen Ländern auf

Alpbach aufmerksam und begannen an der dort in Gang befindlichen neuartigen Arbeit Gefallen zu finden. Etwa zu Beginn der Fünfzigerjahre war das „Europäische Forum Alpbach“ (wie es sich seit 1949 nannte) der jährliche Mittelpunkt übernationaler und interfakultativer intellektueller Auseinandersetzung auf höchstem Niveau geworden. Im Rückblick können heute einige mehr oder minder deutlich konturierte Entwicklungsphasen unterschieden werden.

Die ersten Jahre gehörten der schrittweisen Entwicklung und Anwendung der spezifischen Arbeitsmethoden und der damals ganz neuen gruppendynamischen Ideen des Forums sowie dem Aufbau der die Veranstaltung tragenden Organisation. In diesem Zeitraum hatte die Befassung mit Philosophie, Theologie und den Humaniora den bedeutendsten Anteil am wissenschaftlichen Programm. In einer weiteren Entwicklung gewannen dann die Geistes-, Sozial- und Naturwissenschaften ein sehr ausgewogenes Verhältnis untereinander. Gleichzeitig traten die großen Symposien, die jetzt nicht nur wissenschaftliche und philosophische, sondern auch wirtschaftliche und politische Themen behandelten, immer stärker hervor. Vor allem das "Internationale Wirtschaftsgespräch" wurde zu einer alljährlich wiederkehrenden sehr erfolgreichen Dauereinrichtung. Zu Anfang der 50-er Jahre hatte sich die Befassung mit den Künsten umfangmäßig und qualitativ sehr fruchtbar entwickelt. Nach 1970 löste dann ein neuer Aufschwung eine kurze Schwächeperiode ab, zu der eine Verkettung von äußeren und inneren Umständen geführt hatte. Dieser neue Abschnitt hat auch ein schrittweises Ansteigen des Anteils der Sozial- und Wirtschaftswissenschaften und eine viel beachtete Perfektionierung der "Europäischen Gespräche" hervorgebracht. Die "Dialogkongresse"– meines Erachtens die wichtigste Innovation des Österreichischen College in den 70-er Jahren – die die Bezüge zwischen Europa und den bedeutendsten Kultur- und Wirtschaftsräumen herstellen sollten, haben die Arbeit des "Europäischen Forum Alpbach" sehr sinnvoll ergänzt und zweifellos beträchtlich dazu beigetragen, insbesondere die außereuropäischen Räume näher an Mitteleuropa heranzurücken. Auch der zahlenmäßige Umfang der Teilnehmerschaft hat sich von ca. 80 Personen im Jahr 1945 auf über 1000 in den letzten Jahren erhöht. Alles in allem haben bis 1993 über 30.000 Personen am "EUROPÄISCHEN FORUM ALPBACH" teilgenommen und mitgewirkt. Es ist sicher ein erfreuliches Resultat, wenn sich der Umfang der Veranstaltung ausweitet und die Zahl seiner Freunde und Teilnehmer sich laufend steigert. Für den eigentlichen Erfolg kann dieses aber nicht ausschlaggebend sein. Hier zählen andere Kriterien. Mit den im Forum entwickelten Methoden in einer sehr offenen Gesellschaft von Intellektuellen kommt es primär darauf an, für immer neu entstehende Fragestellungen, wie Wissenschaft und Gesellschaft sie hervorbringen, einigermaßen adäquate Antworten zumindest proponieren zu können.

Leider kann diese im Umfang so begrenzte Dokumentation viele Persönlichkeiten nicht namentlich erwähnen oder noch weniger im Bild zeigen, die oft unverwechselbare Beiträge für das Forum geleistet haben. Mit dieser Beschränkung muß sich der Herausgeber, wenn auch sehr schmerzlich, abfinden.

Nach Jahrzehnten des Friedens in Kerneuropa konnte hier die Auffassung entstehen, die Welt sei seit Ende des Zweiten Weltkrieges "besser" geworden. Diese Betrachtungsweise findet in anderen Kontinenten keinerlei Zustimmung. Sie wird schon im Südosten Europas auf das Schrecklichste durch Tatsachen widerlegt.

Angesichts dieser Gegebenheiten muß ein Forum wie Alpbach sich darauf vorbereiten, in den kommenden Jahren mehr denn jemals zuvor, den Ereignissen auf der Spur zu bleiben, um ihnen geistig gewachsen sein zu können. Wird diese Verpflichtung erkannt, die Herausforderung angenommen, so war die fast ein halbes Jahrhundert geleistete Arbeit nicht vergeblich und es kann die Hoffnung bestehen, auch der Zukunft mit neuen Lösungsvorschlägen und Ideen dienen zu können. •

I. Teil
Der Boden, auf dem der Geist von Alpbach gewachsen ist.

Die Alpbacher Elegie

Paula von Preradović

Wagt ihr schon wieder zu sitzen
am mittäglich sorglosen Abhang,
Brüder, genesene kaum vom Grauen
der kürzlichen Tage,
Wagt ihr zu glauben, daß Friede so herzlich
euch wieder umblühe,
Wie zwischen Nadeln und Zapfen
die rosigen Eriken stehen?
Weißliche Wolken des Föhns, sie fliehen,
vom Ostwind vertrieben,
Hinter granitnen Gebirgs
graugrün verschattetem Grat.
Inbrünstig harft in den Lärchen und Fichten
der gipfelnde Sommer,
Leiser aus Hasel und Birke
erzittert der nahende Herbst.
Blitzende Schwalben umschwirren
den Kirchturm, zu lernen den Abflug,
Überselig vergeßnen ob Liebe
und Nistung und Brut,
Furchtlos steigt aus den Dächern,
den steinebeschwerten, der Herdrauch,
Und von den erntegefüllten,
den Leben umhegenden Höfen
Zeichnet die steilende Sonne
den kürzesten Schatten ins Gras.
Lagen wir nicht, o ihr Brüder,
noch eben zu Boden geworfen,
Lagen wir nicht in der Nacht
zitternd und hatten die Häupter
Eingebohrt in den Arm
und die Hände verkrampft in die Erde?
Lagen wir nicht so durch Jahre
und wagten die Stirn nicht zu heben,
Weil es dort oben dahinzog in wilden,
dämonischen Jagden,
Furchtbaren Riesengestalten
verwegener Abgrundgeburt?
War nicht die finstere Luft
uns gesättigt von höllischen Schreien,
Nicht uns der Atem verlegt
von tödlich verdorbnem Gestank?
Tobten sie nicht in der Höhe,
als wären die Himmel ihr Eigen,
Maßen die Fürsten der Nacht
Tag nicht und Erde sich zu?
Große Gespenster entronnen
dem innersten Bauche der Berge,
Drin sie jahrhundertelang schliefen
betörenden Schlaf,
So daß man tot sie vermeinte,
wie zeigten sie stark sich am Leben!
Haie des untersten Meers,
die niemals die Sonne gesehn,
Wie durch vertrauteste Flut
pfeilten sie hin durch die Luft.
Greife rauschten daher, gemästet
von heimlichem Blute,
Drachen klafterten frech,
die schleimigen Eiern entkrochen,
Da noch in dämmernder Zeit
Zeichen des Stieres regiert.

Brüder, vergeßt es nicht,
wenn Schmetterlinge euch streifen,
Wenn in schwarz-weißem Gespräng
Elster das Tal überfliegt,
Daß euch zu Häupten der Tod
in tausend Gestalten gezogen,
Daß alle Arten von Gift
niedergeträufelt auf euch.
Wißt ihr es noch, das Gelärm,
das Brüllen im hohen Geäste,
Wie es nicht nachließ und grausam
die Tage und Nächte erfüllt,
Teuflischen Heerzugs untrügliches Zeichen

und furchtbares Zeugnis.
Lüge, Haß und Verfluchung
entgeiferte Rachen und Mäulern,
Bis in den heimlichsten Traum
drang euch des Werwolfs Gebell.
Nirgends war Stille, die holde,
die einzige Heimat der Seele,
Stille, die Schoß ist und Nest
allem, dem Zukunft bestimmt.
Brüder, vergesset es nicht,
das Raunen, Pfauchen und Dröhnen,
Wenn euch mit Milde die Glocken
des Mittags erklingen im Tal,
Wenn euch die Biene umsummt,
die Meise umzirpt aus dem Tannicht,
Und wenn mit Schweigen im Blauen
hinwandert der wachsende Mond.
Brüder, ihr sitzet am Abhang,
ihr kostet die gramlose Stunde,
Staunend pocht euch das Herz,
wie es Entronnenen tut.
Aber wohin denn entschwanden
die nächtlichen Schreckensgestalten?
Schlug sie der himmlische Blitz?
Sog sie der Wasserfall ein?
Haben, die uralte Brut begrabend,
sich Berge geöffnet?
Deckt sie, bestattend ihr Aas,
wuchtend das salzige Meer?
Oder sind sie am Leben noch immer,
von Bösem sich nährend,
Strotzend von Eiter und Blut,
lüstern nach Wehsal und Tod?
Halten sie hinter dem Berg
in verödeter Schlucht sich verborgen,
Vorzubrechen bereit,
wann immer das Untier sie riefe
Laut mit verruchtem Gebell
zu des Erdkreises letztem Verhängnis?
Haben nicht Böses zum Fraße die Bösen,
so müssen sie sterben,
Atmen nicht Lüge die Lügner,
so dorrt ihr verfluchtes Geschlecht.
Sehen sie dienende Liebe,
erblinden vor Haß ihre Blicke,
Hören sie wahrhaften Spruch,
welkt ihres Röhrens Gewalt.

Ihr, die ihr sitzet am Abhang,
entronnen dem wütigen Jagen,
Hebet das reine Gesicht
friedlich ins flutende Licht.
Tötet den Wurm in der Brust,
und ihr tötet den Lindwurm der Lüfte,
Wärmet den hoffenden Keim,
und ihr rettet angelische Saat.
Atmet getrost, da die Schober
voll trockenen Heus euch umduften,
Thymiangeruch euch umweht,
und Skabiose euch bläulich umschwankt.
Schauet vom Abhang zu Tale,
als hätte mit Todesfanfaren
Höllisches Jagdvolk euch nie
über den Häuptern getobt.
Laßt euch die wandernden Winde
mit Frische umstreichen die Wangen,
Laßt euch die tanzenden Gräser
umwehen das ruhende Knie.
Schlage das Herz euch getrost.
Es ward euch das Erdreich zu eigen,
Wenn ihr das Gute nur suchet,
ihr Friedlichen, fürchtet euch nicht!

Die Dichterin hat die Alpbacher Elegie im Sommer 1947 verfaßt – auf jener Bergwiese sitzend, auf der heute das nach ihr benannte Kongreßhaus steht.

Alpbach - eine Wiege Europas

Otto Molden

Die Frage nach der geistigen Entstehung Europas ist ebenso oft gestellt worden, wie die Natur dieser Frage vielfältig ist.

Was sind die Gründe dieses rätselhaften, aus ungezählten Quellen gespeisten Phänomens?

Es ist ein einzigartiges geistiges und geographisches Gebilde, das in der so mannigfaltigen Welt entstand. Europa hat so viele Ursprünge, wie ein gewaltiger Baum Wurzeln hat. Sie alle schufen jene komplexe Wesenheit, die wir heute Europa nennen.

Ohne Homer und griechischer Philosophie, ohne Alexander den Großen und den Hellenismus, ohne Vergil und vierter Ekloge der Bukolika hätte es die unvorstellbare und vielseitige Geistigkeit, die die Welt nur einmal kennt, nie gegeben.

Dennoch ist dieses Europa mehr als eine einzigartige Idee, ausgezeichnet durch die gewaltigste ethische und moralische Religion der Welt, durch die Menschwerdung Jesu Christi, die Geburt des Gewissens und der unsterblichen Seele.

Alles dies war die geistige und religiöse Grundlage für die umfassendste gesellschaftliche Entwicklung der Menschheit zwischen Atlantik und Mittelmeer, Nordkap und Gibraltar. Hier wurde der Geist durch Herrschaft und die menschliche Macht ihrerseits durch den Geist diszipliniert.

Seitdem sich Gesellschaften aus den frühen religiösen und geistigen Anfängen in ihren mannigfaltigen Formen entwickelten, hatten diese Zivilisationen um ihre Ideen und Wege gerungen. In gewaltigen geistigen und künstlerischen Werken haben sie sich geformt und perfektioniert wie auch immer wieder zerstört.

Der Geist muß von Herrschaft zusammengehalten sein, um wirksam zu werden. Das führt bei gegensätzlichen Meinungen immer wieder zu Kriegen und Revolutionen.

Die beiden letzten großen Kriege haben Europa beinahe vernichtet. Neue Ideen und Ideale mußten die Zerstörungen beseitigen und Europa neu errichten.

Das "Europäische Forum Alpbach" war unmittelbar nach Ende des Zweiten Weltkrieges der erste Versuch, die Voraussetzungen für ein Europa zu schaffen, in dem die großen Ideen, die hier von Anfang an wirksam waren, neu verarbeitet und gestaltet werden sollten.

Durch dieses zu keiner Zeit sich erschöpfende und aufgegebene Bemühen um die neuen geistigen Dimensionen des alten Kontinents ist dieser Versuch des Alpbacher Forums trotz mancher Mängel und Mißerfolge in die europäische Kulturgeschichte der letzten fünfzig Jahre in einzigartiger Weise erfolgreich eingegangen. Es wurde so zu einer Wiege der europäischen Idee.

Österreichisches College

(Internationale Hochschulwochen)

ALPBACH - TIROL

25. August bis 10. September 1945

Erstes Programm des Österreichischen College

Die Gründer und Präsidenten des Europäischen Forum Alpbach von 1945 bis 1994

Otto Molden *(Photo: Pfaundler)*

Simon Moser *(Photo: Pfaundler)*

Der Wiener Student Otto Molden und der Dozent der Philosophie Simon Moser aus Jenbach in Tirol, der bei Kriegsende aus dem Widerstand gegen den NS-Staat in Tirol aufgetaucht war, gründeten im Sommer 1945 die „Internationalen Hochschulwochen" des Österreichischen College in Alpbach. Die erste Veranstaltung, deren Gesamtleitung Moser und Molden innehatten, fand vom 25. August bis 10. September 1945 statt. In der Folge wurde der Verein „Österreichisches College" als Trägerorganisation der Alpbacher Veranstaltungen gegründet. Präsident wurde Otto Molden, Vizepräsident und wissenschaftlicher Leiter wurde Doz. Dr. Simon Moser. Otto Molden stand dem Österreichischen College bis 1960 vor. In diesem Jahr legte er seine Funktionen nieder, um sich ganz politischen Aufgaben zu widmen. Im Jahre 1971 wieder zum Präsidenten des Österreichischen College gewählt, verblieb er in dieser Funktion bis zu seinem Rücktritt 1992. Er wurde zum Ehrenpräsidenten auf Lebenszeit gewählt.

Simon Moser, der nach seiner Dozententätigkeit an der Universität Innsbruck einer Berufung als ordentlicher Professor der Philosophie an die Universität Karlsruhe folgte, blieb bis zu seinem Rücktritt 1974 Vizepräsident und wissenschaftlicher Leiter des Österreichischen College.
Alexander Auer war bereits seit dem Jahre 1946 Generalsekretär des Österreichischen College und damit der Alpbacher Veranstaltungen. Nach dem Rücktritt von Otto Molden im Jahre 1960 wurde Alexander Auer zum Präsi-

Alexander Auer *(Photo: Pfaundler)*

Dr. Felix Pronay *(Photo: Pfaundler)*

denten des Österreichischen College gewählt, welche Funktion er bis 1964 ausübte, um sodann einer Berufung in den österreichischen diplomatischen Dienst Folge zu leisten. Sein Nachfolger als Präsident wurde Dr. Felix Pronay, langjähriges Vorstandsmitglied des Österreichischen College und Bankdirektor in Wien. Dr. Pronay blieb bis 1970 im Amte und legte dann aus beruflichen Gründen seine Funktion zurück.
Nach der zweiten Amtsperiode Otto Moldens als Präsident des Österreichischen College, die 1971 begann und 1992 endete, wurde der damalige österreichische Botschafter in den Niederlanden, Dr. Heinrich Pfusterschmid-Hardtenstein, aus der Steiermark stammend, zum Präsidenten gewählt. Er war schon 1947 erstmals als junger Student nach Alpbach gekommen, hatte dann die Collegegemeinschaft Graz geführt und blieb dem College stets eng verbunden.
(f.m.)

Der Blick aus Vergangenheit und Gegenwart in die Zukunft

Heinrich Pfusterschmid-Hardtenstein

Heinrich Pfusterschmid-Hardtenstein *(Photo: Murauer)*

Die Menschheit hat sich in der Spannung zwischen Individuum und Gemeinschaft entwickelt. In welcher Weise dies jeweils genützt, geregelt und gelöst wurde, hat darüber entschieden, ob einem Gemeinwesen nur vorübergehende oder dauerhafte Bedeutung zukam. Das individualistische Athen hat schließlich über Sparta triumphiert, das römische Recht schuf mit der Stellung des Bürgers in der öffentlichen und privaten Sphäre die Voraussetzungen für die Lebensfähigkeit ganz großer Gemeinwesen und ihrer Wirtschaftssysteme. In diesem Jahrhundert haben die Demokratien freier Bürger über die manchmal unüberwindlich erscheinenden totalitären Machtsysteme gesiegt. Offenbar kommt es darauf an, ob in einem Gemeinwesen die Erfindungsgabe und der Einsatz der Einzelnen so aufeinander abgestimmt und zur Wirkung gebracht werden können, daß aus jedem Einzelakt heraus durch die Verstärkerfunktion der Gemeinschaft ein größeres und bleibenderes Ergebnis erzielt werden kann. Andererseits zeigt die Wiener Klassik in der Musik, wie das dauernde miteinander Musizieren eines beständigen Personenkreises den Einzelnen schließlich zu genialen Spitzenleistungen aufsteigen läßt. Zu allen Sparten menschlicher Betätigung, von den Künsten über die Wissenschaften bis hin zur Politik, lassen sich ähnliche Beispiele finden.

In den Jahren der Diktatur und des Krieges war dieses Zusammenwirken nur zum Zwecke militärischer und kollektiver Machtentfaltung erlaubt, die freie geistige Betätigung in Gruppen war suspekt und, außer in Randgebieten, geradezu geächtet. Der rasche Verfall des intellektuellen und kulturellen Lebens war dadurch geradezu dramatisch.

Dem entgegenzuwirken war die Absicht der Gründer der Alpbacher Hochschulwochen im Augenblick der Stunde Null des Nachkriegseuropa. Wie man gemeinsam an die Lösung der großen Aufgaben des geistigen und materiellen Wiederaufbaus herangehen müsse, sollte mit der nötigen Konzentration und Intensität in der Abgeschiedenheit eines Dorfes in den Tiroler Alpen beraten werden.

Menschen an einen Tisch zu ernstem Gespräch zusammenzubringen, die bis kurz davor nicht zusammenkommen konnten, ja sogar in verfeindeten Lagern standen, war eine sowohl spirituelle als auch organisatorische

Leistung. Sie wurde von den Gründern der Alpbacher Hochschulwochen so erfolgreich gelöst, daß aus einer zunächst einmaligen Veranstaltung nunmehr fünfzig geworden sind und noch eine ganze Reihe anderer Initiativen und Konkretisationen wie die Dialogkongresse und die Sommerschule für Europäische Integration eingeführt wurden.

Trotzdem stellt sich nun die Frage, ob diese Art von Veranstaltung noch nötig und zeitgemäß ist. Die Freiheit des Gespräches ist im allgemeinen vorhanden und in der westlichen Welt verfassungsrechtlich gegeben und geschützt, die Möglichkeit zusammenzukommen durch die modernen Verkehrs- und Kommunikationsmittel in einem Ausmaß gewährleistet wie nie zuvor. Dennoch treiben wir, so paradox es auch erscheinen mag, einer Zeit der Vereinzelung der Individuen und einer Funktionalisierung, ja Entpersönlichung der Gemeinschaftsbeziehungen entgegen.

Zu viele Informationen, der ständige Ortswechsel, eine einseitige Ausrichtung auf fach- und berufsbezogene Zusammenkünfte sowie ein sich selbst genügsames Erfolgs- und Gewinnstreben führen dazu, daß Gespräche von Mensch zu Mensch, geführt mit dem ganzen Einsatz der Persönlichkeit, seltener werden, das Entwickeln eines Themas über eine längere Zeit hinweg in einer aufeinander abgestimmten Gruppe immer rarer wird und manche auf den ersten Blick nicht aktuell genug erscheinende Themen ausgeschlossen bleiben.

Die Fähigkeit einer Gemeinschaft, schwierige Probleme einvernehmlich zu lösen, hängt weitgehend davon ab, ob bereits lange zuvor im Vorfeld, und ungehindert von Interessensgegensätzen, eine Gesprächskultur entwikkelt worden ist. Ist dies der Fall, kennt man die Positionen der Partner und ringt nur mehr um das, was offen und problematisch ist, nicht aber um Fakten und Grundsätzliches. Diese Basisgemeinschaft unter denen zu schaffen, die heute oder in Zukunft für das Gemeinwohl in Wissenschaft, Wirtschaft, Kultur und Politik verantwortlich sind, scheint mir daher weiterhin die Aufgabe der Alpbacher Veranstaltungen zu sein. Die äußeren Bedingungen und gewisse Formen der Durchführung mögen sich der Zeit entsprechend ändern. Ziel und Inhalt sind auch weiterhin jene der Gründerjahre: Offenheit gegenüber dem Andersdenkenden, Toleranz gegenüber dem Andersgearteten, Objektivität und Sachgemäßheit der Methoden, wie sie die modernen Wissenschaften entwickelt haben, und Verantwortungsbewußtsein gegenüber der lebenden und der anorganischen Welt. Mit diesem Ethos im Hintergrund soll auch fürderhin des Dichters Wort "von der kleinen Welt, in der die große ihre Probe hält" für das "Europäische Forum Alpbach" Geltung haben.

1948: Simon Moser und Sir Karl Popper *(Photo: Pfaundler)*

Wissenschaft in Alpbach

Hans Albert

Von Anfang an haben die Wissenschaften eine zentrale Rolle in den Alpbacher Veranstaltungen gespielt, wobei zunächst die Analyse von Grundlagenfragen und Grenzproblemen im Vordergrund stand. Daraus ergab sich die besondere Bedeutung der Philosophie für die Alpbacher Diskussionen. Simon Moser, der zusammen mit Otto Molden das Alpbacher Forum gründete, war damals Dozent für Philosophie in Innsbruck und übernahm später einen philosophischen Lehrstuhl in Karlsruhe. Er hat stets dafür gesorgt, daß die wichtigsten Strömungen des philosophischen Denkens in Alpbach repräsentiert waren und eine enge Verbindung der Philosophie mit den Einzelwissenschaften hergestellt wurde.

Die Alpbacher Veranstaltungen begannen im Sommer 1945 als "Internationale Hochschulwochen". Erst die fünften Alpbacher Hochschulwochen im Jahre 1949 erhielten den Titel "Europäisches Forum Alpbach", wobei die frühere Bezeichnung zunächst als Untertitel erhalten blieb. Im Jahre 1970 - also bei der sechsundzwanzigsten Tagung - verschwand dann dieser Untertitel. Diese Umbenennung hing damit zusammen, daß sich der Charakter der Tagung änderte. Zunächst hatte die Diskussion zwischen Vertretern der Wissenschaften im Zentrum der Veranstaltung gestanden, wie es der Moserschen Konzeption entsprach. Von 1949 an gab es dann unter dem Einfluß der von Otto Molden entwickelten Auffassung als zusätzliche Plenarveranstaltungen die sogenannten "Europäischen Gespräche", an denen zwar auch Wissenschaftler der in Frage kommenden Fachrichtungen beteiligt waren, darüber hinaus aber vor allem Repräsentanten aus Politik, Wirtschaft und den verschiedenen Bereichen des künstlerischen Schaffens. Der Schwerpunkt der Plenarveranstaltungen verschob sich damit in Richtung der Vermittlung zwischen Wissenschaft und Praxis. Aber die wissenschaftlichen Arbeitskreise - die Seminare - blieben stets ein Kernbereich der Alpbacher Aktivitäten. Für die Berichterstattung in den Medien kamen sie allerdings kaum in Betracht, da in ihnen nur selten Journalisten anzutreffen waren. Das führte teilweise zu einer (außerordentlich) irreführenden Darstellung der Alpbacher Veranstaltungen in der Presse.

Schon bald wurden die österreichischen Universitäten in die Vorbereitung der Veranstaltungen einbezogen, und zwar durch Gründung von "Collegegemeinschaften", in denen sich interessierte Studenten und Professoren zusammenschlossen. Die erste dieser Collegegemeinschaften entstand 1946 an der Innsbrucker Universität. Bald folgten die Collegegemeinschaften an den Universitäten Wien und Graz, und schließlich zwei weitere in Salzburg und Linz. Im Programm des Jahres 1947 wird bereits die Zusammenarbeit der Leitung des "Österreichischen College" mit den drei Gemeinschaften in Wien, Innsbruck und Graz hervorgehoben. In Wien ist insbesondere der "Kraft-Kreis" der dortigen Collegegemeinschaft zu erwähnen, der von 1949 bis 1953 unter der Leitung des Wiener Philosophen Viktor Kraft (eines Mitgliedes des "Wiener Kreises" der 30er Jahre) stand – und in dem eine besonders aktive Rolle Paul Feyerabend spielte, der später als Philosoph in Bristol, Berkeley, Berlin und Zürich lehrte und vor allem als Kritiker der Wissenschaftstheorie und der Verbindung von Wissenschaft und Staat in modernen Gesellschaften bekannt wurde. Er kam 1949 das erste Mal mit diesem Kreis nach Alpbach und kam dann für viele Jahre wieder, später auch als Seminarleiter.

Die erste Alpbacher Tagung begann nach kurzer Vorbereitung im August 1945; man war auf Improvisationen aller Art angewiesen. Die achtzig Teilnehmer vor allem aus Österreich und der Schweiz - aber auch aus Frankreich (Tirol war damals französische Besatzungszone) - verteilten sich auf sieben Arbeitskreise über Philosophie, Theologie, Recht und Staat, Antike und Gegenwart, moderne Literatur, neuere Geschichte und Kunst.

Im nächsten Jahr kamen schon an die zweihundert Teilnehmer, die sich auf zehn Arbeitskreise aufteilten. Ein nationalökonomischer, ein naturwissenschaftlicher und ein medizinischer Arbeitskreis waren hinzugekommen. Ihre Leiter waren wie im ersten Jahr Österreicher und Schweizer. Die Zahl der Teilnehmer stieg in den ersten zehn Jahren auf dreihundert, später auf siebenhundert bis tausend. Die Zahl der Arbeitskreise schwankte zwischen zwölf und siebzehn. Es kamen immer mehr Teilnehmer aus anderen europäischen Ländern und aus den USA. Das gilt auch für die Leitung der Seminare und für die Mitarbeit an den Plenarveranstaltungen, in denen die deutsche, die englische, die französische und die italienische Sprache benutzt werden konnten. Man ging mehr und mehr dazu über, die Leitung der Seminare zwei oder mitunter auch drei Personen zu übertragen, die verschiedene Auffassungen vertraten. Die Zahl der Einzelvorträge im Plenum - in den ersten Jahren zwanzig und mehr - wurde stark reduziert. Die "Europäischen Gespräche" - mit kürzeren Referaten, Podiumsdiskussionen und anschließender Plenardiskussion - und andere Plenarveranstaltungen von ähnlichem Zuschnitt dominierten.

Es gab aber eine weitere Einrichtung, die nicht im Programm stand, sich jedoch als äußerst attraktiv erwies: die Gespräche im kleineren Kreis in der Bauernstube des Böglerhofs, die kurzfristig organisiert wurden und im Prinzip jedem interessierten Teilnehmer zugänglich waren. An der ersten dieser Diskussionen über Philosophie und moderne Physik waren die Physiker Werner Heisenberg, Arthur March und Hans Thirring, die Philosophen Ernesto Grassi, Alois Dempf, Jean Wahl und Simon Moser, der Psychiater Viktor von Weizsäcker, die Theologen Karl Rudolf und Leopold Soukup sowie andere interessierte Studenten und Dozenten beteiligt. Von den späteren Diskussionen in der Bauernstube seien nur die der Theologen Marcel Reding und Wolfgang Trillhaas mit den Philosophen Herbert Feigl und William Warren Bartley und anderen Teilnehmern über das Verhältnis von Religion und Wissenschaft im Jahre 1961, die zwischen Philosophen wie Herbert Marcuse, Erich Heintel und Walter Kaufmann über Marx und Hegel (1966) und das von Vertretern der modernen Logik mit Ernst Bloch über Dialektik und Logik im Jahr 1968 geführte Streitgespräch, erwähnt. Darüber hinaus gab es in Alpbach stets Gelegenheit zu privaten Diskussionen in den Bauernstuben der alten Gasthäuser. Das geistige Klima, das in den Alpbacher Veranstaltungen herrschte, sorgte dafür, daß viele der Teilnehmer immer wieder nach Alpbach kamen und ihren Dialog mit anderen, anknüpfend an frühere Gespräche, weiterführten.

Besonders wichtig war die Tatsache, daß Vertreter der Philosophie und der Einzelwissenschaften, die in den 30er Jahren vor allem wegen der politischen Entwicklung aus Österreich und anderen europäischen Ländern emigriert waren und inzwischen internationale Anerkennung gefunden hatten, nach Alpbach kamen – zum Beispiel die Philosophen Karl Popper, Herbert Feigl, Rudolf Carnapp, Philipp Frank, Walter Kaufmann, Karl Löwith, Theodor W. Adorno, Max Horkheimer, Herbert Marcuse und Ernst Bloch, der Jurist und Rechtsphilosoph Hans Kelsen, der Soziologe Theodor Geiger, die Ökonomen Friedrich August von Hayek, Fritz Machlup und Gottfried Haberler. Sie trafen dort jüngere Wissenschaftler wie Wolfgang Stegmüller, Ernst Topitsch, Paul Feyerabend, Bernulf Kanitscheider, Paul Weingartner, Karl Acham und Rudolf Wohlgenannt, die sich für ihre Arbeiten aufgeschlossen zeigten. Und sie konnten darüber hinaus mit Vertretern der Wissenschaften aus dem Ostblock - wie z.B. mit Leszek Kolakowski, Kazimierz Adjukiewicz, Stanislaw Ossowski, Maria Ossowska, Tadeusz Pawlowski, Ija Plowska und Andrzei Malewski aus Polen, mit Eugen Pusic, Rudi Supek, Svetozar Stojanovic aus Jugoslawien - diskutieren, die diese Gelegenheit gerne wahrnahmen.

Zu den hier beispielhaft genannten bedeutenden Forschern aus den verschiedensten Fachgebieten haben im Verlauf der fünf Jahrzehnte folgende neun Nobelpreisträger in Alpbach unterrichtet und gelehrt:
James Buchanan (Wirtschaftswissenschaften), Ernest B. Chain (Physiologie und Medizin) Renato Dulbecco (Medizin), Sir John Eccles (Physiologie und Medizin), Manfred Eigen (Chemie), Friedrich A. von Hayek (Wirt-

Nobelpreisträger Erwin Schrödinger verliebte sich in Alpbach, lebte dort und liegt auf dem Dorffriedhof begraben. *(Photo Pfaundler.)*

Nobelpreisträger für Physiologie und Medizin Sir John Eccles und Gemahlin werden von einer Alpbacher Marketenderin mit einem Obstler willkommen geheißen. (Photo Murauer)

schaftswissenschaften), Werner K. Heisenberg (Physik), Konrad Lorenz (Physiologie und Medizin) und Erwin Schrödinger (Physik).

Gerade auch auf wissenschaftlichem Gebiet hat Alpbach für die geistige Erneuerung Europas viel geleistet, vor allem durch informelle Kontakte, die sich auf die Entwicklung des europäischen Denkens nachhaltig ausgewirkt haben. Die große Auseinandersetzung des analytischen und hermeneutisch-phänomenologischen Denkens mit dem Marxismus zum Beispiel verdankt den Alpbacher Kontakten mehr als in den üblichen Darstellungen zu finden ist. Das geht aus zahlreichen Publikationen hervor, in denen auf die Bedeutung dieser Kontakte hingewiesen wird.

Nobelpreisträger Friedrich A. von Hayek kam häufig von seinem Ötztaler Feriensitz zu Alpbacher Gesprächen. *(Photo: Gattinger)*

Bundeskanzler Bruno Kreisky begrüßt auf den Stufen des Böglerhofs den luxemburgischen Ministerpräsidenten Gaston Thorn. (Photo Pfaundler.)

Betrachtungen eines Auslandsalpbachers

Gaston Thorn

Hohe Berge, frische Luft, junge Menschen, eine neue Welt und älteste Tradition und Geschichte in einem urkonservativen Bergdorf, das war für mich gleich nach dem Zweiten Weltkrieg der intellektuelle Freistaat Alpbach. Ein jeder glaubte Österreich zu kennen, „l' état K. et K.- nien", wie die Franzosen es nannten, aber keiner von denen, die zwischen 1920 und 1930 geboren wurden, konnte je die Republik erfaßt oder erlebt haben. Für gar so viele war es der erste richtige, wirkliche Kontakt mit der Republik. Erst nach und nach wurde uns bewußt, daß die Republik, nach der ersten Episode des dreißigjährigen europäischen Krieges gegründet, doch fast nicht existiert hatte, zumindest nie großjährig wurde und dann, wie es die Tragik Mitteleuropas wollte, gar eine ganze Periode praktisch zu existieren aufhörte. Dieses Schicksal ereilte, wenn auch zu verschiedenen Zeiten, Polen, die baltischen Staaten, Tschechien, die Slowakei und eben selbst Österreich von 1938 -1945 oder gar bis 1955.

So viele haben, Gott sei Dank mit so viel Talent, Alpbach, seine Leute, sein Leben, seine Atmosphäre beschrieben, daß ich das überhaupt nicht versuchen will. Für den jungen Studentenleader, der ich damals mit zwanzig, fünfundzwanzig Jahren war - an Politik und an Europa, ja fast an allem interessiert, nach allem und jedem hungernd - für uns war Österreich gleich Wien und Wien war damals die Stadt von Orson Welles, die Stadt des „dritten Mannes".

Daß parallel hiezu, bevor man überhaupt von Koexistenz sprach, in Tirol unter der gönnerhaften, weisen und freundlichen Oberherrschaft des französischen Generals Béthouart der Naturpark Alpbach entstehen konnte, grenzt schon an ein Wunder. Und spricht für die Moldens und alle die anderen, die es mit ihnen aufgebaut haben. War es ihre Intention oder eine Kompensation der Geschichte, daß der Franzose Emile Béthouart hier Pate stand? Nachdem doch Frankreich in den Pariser Vorstadtverträgen, ohne jegliche Gnade und ohne politischen Spürsinn oder Verstand, sich an der zentralen Macht in Mitteleuropa rächte, die das Ultimatum an die Serben gestellt hatte und damit den Schüssen von Sarajewo ein vierjähriges infernales Echo lieferte.

Wie gut, daß die deutsche Sprache beim ersten internationalen Treffen nach dem Krieg für so viele Westeuropäer sich des österreichischen Akzentes bediente, wie auch des so viel gelobten Wiener Charmes: Handkuß und Servus. Um sich dann, gar oft gewollt, in eine übertriebene Schlamperei zu flüchten, um damit den solange gehörten brutalen und kompromißlosen Feldwebelton langsam in Vergessenheit geraten zu lassen. Mir und vielen Studenten aus anderen Kulturräumen haben die österreichischen Hochschulwochen Interesse und Freude an der deutschen Kultur wiedergegeben, die für meine Generation leider doch politisch zu sehr belastet oder gar befleckt worden war.

Die in Alpbach führenden, tonangebenden Widerstandskämpfer beziehungsweise Antinazis brachten es dann auch fertig, den Ausländern, die schon von vorneherein überzeugt werden wollten, glaubhaft zu machen, Österreich sei ein Land der Widerstandskämpfer gewesen. Die junge Republik schuldet dem College viel für diesen Prestigegewinn und für das gute Renommee, das selbst in jüngster Zeit verschiedene österreichische Politiker nicht allzu stark lädieren konnten. Großdeutsche Ideen brauchten in Alpbach nicht zerredet zu werden, sie kamen gar nicht erst auf. Selbst Tiroler Problemen diesseits und jenseits der Alpen versuchte man in objektiven Gesprächen beizukommen. Ich bin überzeugt, daß die Kontakte mit prominenten italienischen Politikern aus Rom oder aus den europäischen Institutionen den Weg langsam ebneten, auf beiden Seiten Verständnis schufen und Vertrauen aufbauten.

Seminare, Gesprächskreise, Politikertreffs aller Art gibt es in vielen Ländern in jeder Saison; doch ich wüßte kein zweites Alpbach, wo jung und alt, zukünftige, gegenwärtige und vergangene Größen einander begegnen; wo Persönlichkeiten aus Politik und Wirtschaft den Kontakt zu waschechten, puren Intellektuellen pflegen. Man konnte, hatte man Alpbach besucht, so manches Gesicht auf so manchen bekannten Namen setzen. Eine Form, eine Gestalt bekam eine Stimme, manchmal gar ein Lachen, man stellte fest, daß sie fast alle nicht nur an sich selbst, sondern auch am Leben, an Essen und Trinken Freude hatten. Daß sie Konvivialität mochten und besonders, daß sie alle viel mehr Gefallen an schönen Frauen als an häßlichen fanden.

Politik in Alpbach in gelockerter Umgebung hat so manche vertrauensbildenden politischen Gespräche gefördert, wenn auch keine konklusiven. Viele fanden dabei Interesse an der Wissenschaft, und sogar Wirtschaftsmagnaten entdeckten, daß Kultur nicht nur ein teurer Spaß sei. Bei meinen verschiedenen Besuchen in Alpbach habe ich so manche Freundschaft für's Leben geknüpft, ich habe so manche große Persönlichkeit kennengelernt, von Schrödinger bis Popper, von Touraine bis Dahrendorf, von Hallstein bis Giscard D'Estaing und so weiter und so weiter.

Noch heute, wenn ich Paul Volker sehe, erinnere ich ihn daran, daß ich, wenn er in meinem Nachbarzimmer aufstand, fast vom Bett fiel, und wenn er sich gar auf den Balkon begab ich an eine Sonnenfinsternis glaubte, so groß war seine starke Gestalt.

Man kann keine irgendwie approximative Bilanz über Alpbach ziehen, ohne sein europäisches Engagement gebührend zu erwähnen. Nicht genug, daß Otto Molden, von habsburgischer Vergangenheit durchtränkt, von Coudenhove-Kalergi und de Rougemont beeinflußt, sich gar in die Gründung einer europäischen Partei stürzte, in der er ein Europa der Regionen einem Europa der Vaterländer vorzog. Die Vergangenheit war eben noch zu nah, und der mächtige Nachbar im Norden war zu groß.

Auch politisch, psychologisch und besonders, was den geistigen Beitrag anbelangt, hatte Alpbach eine bedeutende Funktion. Man kann die Rolle derer nicht genug loben, die, in den Dreißiger Jahren zum Exil gezwungen, zurückkehrten und nun zu hochgeschätzten und längeren Gastspielen nach Alpbach kamen. Viele von uns konnten sich so dank dieser Besucher ein zwar unperfektes, aber doch glaubhaftes Bild von dem machen, was viele um die Jahrhundertwende die tschechisch - österreichisch - jüdische Hochblüte der Kultur nannten.

Alpbach war von Alpha bis Omega mit nur ganz wenigen Ausnahmen wirklich weltoffen und durch und durch europäisch. Die so viel gelobten und von meinen österreichischen Freunden so sehr geschätzten Brücken wurden wieder geschlagen. Zuerst zwischen den Teilhabern an der deutschen Kultur- und Geistesgeschichte, dann die klassische Ost-Westbrücke, zu der kam die Nord-Südbrücke, die Amerikanisch-Osteuropäische usw. usw. Ja selbst der von uns Westeuropäern so verkannte Balkan wurde uns vorgestellt und diskutiert. Für mich und viele Politiker meiner Generation war Mittel- und Zentraleuropa eine k. u. k. Vokabel, die mit der Welt von gestern untergegangen war - wir teilten Europa nur in Ost und West. Heute, wo ich mich in intensiven Nachholunterricht gestürzt habe und in nächtelangem Lesen nachzuholen versuche, was ich bisher verpaßt hatte, bin ich noch voll des Dankes an meine Alpbacher Freunde, denen ich wenigstens den Basisunterricht verdanke, auf dem ich heute Stück für Stück wieder versuche, mein historisches und politisches Verständnis aufzubauen.
So mancher Europapolitiker sagt heutzutage in Fest- und Sonntagsreden, was Österreich Europa noch alles lehren kann und welchen Beitrag es morgen der Gemeinschaft leisten wird. Wer im „College" war, hätte Lust zu sagen: Alpbach hat nicht auf euch gewartet, das alles ist schon geschehen. Alpbach hat in Österreich auf Europa vorbereitet! Das ist das größte Fazit.

Jetzt sind wir am Ziel, das gelobte Land liegt vor uns, das soll jedoch für die einen wie für die anderen kein

Schon seit den sechziger Jahren wird in Alpbach über Europa-Politik diskutiert. Beim Politischen Gespräch 1973 (v.l.n.r.) Graf Peter Kielmansegg, Felix Ermacora, André Vlerick, Bruno Kreisky und Otto Molden. (Photo: Habermüller)

Grund sein zu sagen, wir haben es geschafft - die Arbeit ist fertig. Im Gegenteil, so vieles, wenn nicht alles, müssen wir noch zusammen gestalten. Wir sind alle gefordert, ein neues, ein anderes Europa aufzubauen. 1996 steht vor der Türe. Unsere Generation hat die außergewöhnliche Chance zu erleben, daß die weltpolitischen Karten neu vergeben werden und daß wir dies gestalten können ohne Krieg, ohne Besiegte, ohne Gewinner. Es gibt leider noch Bosnien und Sarajewo, Gott sei Dank aber kein Verdun mehr. •

Die Alpbacher Wirtschaftsgespräche bilden seit Jahrzehnten einen festen Bestandteil des Programms. Oben eine hochkarätige Diskussionsrunde im Jahre 1973. *(Photo: Habermüller)*

Seitdem im Jahr 1947 Friedrich A. von Hayek ein zukunftsweisendes nationalökonomisches Seminar abgehalten hat, hat Wirtschaftspolitik nie aufgehört, in Alpbach eine herausragende Rolle zu spielen. Von Friedrich A. Hayek über W.A. Jöhr, Fritz Machlup, Gottfried von Haberler, Howard Ellis, Amartya Sen, Alain Touraine, Eric Hobsbawm bis zu James Buchanan, um nur einige zu nennen, haben Nationalökonomen und Wirtschaftswissenschaftler von Weltruf die Diskussion über die Gestaltung von Wirtschaft und Gesellschaft geprägt. Die wirtschaftliche Aktualität beherrscht die von Dr. Georg Zimmer-Lehmann ins Leben gerufenen und perfekt organisierten Wirtschaftsgespräche, das Bankenseminar und die Alpbacher Wirtschaftsprognose. Wirtschaftspolitiker und Vertreter der Sozialpartner, der Banken und der Industrie wie Reinhard Kamitz, Stefan Koren, Hannes Androsch, Hermann Abs, Otto Wolff von Amerongen, Franz Vranitzky und in den letzten Jahren Maria Schaumayer und Friedrich Gleißner bürgen für sachlich hohes Niveau.

Einer der prominentesten österreichischen Wirtschaftsjournalisten, Prof. Horst Knapp, erinnert sich im folgenden Beitrag an die Jahre seiner Teilnahme am Alpbacher Geschehen. (h.p.h.)

Wirtschaft zwischen Theorie und Praxis

Horst Knapp

Wer darstellen will, wie sehr Alpbach seiner Gründungsidee treu geblieben ist, findet in den großen Bereichen Wissenschaft, Politk und Kultur bzw. Kunst unschwer eindrucksvolle Beweise. An Hand des vierten großen Bereiches, der Wirtschaft, läßt sich nur nachweisen, wie weitgehend sich das "Europäische Forum Alpbach" von heute unterscheidet von den Internationalen Hochschulwochen, als die es 1945 gegründet worden war und als die ich es auch noch 1953 bei meinem ersten Besuch erlebt hatte: Das Bild, das unauslöschlich in meiner Erinnerung haftet, ist die Baustelle des heutigen Kongreßhauses, wo wir jungen Leute in der Pause zwischen den Seminaren auf irgendeinem Bretterstapel hockten und, den Papierbecher mit Tee in der Hand, in allen Weltsprachen heftig diskutierten.....

Warum hat die Einbeziehung der Wirtschaft bewirkt, daß das Alpbach von damals nicht wiederzuerkennen, oder, positiv formuliert, daß in Alpbach die Zeit nicht stillgestanden ist?

Natürlich sind diese für das Forum Alpbach so einschneidenden Veränderungen nicht dadurch gezeitigt worden, daß auf dem Wege über Grenzgebiete wie Wirtschaftsphilosophie - der spätere Nobelpreisträger Friedrich von Hayek war schon 1947 der Einladung zu einer Plenarveranstaltung über "Gesetz und Wirklichkeit in Wirtschaftslehre und Wirtschaftspolitik" gefolgt - und Soziologie auch die Nationalökonomie in den Kreis der (geistes- und gesellschafts-) wissenschaftlichen Disziplinen vordrang, die den einen der originären Alpbach-Schwerpunkte bildeten. Auch resultieren diese Veränderungen nicht daraus, daß (nachdem die wohlgemerkt "theoretische Wirtschaftspolitik" bereits anno 1949 von einer Arbeitsgemeinschaft erörtert worden war, als deren Co-Chairman ein anderer prominenter Exil-Nationalökonom, nämlich Fritz Machlup, gewonnen werden konnte) im Jahre 1954 mit einem großen Bankengespräch über "Die Bank - eine Lebensader der europäischen Wirtschaft" der Keim gelegt wurde für das seither regelmäßig abgehaltene Bankenseminar, (welches in besonderer Weise mit dem Namen Dr. Georg Zimmer-Lehmann verbunden ist) das sich, weil überwiegend von Praktikern des Bankwesens geleitet und besucht, natürlich nicht ausschließlich in den lichten Höhen der Bankwissenschaft bewegte.

Apropos Praktiker des Bankenwesens: Die Namensliste derer, die im (allerdings nur bis zum Jahre 1980 reichenden) Teilnehmerverzeichnis von Otto Moldens Alpbach-Buch "Der andere Zauberberg" angeführt werden, liest sich wie ein Who's Who der österreichischen Kreditwirtschaft:
Heinrich Ambrosch; Hannes Androsch; Robert Baier; Kurt Bronold; Robert Bzoch; Herbert Cordt; Fritz Diwok; Wolfgang Erndl; Wolfgang Feuchtmüller; Walter Flöttl; Walter Fremuth; Helmut Frisch; Helmut Haschek; Hans Haumer; Herbert Ikrath; Walter Janauer; Josef Joham; Hellmuth Klauhs; Fritz Klenner; Hubert Klingan; Bruno Liskar; Kurt Nösslinger; Anton Osond; Karl Pale; Claus Raidl; Romuald Riedl; Hansjörg Rigele; Konrad Rumpold; Guido Schmidt-Chiari, Heinrich und Richard Spängler; Bruno Tichy; Heinrich Treichl; Julian Uher; Karl Vak; Franz Vranitzky; Gerhard Wagner; Erich Zeilinger.

Nicht in jedem Fall muß es allerdings das mehrwöchige Bankenseminar gewesen sein, an dem die Genannten - einige von ihnen noch oder schon in ihrer Bankfunktion - teilgenommen hatten. Vielleicht war es auch bloß das Wirtschaftsgespräch, das, 1949 eingeführt, Alpbach von Jahr zu Jahr mehr um seine ursprüngliche Identität gebracht hat.

Das aber nicht etwa, weil die Themen dieser Wirtschaftsgespräche die Internationalen Hochschulwochen von ehedem profaniert hätten: Erstens wären einige davon sogar einem Kongreß von Wissenschaftlern gut angestanden - etwa "Produktivität und wirtschaftliches Gleichgewicht" (1953)", „Aspekte des wirtschaftlichen Wachstums" (1961), „Der Produktionsfaktor Arbeit heute" (1963) oder „Ökonomie und Demographie" (1989) -, und zweitens hätte sich auch schon aus der bewußten Internationalität der ursprünglichen Hochschulwochen (und nicht erst aus dem "Europäisch" in dem seit 1949 gültigen Veranstaltungswortlaut) die Verpflichtung ableiten lassen, besonders früh den Prozeß der europäischen Integration zum Thema (auch) von Wirtschaftsgesprächen zu wählen (so beispielsweise bereits 1950 (!) mit dem Thema „Wege zur europäischen Wirtschaftsunion" oder 1952 (!) mit „Das Problem einer einheitlichen europäischen Währung" und, auch schon 1955 - 38 Jahre vor seiner Verwirklichung! - „Der gemeinsame Markt - Kernproblem der Wirtschaftsintegration Europas").

Nein, nicht an den hierfür gewählten Themen ist es gelegen, daß das Wirtschaftsgespräch Alpbach ein ganz anderes Gepräge gegeben hat, sondern daran, daß dieses Gespräch Alpbach alljährlich einen Troß von Industriekapitänen, Bankgewaltigen usw. (und in ihrem Gefolge Berichterstattern) beschert, auf die das zutrifft, was Otto Molden auf Seite 72 des "Anderen Zauberberges" schreibt:

"Wer nicht mehrere Tage in Alpbach wirklich mitarbeitet, das heißt vormittags an einer Arbeitsgemeinschaft teilnimmt, nachmittags die Plenarveranstaltungen mit ihren Vorträgen und großen Diskussionen besucht, am Abend bei künstlerischen Veranstaltungen dabei ist und zwischendurch oder am späten Abend im kleinen Kreis in den Bauernstuben der Gasthöfe oder an freien Nachmittagen auf den Wiesen diskutiert oder zumindest aufmerksam zuhört, kann nicht in die Großfamilie der 'Alpbacher' integriert werden und unsere Arbeit nicht wirklich verstehen, geschweige denn mitvollziehen."
Das ist - leider - nur allzu wahr. Als einer, der (mit bloß zwei Ausnahmen) immer nur auf die Dauer des Wirtschaftsgespräches und (ab 1983) der "Alpbacher Weltwirtschaftsprognose" (als gelungenem Synergieeffekt der Anwesenheit von Fachleuten nicht nur aus dem übrigen Europa, sondern auch aus den USA) in Alpbach weilte und selbst in diesen wenigen Tagen durch das Berichtverfassen - und neuerdings durch immer mehr gesellschaftliche Veranstaltungen der Banken - von den Diskussionen im kleineren Kreis (einschließlich derer, die sich, insbesondere zu Hannes Androsch' Ministerzeiten, im Böglerhofkeller bis in die frühen Morgenstunden hinzogen) abgehalten wurde – als ein solcher fühle ich mich auch nach insgesamt vierzig Alpbachbesuchen keineswegs als "Alpbacher".

Deshalb – und weil ich natürlich erst recht nicht dem inneren Führungskreis oder nach 1970 dem "Kreis für innere Formung" angehört hatte – vermag ich auch nicht zu beurteilen, inwieweit die nachträgliche Einbeziehung der Wirtschaft in eine Veranstaltung, bei deren ursprünglicher Konzeption nur strittig gewesen war, ob die hochgeistige Betätigung mit einer körperlichen ergänzt werden solle (Simon Mosers Konzept einer "Bergakademie für Geist und Sport"), eine thematische Notwendigkeit war. So zügig kann der geistige Einigungsprozeß Europas, dem sich Alpbach von Anfang an verpflichtet fühlte, gar nicht voranschreiten, daß sich die wirtschafts- und währungspolitischen Begleiterfordernisse aus der Diskussion kurzerhand aussparen ließen. Auch nicht zu beurteilen vermag ich, inwieweit es schlicht und einfach eine ökonomische Notwendigkeit dargestellt hatte, das Forum auf ein viertes und besonders tragfähiges Bein zu stellen – erschlossen doch neben dem Wirtschaftsgespräch auch Spezialseminare (an denen Oesterreichische Nationalbank, der Bankenverband oder andere Institutionen interessiert waren), und später die Workshops der einzelnen Banken sowie (knapp vor oder unmittelbar nach dem Wirtschaftsgespräch angesetzte) Veranstaltungen des Handelsministeriums, der Industrie oder der Versicherungswirtschaft einen viel größeren Kreis von zahlenden Teilnehmern und auch sonst dringend benötigte Finanzierungsquellen.

Daran, daß die "Ökonomisierung" von Alpbach den Gründungsvätern ungetrübte Freude bereitet hat, läßt allerdings die Lektüre des "Anderen Zauberbergs" Zweifel offen.

Erstens wegen des unübersehbaren Mißverhältnisses zwischen den (bisweilen seiten-) langen Passagen, die dem Auftreten von Philosophen und sonstigen Geisteswissenschaftlern, aber auch von Repräsentanten der Kultur- und der Kunstszene gewidmet sind, und den ganzen 27 Zeilen, auf die es die drei gleichermaßen weltberühmten Nationalökonomen Haberler, Hayek und Machlup miteinander bringen; aber mit bloß 73 Zeilen werden wohl auch sämtliche überhaupt erwähnten Wirtschaftsgespräche doch recht stiefmütterlich behandelt, wenn fast ebensoviel Platz (69 Zeilen) allein dem zwar sicher wichtigen, aber bloß unter sechs Augen ausgetragenen Disput zwischen Ernst Bloch und Arthur Koestler im Jahr 1964 eingeräumt worden ist.....
Zweitens und vor allem fällt (vielleicht nicht nur mir als Augenzeugen) auf, daß zwei Höhepunkte der wirtschaftspolitischen Diskussion in Alpbach überhaupt unerwähnt geblieben sind: 1968 die Diskussion im fast geschlossen nach Alpbach gekommenen Beirat für Wirtschafts- und Sozialfragen über die künftige Industriepolitik in Österreich (das Beiratsgutachten wurde 1970 publiziert) und das große öffentliche Streitgespräch zwischen Staatssekretär Dr. Josef Taus und Notenbankpräsident Prof. Reinhard Kamitz über die Verstaatlichtenpolitik der damaligen ÖVP-Alleinregierung.

Der junge Vater des österreichischen Wirtschaftswunders, Finanzminister Reinhard Kamitz eröffnet das Wirtschaftsgespräch 1955. (Photo Pfaundler)

Bezeichnend für den Widerwillen der Gründerväter von Alpbach, aus der geistigen Klausur der Anfangszeit herauszutreten - Karl Steinbuch bezeichnete das "Europäische Forum Alpbach" als eine Annäherung an die ihm vorschwebende Idee, eine Art von Klöstern einzurichten, in denen kreative Menschen ungestört nachdenken können -, ist aber auch noch eine weitere Auslassung im Buch:
Als die (fast durchwegs bundesdeutschen) Teilnehmer an einem Seminar für „Außerparlamentarische Opposition" - so weit hatte selbst Alpbach dem revolutionären 68er-Geist Rechnung getragen! - nach dem Einmarsch der Truppen des Warschauer Paktes in die Tschechoslowakei ein Happening veranstalten, in dem unter allgemeinem Beifall die Behauptung aufgestellt wurde, der Unterschied zwischen den russischen Panzern in Prag und den Presseerzeugnissen des Springer-Verlages in Hamburg sei ein bloß gradueller, war es die (mittlerweile verstorbene) Maria Szecsi, die mit der geballten Erbitterung der Renegatin - sie war ehemals Sekretärin des (kommunistischen) Weltgewerkschaftsbundes gewesen - den jungen Chaoten die Leviten las und einer außerparlamentarischen Opposition in der Demokratie jedwede ideologische Berechtigung absprach.

Was nicht hierher gehörte, hätte nicht spätestens von da an die ÖVP-Alleinregierung ihre Sorge lossein können, daß sich eine Arbeiterbewegung mit einer solchen pragmatischen Vordenkerin - Maria Szesci redigierte dann ab 1975 die AK-Zeitschrift "Wirtschaft und Gesellschaft" - dazu bewegen ließe, auf der Straße zu erzwingen, was die ihr nahestehende Partei im Parlament nicht durchsetzen kann.... •

Die Weltpremiere der Alpbacher Tanzserenade „Glück, Tod und Traum".
Musik: Gottfried von Einem
Szenario und Choreographie: Yvonne Georgi
(Photos: Pfaundler)

Gottfried von Einem *Yvonne Georgi*

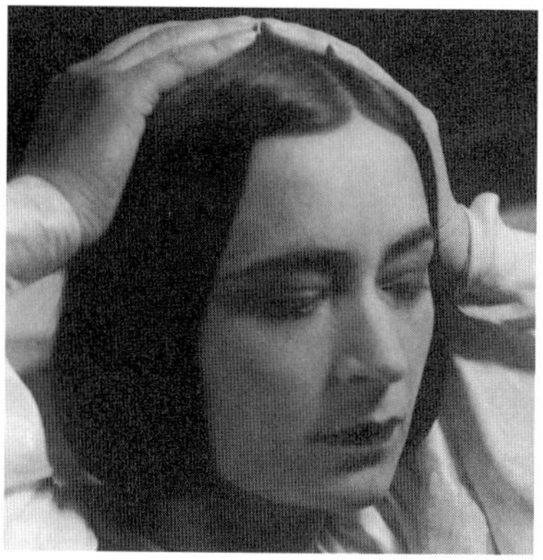

Kunst und Kultur zwischen Auslöschung und Wiedergeburt

Alexander Auer

Die Künste haben in den ersten Jahren der Alpbacher Kongresse eine gegenüber den wissenschaftlichen und politischen Aktivitäten weniger wichtige Rolle gespielt. Wohl von allem Anfang an in der universalen Zielsetzung miteingeschlossen, haben sie erst im Verlauf von mehreren Jahren ein für die Gesamtveranstaltung konstitutives Gewicht gewonnen.

Auch die Ausgangslage nach Ende des Zweiten Weltkrieges muß hier mitgesehen werden:
Aufgrund von tagespolitisch motivierten Anschauungen galt die Kunst der Gegenwart in Mitteleuropa als Entartungsphänomen. Vieles, was noch in den 20-er Jahren des Jahrhunderts als legitime künstlerische Aussage und der Zeit angemessen galt, wurde von einem blindwütigen Dilettantismus als Manifestation einer für immer untergegangenen Gesellschaft deklariert, wurde verboten und verfolgt. Diese gleichsam als Nullpunkt zu verstehende Ausgangslage bestimmte in Mitteleuropa die Einschätzung der zeitgenössischen Produktion auf allen Gebieten der Künste. Hier war die bildende Kunst ebenso betroffen wie die Literatur und die Musik.
Aus dieser Situation der Auslöschung drängten die Künste nach 1945 mit steigender Intensität nach Leben und sinngemäßer Entfaltung zurück.

Im Rahmen der Alpbacher Gespräche hat zuerst die Literatur sich in breiter Front im Programm etabliert. Bedeutende Epiker wie Louis Aragon oder Lyriker wie Ernst Jirgal oder die große Dichterin Paula von Preradović trugen aus ihren Arbeiten vor und diskutierten mit den höchst aufnahmebereiten Teilnehmern. In den kommenden Jahren wurde die Literatur zu einem permanenten Programmsektor des Forums. Autoren wie Denis de Rougemont, Werner Bergengruen oder Franz Theodor Csokor gehörten ebenso zu den oft wiederkehrenden Gästen wie einige Jahre später H.C. Artmann oder Arthur Koestler und Friedrich Torberg.
Durch den von der nationalsozialistischen Verfolgung nach Alpbach vertriebenen Maler Werner Scholz stand schon von Beginn der Alpbacher Tagungen an ein großer Überlebender der expressionistischen Malerei Deutschlands im Mittelpunkt des Geschehens. In den kommenden Jahren wurde die Befassung mit den bildenden Künsten zu einem der wichtigsten Schwerpunkte des Programms. Von dem aus dem Schweizer Exil zurückgekehrten Wiener Bildhauer Fritz Wotruba gingen starke, für viele Jahre wegweisende Anregungen aus. Ein Zyklus von Ausstellungen, der sich über Jahre erstreckte, versuchte mit den interessantesten Leistungen der jungen europäischen Künstlergeneration bekannt zu machen. In diesem Rahmen wurde u.a. die junge Kunst aus Deutschland, Frankreich, den Niederlanden und Polen in Österreich erstmals gezeigt. Diese Ausstellungen wanderten dann, von Alpbach ausgehend, in wichtige Kunstzentren Europas. Trotz des beschränkten räumlichen Angebots im Dorfe Alpbach wurde im Rahmen des Forums sehr intensiv ausgestellt. Neben den schon erwähnten Ausstellungen junger Kunst wurden auch immer umfangreicher werdende Präsentationen von Büchern, die wichtige Neuerscheinungen aus vielen Sprachbereichen zeigten, zu einem festen Bestandteil des Tagungsprogramms. Bücher als unentbehrliche Requisiten jeder intellektuellen Arbeit trugen dazu bei, die Themen der Tagungen im internationalen Kontext vielseitig zu kommentieren.
In diesem Zusammenhang wären auch die zahllosen Plenardiskussionen zu erwähnen, die sich mit der Einheit in der Vielfalt und mit ihren übernationalen Ansprüchen auseinandersetzten. Auch hier sollte die nationalstaatliche Gegenwart überwunden und eine erhoffte übernationale Zukunft vorgedacht werden.

Die Musik hatte naturgemäß in einer gesamteuropäischen Tagung auf österreichischem Boden von den Gründungstagen an eine führende Rolle gespielt. Hier war es auch gerade die moderne Musik, die, ausgehend von den Werken der sogenannten "Zweiten Wiener Schule", den Hauptanteil des Konzertprogramms, der musikalischen Seminare und Plenardiskussionen einnahm. Menschen, die in engster persönlicher Verbindung mit dem Wiener Kreis gestanden hatten – Ernst Hartmann, H. H. Stuckenschmidt, Hans Redlich, Ernst Krenek und Theodor W. Adorno ebenso wie der große Musikwissenschaftler und Komponist Egon Wellesz – zählten zu den prominenten, oft wiederkehrenden Protagonisten des Forums auf musikalischem Gebiet. Der dem Freundeskreis des Österreichischen College angehörende führende österreichische Komponist der Nachkriegsjahre, Gottfried von Einem, hat für das Forum Alpbach eine umfangreiche Tanzkomposition („Glück, Tod und Traum") geschaffen, die, vom Ensemble Yvonne Georgi vertanzt, ihre Welturaufführung in Alpbach erlebte. Vielleicht hat kein anderer einzelner Sektor, der im Rahmen des Forums sich entfalten konnte, so sehr den Stempel des Übernationalen getragen wie gerade das künstlerische, literarische und musikalische Programm. Hier auf österreichischem Boden wurde alles in einem die nationalen Grenzen ignorierenden gesamtkontinentalen Zusammenhang konzipiert und durchgeführt. Als Richtschnur für die Auswahl der einzelnen Produktionen diente die europäische Entwicklung und nicht ihr relatives Gewicht im nationalen Kontext.

Alpbacher Fronleichnamsprozession mit ihren „Geheimnisträgern". *(Photo Pfaundler)*

„Die Prozessionen" sagt der Bürgermeister „sind das Schönste. Da sind wir unter uns."

Alpbach – Portrait eines Dorfes

Hanna Molden

Über das Dorf schreiben, in dem man zu Hause ist, heißt die rein persönliche Perspektive wählen. Eine andere scheint gar nicht möglich, ebensowenig möglich, wie den eigenen Lebenspartner objektiv zu schildern.
Es gibt ein paar Fakten: Alpbach, im gleichnamigen rechten Seitental des Inn auf 972 m Seehöhe gelegen, 2191 Einwohner, 2600 Fremdenbetten, zwei Gondelbahnen, 14 Skilifte. Der Rest ist Teil meiner eigenen Geschichte geworden.

Winter

Spätestens ab dem 5. Dezember, wenn die Teufel durchs Dorf ziehen und den Nikolaus zur Randfigur verkommen lassen, erwartet man in Alpbach Schnee. Es erwarten ihn Wirte, Skilehrer, Gewerbetreibende, die Blikke halb beschwörend, halb trotzig zum Himmel gerichtet: „Drei Jahr´ hat er jetzt scho´ auslassen, der Schnee, des werd´ ja langsam eine Existenzfrage-Himmelbrand nach ...“ Des langen und breiten erörtert man im Hausgang des Gasthofs „Jakober“ oder im Kanzleiei (eine Art holzgezimmertes Gaststubenséparée) der „Post“, was die Bauern dem Blütenstand der Königskerze, die hier Himmelbrand geheißen wird, für die Schneelage des kommenden Winters entnehmen.
Die Bauern selbst warten nicht auf den Schnee. Sie erwarten ihn, gelassen, denn die bäuerliche Lebensuhr geht anders. Und ihr gleichmäßiger, ruhiger Schlag bestimmt den Alpbacher Rhythmus immer noch, auch wenn man manchmal ängstlich meint, ihn nicht mehr zu vernehmen.
Ob es schneit oder nicht, spätestens eine Woche vor Weihnachten reisen die ersten Touristen an. Sie werden von den Alpbachern nicht „Gäste“, sondern beharrlich „Fremde“ genannt. Das Bedürfnis der Bewohner von Gebirgstälern, sich gegen alles, was von draußen kommt, mißtrauisch abzugrenzen, wurzelt tief.
Der Fremde, der zum ersten, zweiten Mal nach Alpbach kommt, wird sich dieser Tatsache nicht bewußt werden. Wie den Faden eines Wunderknäuels hat er die neun Kilometer zwischen dem am Inn gelegenen Markt Brixlegg und dem Lagerhaus abgespult. Hier nun, wo das Tal sich zu einem anmutigen Kessel öffnet, biegt sich die Straße haarnadelförmig um die Schmiede Richtung Alpbach. Noch eine Kurve. Und noch eine. Dann plötzlich das Dorf.
Geschachtel witterungsgedunkelter Holzhäuser rund um die Kirche mit ihrem nadelspitzen, Turm. Aberwitzig das „S“, zu dem die Dorfstraße sich schlingt, an dem die alten Gasthöfe liegen, an dessen oberstem Ende das Bauerngartel des verstorbenen Jakoberwirts nistet. Ein Dorfkern wie eine Walnuß. Hinter ihm - steil, prächtig, mächtig - das Gratlspitzmassiv. Ein Berg, dessen Daseinszweck es zu sein scheint, sich um Alpbach zu falten wie der Umhang einer Schutzmantelmadonna.
Wie sollte der Reisende beim Anblick dieser Kulisse imstande sein, die tourismusbedingte Korrosion wahrzunehmen, von der das einst zum schönsten Dorf Österreichs gekürte Alpbach ebenso befallen ist wie andere Gebirgsdörfer. Aufdringlich der dargebotene Andenkenkitsch. Peinlich das plakative Anpreisen von Billigwaren an Geschäftsfassaden. Verwirrend und wirkungslos der Wald von Parkverbots- und Halteverbots- und Ladezonenschildern. Schmerzhaft die zuckende rote Leuchtschrift über einer gefällig-holzverbrämten Geldwechselmaschine vor der lokalen Bank; pausenlos läßt sie wissen, daß man hier rund um die Uhr wechseln kann; mehr wehmütig als spöttisch kommentierte ein alter Alpbach-Fan, der lange nicht mehr hier gewesen war, die Apparatur: Nicht immer hält das rote Licht, was es dem Wandersmann verspricht.
Das Alpbachtal ist 16 km lang und liegt im nordwestlichen Teil der Kitzbühler Alpen, zählt also seiner Form nach zur sanfteren Landschaft der Grasberge. Geologisch gehört es zur Grauwackenzone, einer auf das Altpaläozoikum zurückreichenden Formation. Durch eindrucksvolle, mäßig hohe Bergketten und freundliche Jö-

cher von seinen Nachbartälern (dem Wildschönautal im Osten, dem Zillertal im Westen) abgegrenzt, ist es äußerst wanderbar. Selbst wenn der Große Galtenberg, mit seinen 2424 Metern der höchste Berg des Tals , so tut, als sei er ein zu breit geratenes Matterhorn, er rangiert doch an der Untergrenze dessen, was man als Hochgebirge bezeichnet. Für den wandernden Gast des Frühlings und des Herbstes wie für den Sommerfrischler schlägt sich die moderate Höhenlage positiv zu Buche. Nicht so für den Skitouristen jener, schneearmen Winter, welche in den letzten Jahren eingerissen sind.
Die magische Nächtigungsziffer. Im Jahr 1993 belief sie sich in Alpbach auf 291.101. Nicht schlecht für das kleine Dorf. Aber rückläufig. Hinter dem verbindlichen Lächeln der Wirte wächst Existenzangst. Indes, es gibt nicht viele Wirte in Alpbach. Zwölf vielleicht, höchstens fünfzehn. Das Leben des Dorfes bestimmen immer noch die Bauern, die auf ihren 115, zum Großteil jahrhundertealten Höfen sitzen. Freilich nicht mehr sitzen wie eh und je. 63 von ihnen sind Bauern mit Nebenerwerb, von letzteren haben 38 auf das Geschäft mit der Zimmervermietung gesetzt. Der Traum vom autarken Bauern ist auch hier fast ausgeträumt. Aber noch halten die alten Strukturen des bäuerlichen Lebens.
Nie erlebt man das hautnaher als in der Zeit der Rauhnächte. Wenn die Frauen in großen hölzernen Schüsseln die zähe Masse zum weihnachtlichen Kletzenbrot kneten. Und der Bauer räuchern geht, um das Böse vom Seinigen - Vieh, Sach´ und Mensch, und zwar in dieser Reihenfolge - fernzuhalten. Einmal rund ums Haus in der Heiligen Nacht. Zweimal in der Silvesternacht. Dreimal in der Nacht vor Dreikönig, in der auch die Perchtln kommen; schweigende, wild mit Werg behängte, zur Unkenntlichkeit maskierte Gestalten in weiblichen Überkleidern. Besenschwingend kehren sie das Schlechte aus den Häusern. Als Gegenleistung packt die Hausfrau Eßbares in die Körbe der stimmlosen Geister..

Winter. Wenn es still ist um die Höfe. Zeit der Innenarbeit. Leise mahlt das Vieh in den Ställen. Steil steigt der Holzrauch von Kachelöfen und Küchenherden in den Himmel. Manchmal baut sich ein Sturm auf. Dann hört man an den Hängen des Gratlspitz oder drüben, jenseits der Alpbacher Ache, in den Wäldern der Schattseite, zum Wiedersbergerhorn hin, alte Fichten stöhnen und krachend fallen. Der Winter ist die längste Alpbacher Jahreszeit.
Das Gewimmel der Skifahrer am Wiedersbergerhorn berührt die Bauern kaum. Eher noch, ob wieder einer seinen liftnahen Stadl zur Imbißstube ausgebaut hat. Und was der junge Hornbodenwirt wohl investiert haben mag in sein schickes Bergrestaurant. Und ob die Tourengeher, die mit Fellen zum Schatzberg oder zum großen Beil oder zum Steinbergjoch aufsteigen, in den Jungwald tappen ...
Unvorstellbar die Euphorie eines solchen Aufstiegs auf Fellen. Glitzern von märchenhaft vergrößerten Schneekristallen. Sitzen an sonnendurchwärmter Hüttenwand. Abfahrt durch Schleier pulvrigen Schnees. Oder das Rauschen des Firns unter deinen Kanten. Unvergeßlich das Glück einer Rodelpartie. Wenn du nach einer Pfanne Kaiserschmarrens aus der überheizten Stube des Thalerhofs ins Freie trittst, um die gewundene Straße zum Dorf hinunterzufetzen, ein vor leiser Angst und purer Lust kreischendes Kind zwischen den Knien. Unzerstörbar die Harmonie der Landschaft in einer Winternacht, bei Vollmond, von Innerhaus in Richtung Talschluß betrachtet. „Die Hänge und Wiesen laufen rhythmisch aufeinander zu, was einen unentrinnbaren Zauber ausübt.“ So oder ähnlich hat der Schriftsteller Arthur Koestler die sanfte Magie des Tales einmal beschrieben. Dabei ist Koestler keineswegs der Faszination eines Augenblicks erlegen. Er war vierzehn Jahre seines Lebens hier zu Hause.

Frühling

Wenn der Rollsplit unter Einsatz starker Feuerwehrschläuche die Alpbacher Dorfstraße hinuntergewaschen wird; wenn sich die Skibusse nur mehr vereinzelt durch den verkehrsgequälten Dorfkern quetschen; wenn auf der Terrasse des „Jakober“ nur mehr ein paar Engländer in der Sonne sitzen, die aufgesprungenen Lippen weiß beschmiert, die braune Haut auf Stirn und Nasenrücken sich schuppend, die langen Glieder in wunschlosem Wohlbehagen weggestreckt - dann wird´s in Alpbach langsam Frühling. Die Böglerwirtin hat ihr Romantikhotel bereits geschlossen, ist am Putzen für die Sommersaison und baut mit Sicherheit an irgendeinem Eck ihres Besitzes um. Der Messnerwirt lehnt weit übers Geländer seiner Gasthausterrasse, während er die obligate morgendliche Lagebesprechung mit seinem Bruder, dem Wirt vom Alpbacher Hof, abhält. Dann schnuppert er in der Luft, ob´s nicht schon Zeit ist fürs Feld. Denn der Messnerwirt ist auch Bauer. Manche behaupten, er sei Bauer mit dem Herzen, Wirt bloß mit dem Hirn.

Der Schnee zieht sich zurück. Auf der Sonnseite des Tals, da wo auch das Dorf liegt, werden die tiefgelegenen Wiesen unaufhaltsam grün. Die Bauern heben mit dem Suren und dem Zäunen an, um die Höfe regt sich´s wieder. Die Alpbacher Kinder haben ihre Fahrräder und die Halbwüchsigen ihre knatternden Mopeds in Betrieb genommen. Irgendwann haben auch die letzten Hotels und Pensionen geschlossen. Alpbach gehört wieder den Alpbachern. Die Zeit der Hochzeiten bricht an.

Alpbacher Musikkapelle *(Photo: Blach)*

Geheiratet wird in Alpbach im Frühling oder im Herbst und, wenn man vom Advent und der Fastenzeit absieht, vereinzelt auch im Winter. Nie jedoch im Sommer. Weshalb nicht? Die Erklärungen sind vage. Irgendwie hänge das mit den gefürchteten Sommergewittern und einem kirchlichen Verbot zusammen, meint sich der Außergraberbauer zu erinnern. Angst vor Donner, Blitz und Feuer, Angst vor Teufel und bösen Geistern, die durch Sinnenlust angelockt werden könnten?

Unausrottbar Heidnisches und die kostbare Dramaturgie der Kirche schufen in Tiroler Gebirgstälern die eigenartigsten Rituale. Zu ihnen zählt die Alpbacher Fronleichnamsprozession mit ihren „Geheimnisträgern" - in Büßergewänder gehüllte Männer, Dornenkronen auf den Köpfen, in den Händen Fahnen, welche die Geheimnisse der Lauretanischen Litanei zeigen. Diese Bitt-, Dank- und Trauerprozessionen mit ihren getragenen Rhythmen, dem schweren Schritt der Männer, dem leichteren Schleifen der Frauen, dem monotonen Rosenkranz-Gemurmel. Diese Frauen, die so stolz aussehen unter ihren Stockhüten mit den Goldquasten, im prächtig gearbeiteten Kassettl, dem schwarzen Mieder, in das sie Blumen drapieren, als sei der Busen ein Balkon. Die Musikkapelle mit ihren zum Schmettern neigenden Bläsern und den dumpf klingenden Trommeln. Die Schützen, auf deren Hüten frisch gerupfte Hahnenfedern wippen ... Das kulturelle Leben eines Dorfes zeige sich in den Prozessionen, sagt der Alpbacher Bürgermeister, von Beruf Lehrer, ein wenig salbungsvoll. Und dann, mit entwaffnender Ehrlichkeit: „Die Prozessionen sind das Schönste. Da sind wir unter uns."

Der Alpbacher Frühling, an sich eher kurz, wird gern von Schneefällen unterbrochen, die ziemlich heftig ausfallen können. Der Winter stirbt ungern in diesen Tälern. Aber irgendwann nach den Eismännern legen sich die Wiesen einen blauen Schimmer von Vergißmeinnicht zu, der Kuckuck schreit ohne Unterlaß, und die Alpbacher Bäuerinnen und Hausfrauen plundern ihre Blumenkisteln auf die Balkone.

Zwei, drei Wochen später wird das Vieh auf die 41 samt und sonders bewirtschafteten Almen des Tals getrieben. Auf der Holzalm jenseits des Gratlspitz bezieht die „Vikt" , die eigentlich Viktoria heißt, ihren Posten. Die umfangreiche Mittsiebzigerin mit den winzigen Äuglein und dem gewaltigen Busen gilt als die berühmteste Almwirtin des Unterinntals. Wer immer den Gratlspitz besteigt oder umrundet, wird unweigerlich bei der scharfzüngigen, aufs Kartenspiel versessenen, alpinen Riesencirce landen. Jetzt ist auch die Zeit, in der der Schonner Heinz, Alpbachs bekanntester Bergführer, zu touren beginnt, wie ein Perpendikel.

Der Spätfrühling in den Bergen besitzt eine Heftigkeit, die Mensch und Tier die Unrast ins Blut pflanzt. Stunden könnte man jetzt laufen, hinauf zu den Bergrücken, die mit ihrer löchrig gewordenen Schneedecke aussehen wie Fleckvieh. Entlang der wild gewordenen Bäche des Greiter- oder Luegergrabens möchte man wandern, zur Steinbergalm, übers Joch zur Koathütte hinunter. Dort wird der Lederer Georg Melkermuas kochen. Und seine Arche Noah für den nahenden Sommer rüsten, indem er nicht nur Milch- und Galtvieh, sondern auch Pferde, Schafe, Ziegen, Schweine und „Kunterwerk" - Hühner, Hunde, Hasen, Katzen, mitunter sogar Gänse - hält.

An Orten wie der Koatalm vergißt man lieblose Kahlschläge, sinn- und gefühllos in den Berg gehackte Fahrstraßen, flugs zu Bauland umgewidmete Bauernwiesen, die nicht etwa aus Armut, sondern aus Großmannssucht verscherbelt werden. An Orten wie der Koatalm sind Mensch und Natur noch ein Ganzes und als solches ziemlich heil.

Sommer

Stand und Güte eines Alpbacher Sommers signalisieren die Balkone. Wenn das vom Wetter eingefärbte Schnitzwerk vor den hölzernen Hauswänden nach Sonne riecht, wenn die Geranien wie Plumeaus über die Kistenränder wuchern, wenn die Hängenelken wie lange duftende Bärte im Wind schaukeln, ist der Sommer gut. Heumahd. Dorffest mit ohrenbetäubendem Bauernjazz, Grillhendeln und schier bodenlosen Bierfässern. Touristenseligkeit und Vergnügensbegriff der einheimischen Bevölkerung treffen einander, um im morgendlichen Katzenjammer eins zu werden.

Der Sommer ist gut, wenn die Grasbüscheln an den steilen Hängen zum Tristkopf nicht vom Regen schlüpfrig, sondern trocken sind und sicheren Tritt bieten; wenn sich´s in der Mulde am Tristengipfel warm liegt, wie in einem Bett; wenn man den rauschenden Flug des Adlerpaares, das irgendwo da oben nistet, aus nächster Nähe sehen und hören kann. Ein guter Alpbacher Sommer ist eine ganz und gar sinnliche Angelegenheit, von der man meint, sie würde ewig dauern.

Bis eines Augusttages Fahnenmasten in die Wiese hinterm Böglerhof gerammt werden. „Die Kcholletsch kemmen", sagen die Alpbacher, um gleich hinzuzufügen, daß damit der Sommer so gut wie vorbei sei. Die Alpbacher haben das Österreichische College, Trägerorganisation des Europäischen Forums Alpbach, das seit 1945 Sommer für Sommer in ihrem Dorf tagt und es weltberühmt machte, nie so recht begriffen. Also haben sie es personalisiert. Im Bewußtsein der intellektuellen Weltöffentlichkeit ist Alpbach gleich Europäisches Forum. Damit fällt die Tatsache, daß die Geschichte des Tales 3000 Jahre zurückreicht, unter den Tisch. Zwar ist der Ortsname Alpbach urkundlich erst 1240 n. Chr. erstmals erwähnt, als hier ein eigenes Dorfgericht gebildet wurde. Aktenkundig aber ist, daß das Kloster Seeon als Grundherr seit 1020 im Tal Schwaighöfe errichten ließ. Menschen lebten hier jedoch seit etwa 1000 v. Chr. Dieser Zeit nämlich schreibt man eine Bronzeaxt zu, die auf der Steinbergalm (1712 m) im innersten Tal gefunden wurde und die auf frühe Almwirtschaft schließen läßt. Nahtlos fließen die Jahrtausende ineinander, vom namenlosen Steinberger Axtbesitzer bis zum heutigen Almerer, dem graubärtigen, krummen Thoma mit den listigen Äuglein, der jedes Gerede von Zeitenwende Lügen straft.

1345 siegelt ein Richter Heinrich „aus dem Alpache". 1369 wird eine St. Oswald-Kapelle errichtet, 1500 die (zwei Jahrhunderte später barockisierte und erweiterte) heutige Pfarrkirche zum hl. Oswald erbaut. Um 1500 setzt auch Alpbachs erste wirtschaftliche Blütezeit ein. Im Gratlspitzmassiv wird Silber und Kupfer geschürft, im Ortsteil „Dörfl" , dem kleinen Häusernest hinter dem heutigen Kongreßhaus, wohnen die Knappen, die spätgotischen Marmorportale der Gasthöfe Bögler und Jakober zeugen vom Reichtum dieser Zeit.

Der Beginn des nächsten großen Aufschwungs ist exakt datierbar: 25. August 1945. In Alpbach treffen achtzig, Österreicher, Franzosen, Schweizer und Amerikaner ein. Der Haufen Freiheitstrunkener, die vor Stadeln, im

Schatten von Ulmen, in Alpbacher Stuben hocken, weiß nicht, daß er dabei ist, eine Institution zu schaffen, die das geistige Leben Europas nach dem Zweiten Weltkrieg mitprägen wird.
Heuer wird das Forum fünfzig. Ein Alter, in dem der Mensch längst zu sklerotisieren begonnen hat. Es herbstelt auch im Forum Alpbach. Aber der Herbst in Alpbach ist lang. Und die schönste Jahreszeit.

Herbst
Vom Luegergraben aus erreicht man einen winzigen See, dessen Oberfläche im Herbst so glatt und klar ist, daß sie nicht nur die Konturen, sondern auch die Farben von Wolken, Gräsern und Bergen widerspiegelt. Ein Tag am Ufer dieses Sees verträumt sich wie ein Augenblick.
Indessen wird im Dorf ein Haus abgerissen. Die Alpbacher bleiben stehen und schauen. Es war ein solides Haus mit ein paar Fremdenzimmern. An seiner Stelle soll ein größeres kommen. Appartementln halt ... Achselzucken, Häuselbauen gehört heutzutage zum Alpbacher Herbst wie seinerzeit die Obsternte und das Schnapsbrennen. Mischmaschinen rasseln, Kräne ächzen rund um die Uhr. Eigenheime fressen sich in Wiesenränder, schon gibt es Häuserzeilen, eine plumpe Betonbrücke statt der anmutigen hölzernen, eine Fahrstraße anstelle des hübschen Feldwegs ... Die Bedenkenlosigkeit, mit der diese Menschen bäuerlichen Ursprungs ihr Land vergeben und zersiedeln, stimmt den Zuwanderer aus der Stadt hilflos und traurig.
Vielleicht sei zu viel innerhalb eines Menschenalters hier geschehen, meint die Jakober Annelies, Kind aus alter Alpbacher Bauern- und Gastwirtedynastie. Sie weiß viel zu erzählen über die lange Abgeschiedenheit ihres Tales, das bis 1928 nur durch einen Saumpfad zu erreichen war, und über die Armut im Tal. Bitterste existentielle Not in der Zwischenkriegszeit. Viele hätten von Haus und Hof ziehen müssen, wären die Blut- und Bodenprogramme der späten dreißiger Jahre nicht zu einer ambivalenten Hilfe geworden. Dann, zehn Jahre nach dem Krieg, plötzlicher Einbruch des 20. Jahrhunderts ins Tal. Aufschwung durch Fremde, die Bargeld bringen. Gestern noch offenes Herdfeuer und Wasser vom Brunnen, heute Waschmaschine und TV. Gestern noch das Fahschtl, den schweren Heuballen auf den Schultern, heute Traktoren, Mulis, Pkws vor der Tür. Bis 1960 habe man hier noch Korn gepflanzt, hätte es an die 30 Mühlen gegeben. Heute wüßten die Jungen wahrscheinlich nicht einmal mehr, woher das rechte Saatgut nehmen. Destabilisierende Folge dieser Entwicklung: Armutstrauma der Alten und Machbarkeitswahn der Jungen unter einem Dach.
Drei Wege führen ans Ende des Alpbachtales, zur Rotte Inneralpbach, wo sich Greiter- und Luegergraben vereinigen. Auf einer die Talsohle schulterartig überragenden Anhöhe liegt ein 360 Jahre alter Hof, der vom Besitzer zugunsten eines Neubaus verlassen und von der Gemeinde Alpbach zum Heimatmuseum umgestaltet wurde. Der Unterberger Ander, Exhofbesitzer, führt durch sein Vaterhaus. Verweist auf schwalbenschwanzverzapfte Holzbauweise, 300 Jahre alte Glasfenster, schön gedrechseltes Haushaltsgerät, bemalte Alpbacher Truhen und Kästen aus dem 17. und 18. Jh., ein Stil, der heute als kostbare Rarität auf internationalen Antiquitätenmärkten gehandelt wird. Durch die winzigen Fenster der lauschigen alten Stube ist das vergleichsweise nüchterne, neue Unterbergische Haus zu sehen.

Herbst in Alpbach *(Photo: Blach)*

Ob er denn niemals bereue, diesen traumhaften Hof verlassen zu haben. Eine Frage, der der 60jährige Unterberger Ander mit einem Genrebild aus seiner Kindheit begegnet. Fünf Geschwister sind sie, dazu Eltern, Großeltern und unverheiratete Anverwandte. Die Kammer der Eltern ist vom darunterliegenden Stubenofen, dem einzigen im Haus, mittels Luftloch ein wenig zu wärmen. Unbeheizbar und dementsprechend eisig hingegen die Weiber- und die Männerkammer und die hinter der Speiskammer versteckt liegende Austragstube für die Großeltern schon gar. Eiskrusten vom Atem der Schlafenden auf Strohsäcken und Decken. Die Mutter am rauchenden offenen Feuer in der Küche. Hinter der Feuerstelle ein schmaler Hühnerstall, aus dem der Mist fliegt. Auf dem Ställchen hocken im Winter die Kinder, um sich die nackten Füße am Feuer zu wärmen. Denn Schuhwerk muß man schonen. Für die Kinder gibt´s nur Sonntagsschuhe, beinhart, genagelt, in die fährt man ohne Socken, obwohl man Stunden durch den Schnee waten muß zur Kirche und zurück. Die Alltagskleider sind aus Werg gewoben, der am Körper reibt wie eine Raspel. Die ersten Unterhosen bekommt der Ander, als er elf ist. Sein Großvater, der 90 wurde, hat sein Lebtag keine besessen. Der Geruch, den Mensch und Tier, Rauch, Fett und Ranziges im Haus verbreiten, ist mörderisch. Gebadet wird nie, gewaschen kaum. Im Winter bleiben die Stubenfenster geschlossen, schon wegen dem Fliegenstecher; einem im Herbst ins Haus geholten, im Frühling in die Freiheit entlassenen, frei fliegenden Rotkehlchen, dessen Aufgabe die Fliegenjagd ist. Am Stubenofen hängen Fußlappen, Überzeug, urinnasse Windeln zum Trocknen; letztere werden nämlich erst gewaschen, wenn Festeres dreingeht ...
All das ist keine 50 Jahre her. Und der Unterberger Ander sehnt sich nicht danach zurück. Er will den Fortschritt, der da ist: Zentralheizung und Sichtfenster statt Feuerstelle und Petroleumlampen. Straßenbeleuchtung statt Sternenlicht. 3 SAT statt Spinnrad. Man versteht ihn ja, den Ander, auch wenn das Verständnis ein mit Wehmut durchsetztes ist. Und letztlich läuft der Sand, wie immer man das Stundenglas wenden mag, doch stets nach unten.
Alpbacher Herbst. Manches ist ihm geblieben. Etwa der Almabtrieb, wenn das Vieh „hoamfahrt" ins Tal, geputzt, geschniegelt, mit Papierblumen „aufbüscht". Dann rennt, was Beine hat, dem laut und lauter werdenden Gebimmel der Glocken entgegen. Und die stolze Rosenkranzsonntagsprozession. Und das herbstliche Holzschneiden im richtigen Zeichen.
Alpbacher Herbst. Die Farben versammeln sich zu apotheotischer Pracht. Die Luft besitzt zu weilen um die Tagesmitte eine schmeichelnde Milde, wie zu keiner anderen Jahreszeit. Dann plötzlich Nachtfrost. Mitunter ein Hauch von Schnee auf den Gipfeln. Tagsüber wolkenlose Bläue, rundum Schönheit von solcher Intensität, daß dir der Tod einfällt. Weil du den Gedanken nicht ertragen magst, das alles einmal nicht mehr sehen zu können.
Im Herbst bin ich hier endgültig heimisch geworden. Es war an einem Tag, als ich die letzten Pappelrosen im Garten schnitt und die Nachbarin mir übers Feld zurief, es sei Zeit, die Blumenkisteln zu verplundern, Allerheiligen stünde vor der Tür.
Zu Allerheiligen wird der Alpbacher Friedhof zu einer Kultstätte. Phantastisch der Blumenschmuck, zahllos die Lichter, festlich gekleidet die Besucher. Zum Meßopfer gekommen, bewegen sie sich zwischen den Gräbern, als seien sie auf einem solemnen Fest. Der Alpbacher Friedhof ist nicht nur der schönste, sondern auch der geselligste, den ich kenne. Zentral gelegen, wie er ist, wird ständig durch ihn durchgehuscht, ein wenig Ordnung gemacht in den Blumen, ein Licht entzündet. Und selbstverständlich die Geschäfte der Lebenden, Brautschau, Geburt, Eheglück und Ehebruch, Holzwurm, Vieh- und Grundstückspreise besprochen. Wer hier ruht, hat wenig Chance, sich restlos vom Leben in die Ewigkeit zu entfernen.

Auszug aus der Broschüre „Tirol - immer einen Urlaub wert." Herausgegeben von der Heimatwerbung Tirol. (Bild rechts: Photo Pfaundler)

II. Teil
Gang durch die fünf Alpbacher Jahrzehnte.

Das Europäische Forum Alpbach. Programme, Strukturen und handelnde Personen.

Das Österreichische College ist die Trägerorganisation des

Europäischen Forums Alpbach,
der Dialogkongresse,
der Alpbacher Sommerschule für europäische Integration
bzw. in den frühen Jahren
der Internationalen Hochschulwochen.

Die Alpbacher Veranstaltung entstand aus zwei verschiedenen Grundkonzepten im Frühjahr und Frühsommer 1945. Otto Molden plante ein „Internationales College", dessen kulturpolitischen und anderen geistigen Aktivitäten womöglich ganz Europa umfassen sollten. Simon Moser hingegen wollte eine "Philosophische Bergakademie" gepaart mit sportlichen Aktivitäten schaffen. Alles nähere über Hintergründe und Ablauf dieser ersten Phase, die schließlich zum „Österreichischen College" (Internationale Hochschulwochen in Alpbach, Tirol vom 25. August bis 10. September 1945) führten, sind den zwei Folgekapiteln dieser Dokumentation von Robert Muth (Seite 42 ff.) und Fritz Molden (Seite 45ff.) zu entnehmen.

Ursprünglich war die Alpbacher Veranstaltung als einmaliges Ereignis unmittelbar nach Kriegsende gedacht. Der große Erfolg und der bereits im ersten Jahr zum Erstaunen aller Beteiligten sich entwickelnde „Geist von Alpbach" führten zum allgemeinen Wunsch nach einer Fortsetzung, ja nach einer regelmäßigen Veranstaltung. Schon im Winter 1946 wurde der Verein ÖSTERREICHISCHES COLLEGE in Wien gegründet. Zum ersten Präsidenten des Vereines wurde Otto Molden, zum Vizepräsidenten und wissenschaftlichen Leiter Univ.- Doz. Dr. Simon Moser gewählt.

Der Gesamtleitung gehörten 1946 ferner Alexander Auer, Wilhemine Auersperg, Fritz Molden, Doz. Dr. Robert Muth und Architekt Jörg Sackenheim an. Das Sekretariat besorgte Monika Mayr. Im Programm für die zweiten ALPBACHER INTERNATIONALEN HOCHSCHULWOCHEN werden noch folgende Persönlichkeiten als internationale Verbindungsleute genannt: Maurice Besset (zur französischen Besatzungsmacht), Universitätsprofessor Dr. Olof Gigon (Freiburg/Schweiz), die Schweizer Studenten Jürg Bär und Theodor Erismann und Robert Thomas Stoll für ganz West- und Nordeuropa.

Schon im Jahre 1947 haben sich drei „Collegegemeinschaften" an den Universitäten Wien, Innsbruck und Graz gebildet, deren Vorsitzende Fritz Hansen - Löve, Dr. Werner Busch und Max Arbesser in die Gesamtleitung der Alpbacher Internationalen Veranstaltung aufgenommen wurden. Zu diesen sind Dr. Roland Nitsche (Zürich), Heinz Aeppli (Zürich) und Bürgermeister Alfons Moser (Alpbach) in die Führungsgruppe integriert worden. – 1947 stoßen Dr. Fritz Czerwenka (Wien), Peter Mosing und Heinrich Pfusterschmid-Hardtenstein (Graz), Barbara von Blarer (Basel) und James Joll (Oxford) dazu. Damit ist im Jahre 1950 jener Kreis vollzählig,der in den Folgejahrzehnten stets die aktive Kerngruppe der Alpbacher Veranstaltungen bildete. Neben den schon erwähnten Personen finden wir im Verzeichnis des Jahres 1950 im Vorstand auch Dr. Felix Pronay, Dr. Georg Zimmer-Lehmann und Dr. Walter Körner (Innsbruck). Als enge Mitarbeiter werden in diesem Jahr auch Maria Blach, Prof. Dr. Paul Diderichsen (Kopenhagen), Alois Erdl (München), Wolfgang Gurlitt (Linz), Ernst Hartmann (Wien), Dr. Peter Keckeis (Zürich), Dr. Vera Münzel (Wien), Wolfgang Pfaundler (Innsbruck), Elfriede Rotter (Wien), Hans Sobotka (Wien), Dr. Peter Stadlmayr (München), Dr. Mario Wandruszka (Heidelberg) und Ake Ysberg (Lund) angeführt.

Naturgemäß erweiterte sich dieser Kreis in den Folgejahren mit der zunehmenden Zahl der Teilnehmer. Etliche wurden langjährige Freunde – so, um nur einige Beispiele zu nennen, Gaston Thorn und Liliane Petit-Thorn aus Luxemburg, Otto Wolff von Amerongen (Köln) und Gabriele Hühnermann-Henkel (Düsseldorf).

Jede der alljährlichen Veranstaltungen stand unter einem Generalthema. Diese sind im einzelnen den Jahresprogrammauszügen 1945-1994 (Seite 50-198) vorangestellt.
Der Verein Österreichisches College als Trägerorganisation seiner Alpbacher Veranstaltungen ist nach wie vor ein politisch, weltanschaulich und wirtschaftlich unabhängiger privater Verein, der sich zu den Grundsätzen der christlich abendländischen Geschichte Europas, der pluralistischen Demokratie, der sozialen Marktwirtschaft, der friedlichen Lösung von Konflikten sowie des Schutzes der Menschenrechte bekennt.
Die notwendigen Mittel zur Durchführung der Alpbacher Veranstaltungen werden durch Mitglieds- und Teilnehmerbeiträge, durch Spenden und Subventionen privater und öffentlicher Institutionen aufgebracht. Zu diesen Sponsoren zählen vor allem die österreichische Bundesregierung, das Land Tirol und die anderen österreichischen Bundesländer, von diesen insbesondere das Land Steiermark, ferner die Wirtschaftskammer Österreich, die Vereinigung Österreichischer Industrieller, österreichische Banken und Wirtschaftsbetriebe; auch die Gemeinde Alpbach hat immer wieder geholfen. Darüber hinaus werden die Alpbacher Veranstaltungen seit Jahrzehnten von der Europäischen Kommission ebenso gefördert wie von anderen privaten oder öffentlichen internationalen Institutionen. Sehr häufig erfolgt die Förderung in Form von Stipendien. Der Verein Österreichisches College ist selbstverständlich nicht auf die Erzielung von Gewinnen irgendwelcher Art ausgerichtet.
Ende der siebziger Jahre begannen sich vorerst in Wien und dann in verschiedenen anderen Universitätsstädten Österreichs, in der damaligen Bundesrepublik Deutschland, in Holland und Italien „Clubs Alpbach für europäische Kultur" zu bilden. In diesen Clubs fanden sich dem Europäischen Forum Alpbach verbundene Personen zu kulturellen, wissenschaftlichen oder auch politischen Veranstaltungen und Diskussionen zusammen.
In den Vereinigten Staaten von Amerika entstand die „American Alpbach Foundation". Zu deren Gründern zählten Helmut Sonnenfeldt, Philipp Kaiser, André Newburg und Marsha Ard. Diese Foundation bemühte sich nach dem Vorbild des „Deutschen Alpbachkomitees", durch Stipendien oder andere Förderungen den Alpbachgedanken zu unterstützen und eine engere Zusammenarbeit der USA mit Alpbach als einem der geistigen Zentren Europas zu intensivieren. Das Deutsche Alpbachkomitee war schon viel früher von Hermann Abs in Frankfurt gegründet worden. Später übernahm Otto Wolff von Amerongen mit großem Elan die Förderung Alpbachs durch diese Institution. In ähnlicher Weise hatte Univ.- Prof. Vincenzo Cappelletti den Aufbau eines Italienischen Alpbachkomitees vorgenommen und es fertiggebracht, alljährlich eine große Zahl italienischer Stipendiaten, aber auch Wissenschaftler und Politiker nach Alpbach zu bringen.

Seit 1992 findet in Alpbach in Zusammenarbeit mit der Universität Innsbruck (Institut für Völkerrecht und Internationale Beziehungen - Abteilung für Europarecht) die ALPBACHER SOMMERSCHULE FÜR EUROPÄISCHE INTEGRATION statt, in der vorwiegend Studenten aus Ost- und Südeuropa mit den Problemen der europäischen Integration vertraut gemacht werden und nach einer Prüfung ein Diplom erhalten. Die Teilnehmer der Sommerschule sind auch in das Europäische Forum Alpbach integriert.

Dem 1991 gewählten und derzeit amtierenden Vorstand des Österreichischen College gehören an:

Präsident Dr. Heinrich Pfusterschmid-Hardtenstein
ao. u. bev. Botschafter i.R.

Ehrenpräsident Prof. Otto Molden

Präsidium und Vorstand

Univ.-Prof. Dr. Karl Acham, em. Univ.-Prof. Dr. Hans Albert, KR Heinz Apenzeller, Hofrat Alexander Auer, Univ.-Prof. Dr.-Ing. Dieter Bökemann, Dr. Friedrich Gleißner, Univ.-Doz. Dr. Friso D. Heyt, Ing. Hannes Kar, Univ.-Prof. Dr. Hans-Dieter Klein, Univ.-Prof. Dr. Heinz Löffler, Dr. Thomas Mayr-Harting, Fritz P. Molden, Mag. Peter Molden, Peter Mosing, MR Dr. Michael Neider, Peter Piller, Dipl.-Ing. Rainer Schrems, Univ.-Prof. Dr. Rainer Sprung, Univ.-Prof. Dr. Hans Tuppy, Univ.-Prof. Dr. Klaus Zapotoczky. (f.m.)

Das wissenschaftliche Konzept 1945: Simon Mosers damaliges wissenschaftliches Denken.

Robert Muth

In den Aufbruchstagen des Frühsommers 1945, bald nach der Befreiung Österreichs, kam vom Widerständler Otto Molden, damals Student in Innsbruck, und dem an der dortigen Universität wirkenden Privatdozenten Dr. Simon Moser die Anregung, das „Österreichische College" zu gründen und internationale Hochschulwochen zu veranstalten. Zusammen mit jungen begeisterten Akademikern gingen in kürzester Zeit umfangreiche Vorbereitungen vonstatten. Als Termin legte man die Zeit vom 25. August bis 10. September fest, der Tagungsort Alpbach war mein Vorschlag. Mir ging es, auch im Sinne Mosers, um einen eher entlegenen Ort, der ungestörte wissenschaftliche Arbeit, ja Neubesinnung auf das Grundsätzliche unserer akademischen Existenz erlaubte. Mit Freuden erinnere ich mich an den schönen Frühsommertag, als Molden und ich zu Fuß von Brixlegg nach Alpbach wanderten, den Inn hatten wir - die Eisenbahnbrücke war von Bomben zerstört - in einer Zille überqueren müssen. Molden war beim Anblick des lieblichen Dorfes von meinem Vorschlag begeistert und traf sofort die nötigen Vereinbarungen mit Bürgermeister Alfons Moser - sicher war das ein Schicksalstag für Alpbach, das fast fünf Jahrzehnte später zum schönsten Dorf Europas erklärt wurde.

Daß Otto Molden, ein durch und durch politischer Mensch, etwas anstrebte, das schließlich im „Europäischen Forum Alpbach" Wirklichkeit werden sollte, schien von Anfang an klar, führte später freilich zwischen Molden und Moser zu nicht unerheblichen Irritationen; 1945 handelte es sich schlicht um Hochschulwochen. Mit der Internationalität war es noch nicht weit her: die verständnisvolle französische Besatzungsmacht und besonders ihr Referent für Bildungsfragen, Prof. Eugen Susini, unterstützten unsere Bestrebungen und boten namhafte Vortragende und studentische Teilnehmer aus Militärkreisen an, auch gelang es, einige Teilnehmer aus der Schweiz und Deutschland zu gewinnen, unter ihnen Hans-Urs von Balthasar und der Friburger Altphilologe Olof Gigon. Einige junge Südtiroler kamen illegal über die Berge zu uns, u.a. der spätere bekannte Journalist Klaus Gatterer. Die meisten Teilnehmer waren aber Österreicher.

Das wissenschaftliche Konzept Mosers, der mit mir als Klassischem Philologen Kontakt pflegte, fußte vor allem auf Gedanken von Platon und Aristoteles: ihre Philosophie war dem anfangs am philosophischen Institut der theologischen Fakultät in Innsbruck Geschulten, der später Martin Heidegger gehört und von dessen Denken stark geprägt wurde, vertraut. In der „vorpopperischen" Periode Alpbachs glaubte Moser an die Möglichkeit einer Ontologie und metaphysisch verankerten Ethik. Unsere Zusammenarbeit reichte über die ersten Alpbacher Hochschulwochen hinaus. Schon im Wintersemester 1945/46 kündigten wir eine gemeinsame Lehrveranstaltung über Platons „Theätet" an, im Wintersemester 1946-/47 ein Seminar über den Physisbegriff im griechischen Denken, woran auch Prof. Albin Lesky mitwirkte. Uns ging es primär um die Frage nach der Wahrheit, der Erkenntnis und dem rechtem Leben. Aus der geistigen Situation der unmittelbaren Nachkriegszeit heraus hielten wir es für das Gebot der Stunde, zunächst „zurückzufinden zum Humanen", so zu lesen im Vorwort der von uns herausgegebenen Veröffentlichung über die erste Tagung „Wissenschaft und Gegenwart", Innsbruck 1945. In etwa schien uns damit ein Bekenntnis verbunden zu dem auf Wissen und Wahrheit ausgerichteten humanistischen Bildungsideal der alten Universitätsidee von Wilhelm von Humboldt und Johann Gottlieb Fichte.

Wahrheit, Erkenntnis - und dann: rechtes Leben. Gedanklich gingen wir, geführt von antiken Denkern, den umgekehrten Weg vom rechten Leben zur Wahrheit.

Die Lehre der Sophisten, mit der wir begannen, kreiste ja um das Problem des rechten Lebens, mit dem sich auch Sokrates intensiv auseinandersetzte. Sein Beispiel erwies sich in der Philosophengeneration nach seinem Tode als fruchtbar. Mit jener der Lebensführung verbanden sich dann Lehren etwa physikalischen, logischen, erkenntnistheoretischen, anthropologischen und sogar rhetorischen Inhalts. Platon war der bedeutendste unter den Begründern sokratischer Schulen. In den Werken seiner Reife- und Spätzeit, denen unsere Studien besonders galten, deutete er die sokratische Lebensgestaltung im Rahmen einer neuen Ontologie als ständige kognitive Annäherung an einen Kosmos ewiger Formen des wahren Seins, dem die empirische Welt ihr unvollkommenes Sein und Wesen verdankt. Sein Schüler Aristoteles strebte nach Erkenntnis der Wahrheit mittels einer umfassenden, auf viele Einzeldisziplinen verteilten Erforschung der Wirklichkeit. Noch im 4. Jh. v. Chr. emanzipierten sich allerdings die Einzelwissenschaften von der Philosophie, doch strebte besonders die platonische Akademie, ehe sie für längere Zeit in eine skeptische Phase verfiel, eine Überwindung der Spannung zwischen Philosophie und Einzelwissenschaften an, um wieder Regeln für das rechte Leben sowohl in Hinsicht auf die Ordnung des Seins als auch der Natur aufzustellen. Die spätere antike Philosophie kapitulierte vielfach vor diesem Problem. Für Platon und Aristoteles jedenfalls war die Bemühung um eine intersubjektiv nachvollziehbare und überprüfbare Erkenntnis des Wahren der zentrale und wesentliche Katalysator rechter Lebensführung. So wurde, worauf Moser immer wieder verwies, aus der *theoria* (nach Aristoteles die höchste Stufe des das Leben bestimmenden Erkennens) der *bios theoretikos,* dieser als Lebensform des Philosophen (des Weisheitsliebenden) jedoch zu dessen *praxis* schlechthin, als sein *bios praktikos*, und mit der *theoria* die Wahrheit zur idealen Lebensform. Moser schreibt in „Wissenschaft und Gegenwart", Seite 17: „Wissenschaft ist warmes Leben, Theorie höchste Praxis, Denken größte Tat". In konsequenter Folge behandelten Moser und ich im folgenden Semester an der Universität Platons Dialog „Theätet", in dem dieser Philosoph als Prototyp des „Theoretikers" gezeichnet ist, der durch die formende Wirkung einer lebenslangen Beschäftigung mit der Wissenschaft zur rechten Lebenspraxis geführt wird. Uns war allerdings einsichtig, die Wahrheit als der zentrale Bezugspunkt eines erfüllten Lebens könne nie voll erkannt werden, und obzwar das unermüdliche Suchen nach ihr nur eine stets größere Annäherung bringe, sei dieses Bemühen dennoch nötig und dem Menschen eine gemäße Chance. Auch dieser Gedanke war platonisch: man denke an seine früheren aporetischen Dialoge. Nahmen wir Popper voraus, als wir dies immer wieder betonten?

Unsere Überlegungen waren sehr akademisch, aber so sah Moser damals die ethische Aufgabe ontologischen Erkennens, die zu verantwortende Bildungsaufgabe der Wissenschaft (und Universität). Derartiges sollte Alpbach leisten, die Grund- und Grenzfragen möglichst vieler Forschungsdisziplinen sollten überdacht werden. Das Konzept war ein Wagnis, hatte doch Winston Churchill eine düstere Prognose geäußert: „Auf den Schwingen der Wissenschaft begibt sich die Menschheit geradewegs zurück in die Steinzeit". Churchill fand in den dunklen Zeiten des Zusammenbruches bzw. eines erst zaghaft einsetzenden Wiederaufbaues viel Zustimmung. Wir sahen es anders, und jene Studenten, die mit dem Rucksack zu Fuß nach Alpbach gekommen waren, sahen es wie wir. Ein Schock war für uns allerdings die erste Atombombe, just während dieser Tage. Die andere, wissenschaftlich-technische Realität schien uns einzuholen. Dennoch hofften wir nach den bitteren Kriegsjahren voll Optimismus, die Wissenschaft würde auch in ihren technischen Konsequenzen den Menschen vom bloßen Bedürfniswesen hinaufführen zu seiner eigentlichen Natur als Vernunftwesen, das jeden Widersinn ins Lot zu bringen imstande wäre.

Noch eine Frage ist zu beantworten. Warum wollten wir 1945 die Wissenschaft sozusagen auf die Alm verpflanzen? Ein Grund wurde schon erwähnt: nach dem Lärm des Krieges suchten wir Ruhe und Einsamkeit, um uns ungestört auf die wissenschaftlichen Grundfragen besinnen und über das rechte Leben nachsinnen zu können. Zugleich wollten wir aber die alte *universitas magistro-*

Zwei der wichtigsten Säulen von Alpbach (von links nach rechts): der Physiker und Nobelpreisträger Erwin Schrödinger und der „Koestler-Bauer", der Schriftsteller und Wissenschaftler Arthur Koestler. (Photo Pfaundler)

rum et scholarium verwirklichen, Wissenschaft im angegebenen Sinn sollte weniger in Vorträgen geboten werden (obgleich es sowohl einführender als auch einiger „repräsentativer" Vorträge bedurfte), sondern vielmehr in kleinen Dialoggruppen, womöglich in der freien Natur. Diskussionen zwischen Lehrenden und Lernenden - die Grenzen lösten sich bald auf - und zwischen Angehörigen verschiedener Nationen waren methodisches Grundprinzip; das Ethos des platonischen und aristotelischen Dialogs war Moser ein stetes Anliegen. Besser als etwa ein Seminarraum der Universität eignete sich dazu das Dorf mit seiner lockeren Atmosphäre. Zudem konnte dort die Lebensgemeinschaft, das *convivium* der *docentes* und *studentes,* das uns (auch in Anbetracht der angestrebten Internationalität) am Herzen lag, eher realisiert werden; die Fotos dieser Dokumentation bezeugen es. •

Es begann mit Grubers Zigaretten....

Fritz Molden

Karl Gruber, erster Landeshauptmann von Tirol (das er als Führer der Widerstandsbewegung im Frühjahr 1945 vom Nazijoch befreite) und bald darauf erster Außenminister Nachkriegs-Österreichs, im Gespräch mit Otto Molden (rechts), der aus dem Untergrund in Innsbruck auftauchte und unbedingt ein Europäisches Forum in Tirol gründen wollte.

Am 3. Mai 1945 gelang es der Tiroler Widerstandsbewegung O5 mit ihren militärischen und zivilen Einsatzgruppen, die Landeshauptstadt Innsbruck noch vor dem Eintreffen der ersten amerikanischen Truppen zu befreien. Der Tiroler Nazigauleiter und sein Stab wurden verhaftet, der letzte Widerstand der in und um Innsbruck stationierten deutschen Truppen konnte schnell gebrochen werden, lediglich bei der Besetzung des Tiroler Landhauses kam es zu einem blutigen Gefecht. Die Kasernen hingegen wurden fast kampflos von den Sturmtrupps der Widerstandsbewegung besetzt und die noch vorhandenen deutschen Wehrmachtstruppenteile entwaffnet.

Der spiritus rector und Chef der erfolgreichen Befreiungsaktion war der junge Elektroingenieur und Jurist Dr. Karl Gruber, der diese abenteuerliche Aktion zusammen mit anderen österreichischen Gesinnungsgenossen seit Monaten vorbereitet hatte. Unmittelbar nachdem die Befreiung Innsbrucks abgeschlossen war, trat das Exekutivkomitee des Tiroler Widerstandes zu einer Sitzung im Landhaus zusammen und wählte Gruber zum provisorischen Landeshauptmann von Tirol. Als am nächsten Tag die ersten US-Truppen in Innsbruck eintrafen, wurden sie in einer mit österreichischen und Tiroler Fahnen beflaggten Stadt von der jubelnden Bevölkerung begrüßt.

Einer der jungen Männer, die seit Jahren im Widerstand und später im Untergrund gegen Hitler gekämpft hatten, war ein aus Wien stammender Student der Geschichte namens Otto Molden. Als blutjunger Führer einer antinazistischen Studentengruppe hatte er schon zwei Tage nach dem Einmarsch der deutschen Truppen nach Österreich im März 1938 Bekanntschaft mit der Gestapo gemacht. Nach mehrfachen Gefängnisaufenthalten wurde er zur deutschen Wehrmacht einberufen und so dem Zugriff der Gestapo entzogen. Nach sieben Jahren Wehrmacht beziehungsweise Untergrund tauchte Otto Molden – an Leib und Seele gesund – aus dem Widerstand im eben befreiten Tirol auf. Anders als sein Freund Gruber wollte er nicht in die aktive Politik gehen. Vielmehr wollte er sich einerseits der durch Besetzung und Krieg unterbrochenen Vollendung seiner Studien widmen, andererseits ein ganz spezielles persönliches Anliegen verwirklichen: möglichst schnell nach Kriegsende eine freie Gemeinschaft europäischer Intellektueller zu bilden. Diese sollte sich dem Geist jener Jugendbewegung verpflichtet fühlen, welcher zu Beginn des zwanzigsten Jahrhunderts den Kontinent erfaßt und Köpfe vom Rang eines Antoine de Saint-Exupéry, eines Walter Flex oder eines Ernst Jünger begeistert hatten. Bei diesem Bemühen traf er auf den Dozenten der Philosophie Dr. Simon Moser, der die Zeit bis zur Wiederaufnahme des Universitätsbetriebes nützen wollte, um seinerseits einen alten Traum, nämlich die Schaffung einer philosophischen „Bergakademie für Geist und Sport" in die Tat umzusetzen. Die beiden Herren machten sich nach einigen Diskussionen mit vereinten Kräften an die Verwirklichung ihrer Ziele. In Anbetracht der damals herrschenden schwierigen Zustände war dieser Entschluß sicher richtig, wenngleich er andererseits den Kern unzähliger Konflikte, die sich aus der an sich so verschiedenen Zielsetzung der beiden Grundkonzepte ergaben, beinhaltete.

(Photo Pfaundler)

Zunächst einigte man sich auf einen ebenso attraktiven wie Freiheit und friedliche Diskussion versprechenden Namen: „Internationale Wochen des Österreichischen College". Der Name änderte sich in der Folge mehrfach. Zuerst wurden es Internationale Hochschulwochen, dann wollte man den schon bei der Gründung im Zentrum der Überlegungen Otto Moldens stehenden Begriff „Europa" integrieren und schließlich erhielt es den Namen, den es heute noch trägt: „Europäisches Forum Alpbach des Österreichischen College".

Warum das College allerdings tatsächlich so heißt, obwohl es mit einer solchen Institution im angelsächsischen Sinne nichts zu tun hat, ist so kompliziert, daß man es kaum erklären kann. Wer es wirklich und genau wissen will, möge sich die Mühe nehmen und in des Gründers Otto Molden eigenem Buch „Der andere Zauberberg" alles über das Phänomen Alpbach nachlesen, was ihm wissenswert erscheint.
Wie aber kamen Moser und Molden mit ihrem College nach Alpbach? Im Frühjahr 1945 war in Tirol, wie Jahrzehnte später ein österreichischer Bundeskanzler stets zu erklären pflegte, alles sehr kompliziert. Teils wegen der zerbombten Städte und Dörfer, teils wegen hunderttausender Flüchtlinge, ehemaliger KZ-Häftlinge oder in irgendeine ferne Heimat zurückstrebender Soldaten. waren alle Quartiere weit und breit zerstört oder überfüllt. So suchten Mo & Mo lange Zeit vergeblich nach einem geeigneten Ort für ihre geplante Veranstaltung, die spätestens im August stattfinden und rund hundert Intellektuelle aus ganz Europa vereinen sollte. Schließlich wies Dozent Robert Muth seinen Freund Otto Molden auf das in einem Seitental des Unterinntals gelegene Bergdörfchen Alpbach hin. Der Ort liege hoch in den Bergen und sei so klein und unbedeutend, daß die Alliierten es nicht einmal der Mühe wert gefunden hätten, ihn während des Krieges zu bombardieren. Auch gäbe es keine vernünftige Verbindung dorthin, nur einen schmalen Fahrweg, weswegen auch weder Deutsche noch Alliierte jemals den Einfall gehabt hätten, Truppen oder Flüchtlinge dorthin zu verlegen.
Und schön sei es dort oben, meinte Muth, eines der herrlichsten Täler in den ganzen Ostalpen. Das konnte

auch Simon Moser bestätigen, schließlich war sein Bruder Alfons dort Bauer und Wirt im uralten Böglerhof und seit neuestem - als aufrechter Antinazi - auch Bürgermeister des 1500 Seelendorfes.
Otto Molden beschloß, sich mit Muth unter Überwindung aller Hindernisse, wie etwa gesprengter Innbrükken, nach Alpbach zu begeben. Die letzten drei Stunden zu Fuß, Motorisiertes gab es im Alpbachtal des Jahres 1945 weit und breit nicht zu sehen. OMO (seit gut 50 Jahren das Kürzel für Otto Molden) war von Alpbach und seinem Bürgermeister begeistert. Alfons Moser, der über einen weiten und weisen Blick in die Ferne verfügte, begriff schnell, daß dieser junge Mann dem Dorf vielleicht auf die Dauer mehr zu bieten haben würde als die paar hungrigen Intellektuellen, die vorerst auftauchen wollten. Man war sich bald handelseinig. Bis zu hundert Leute würde man auf irgend eine Art, und sei es in Heustadeln, unterbringen. Der Böglerwirt war sogar bereit, ein Rind zu schlachten, um die Verpflegung aufzubessern.

„Tauschkuh" für Grubers Zigaretten *(Photo Pfaundler)*

Molden begann mit den Vorbereitungen. Wie der Rattenfänger von Hameln reiste er durch die benachbarten europäischen Lande und brachte es, dank seiner guten Widerstandsbeziehungen zu Alliierten und Schweizern, schließlich fertig, mehr als 80 meist sehr junge Professoren und Studenten, etliche alliierte Offiziere und ein paar Künstler nach Alpbach zu locken. Es gab nur noch ein Hindernis, an dem alles zu scheitern drohte: Mit einer geschlachteten Kuh würden nicht alle satt werden. Woher nehmen und nicht stehlen. Also wurde OMOs kleiner Bruder, der ebenfalls mit dem neuen Tiroler Landeshauptmann aus Widerstandstagen befreundet war, in das Innsbrucker Landhaus zu Karl Gruber geschickt. Er erklärte ihm den Plan einer internationalen Veranstaltung in Alpbach, wohl dem ersten intellektuellen Treffen in Nachkriegseuropa, und bat um eine milde Spende, um die dreiwöchige Zusammenkunft durchführen zu können. Gruber hörte aufmerksam zu. Wahrscheinlich stellte er ähnlich zukunftsträchtige Überlegungen an wie ein paar Tage vorher der Bürgermeister von Alpbach. Er dachte wohl an die Vorteile, welche dieser Plan langfristig dem Land Tirol bringen könne, und sagte zu. Klug meinte er, daß Geld, damals bekanntlich nichts wert, wenig nützen würde. Kurz entschlossen nahm er einen Zettel, auf dem er eine Anweisung an den Direktor der Schwazer staatlichen Tabakfabrik niederschrieb: dem Überbringer seien 50.000 Zigaretten gratis zu übergeben. „Damit", meinte Gruber, „solltet ihr auskommen, wenn ihr es richtig eintauscht".
Der Tabakdirektor rückte ungern, aber dennoch die fünfzigtausend Zigaretten heraus, der Alpbacher Bürgermeister nahm sie in seine Obhut und verteilte sie so geschickt im Dorf, daß das College alle Kosten nicht nur für die erste Veranstaltung 1945, sondern auch für das zweite Treffen 1946 problemlos begleichen konnte.
Kurz gesagt: Alles begann mit Grubers Zigaretten. Gruber und Molden konnten ab 25. August 1945 zusammen mit den Mitinitiatoren der ersten Stunde Jürg Bär, Maurice Besset, Barbara von Blarer, Claus Gatterer, Edi Grünewald, Peter Keckeis, Alfons und Simon, aber auch Koni Moser, mit Robert Muth, Inge Reuth-Nicolussi, Jörg Sackenheim, Pipa Urbancic, Johannes Wickenburg und schließlich mit OMOs kleinem Bruder Fritz in Alpbach die erste intellektuelle Veranstaltung Europas nach dem Zweiten Weltkrieg eröffnen und durch drei Wochen hindurch abhalten.

1945 bis 1955

Österreichs Weg von der Befreiung zur Freiheit. Alpbach als erstes Tor zur freien Welt.

Am 7. Mai 1945 endet der Krieg in Europa.

Am 6. August fällt die erste Atombombe auf Hiroshima und am 2. September kapituliert Japan vor den alliierten Truppen. Noch vor diesem Datum, am 25. August, beginnen die ersten Internationalen Hochschulwochen in Alpbach. Gegründet von Otto Molden und Simon Moser zusammen mit einigen Freunden aus dem österreichischen Widerstand, unterstützt von den französischen und amerikanischen Besatzungsmächten, finden sich in Alpbach etwa 80 Österreicher, Schweizer, Franzosen, Amerikaner und Deutsche ein, um gemeinsam die Voraussetzungen für den geistigen Wiederaufbau Europas und Österreichs zu diskutieren.

Die Periode von 1945 bis 1955 ist international gekennzeichnet durch die Unterzeichnung der Charta der Vereinten Nationen am 26. Juni 1945 in San Francisco und die damit verbundene Gründung von Institutionen (Sicherheitsrat, Generalversammlung, Generalsekretariat u.a.) mit Sitz in New York, die einen weltweiten Frieden sicherstellen sollen. In Potsdam einigen sich (17.Juli bis 2. August 1945) die alliierten Mächte über die bereits in Jalta entworfenen Einflußzonen in Europa. Trotzdem geht man noch davon aus, daß die Gestaltung der Weltpolitik durch die Siegermächte einvernehmlich erfolgen wird. Während der künftige Platz Deutschlands völlig ungewiß ist, zeichnet sich für Österreich durch die Anerkennung der in Wien gegründeten Regierung Renner und die baldige Aufnahme von Verhandlungen über einen abzuschließenden Staatsvertrag der Wiedereintritt in die Staatengemeinschaft ab. Dennoch ist das Land durch vier fast hermetisch voneinander getrennte Besatzungszonen und eine vierfach besetzte Hauptstadt gekennzeichnet.

Während im Nürnberger Kriegsverbrecherprozeß noch eine gewisse Einheit der Alliierten zum Ausdruck kommt, setzt ab 1946 in der praktischen Politik schrittweise die Teilung Europas - ja, der Welt - in einen westlichen und einen östlichen Block ein. Die kommunistisch beherrschte Sowjetunion unter Josef Stalin unternimmt alles, um im Bereich ihrer Einflußzone in Ost- und Südosteuropa kommunistische Satellitenstaaten einzusetzen oder zu unterstützen. Der Westen antwortet hierauf im Jahr 1947 mit dem nach dem damaligen US-Außenminister benannten Marshallplan, der trotz Aufforderung, daran teilzunehmen, von der Sowjetunion abgelehnt wird. Nach der putschartigen Sowjetisierung der Tschechoslowakei 1948 erfolgt am 4. April 1949 der Abschluß des Nordatlantikpaktes mit der damit verbundenen Verteidigungsorganisation. Unter dem Druck der zunehmenden Sowjetisierung Osteuropas beginnen sich in Westeuropa die Kräfte zu organisieren, die die Zukunft Europas in einem vereinten Europa sehen. Startzeichen dafür ist die Rede Churchills vom 19. September 1946 in Zürich und der erste Kongreß der Europabewegung in Den Haag vom 7. bis 10. Mai 1948 mit der anschließenden Gründung der Europäischen Bewegung.

Da ein Wiederaufbau der europäischen Wirtschaft ohne eine Verständigung zwischen Frankreich und Deutschland mit ihrem Industriepotential nicht möglich ist, schlägt am 9. Mai 1950 Jean Monnet im Namen der französischen Regierung die Schaffung einer Europäischen Gemeinschaft für Kohle und Stahl, die beiden wichtigsten Grundindustrien für den Wiederaufbau, vor.

Es kommt zum Abschluß des Pariser Vertrages und zur Errichtung der Montanunion in Luxemburg (10. August 1952). An ihr nehmen neben Frankreich und Deutschland Italien und die drei Benelux-Staaten teil. Revolutionärstes Element ist die Schaffung einer Hohen Behörde mit supranationalen Befugnissen, das heißt, mit direkten Einwirkungsmöglichkeiten in die Volkswirtschaften, also in die Hoheitsbefugnisse der Mitgliedstaaten.

In diesen Jahren finden zahlreiche Sitzungen der Alliierten zur Vorbereitung eines österreichischen Staatsvertrages statt, ohne daß man sich in den wesentlichen Fragen einigen kann. Die Gefahr einer Teilung Österreichs in einen westlichen und einen östlichen Bereich ist nicht gebannt und erreicht ihren Höhepunkt im Herbst 1950 anläßlich eines kommunistischen Putschversuches. Es ist auch das Jahr des Beginnes des Koreakrieges, nachdem nicht lange zuvor China kommunistisch geworden war. Die Polarisierung zwischen dem freien Westen und dem kommunistischen Osten mit seinen Satellitenstaaten geht weiter. Der Westen versucht, nun auch Deutschland in das militärische Verteidigungssystem einzubinden, ein Deutschland, das seit der Währungsreform, die vom Osten zurückgewiesen wurde, de facto zweigeteilt ist. In Analogie zur Montanunion wird eine Europäische Verteidigungsgemeinschaft und in weiterer Ferne eine politische Gemeinschaft geplant. Diese Verteidigungsgemeinschaft scheitert jedoch am Votum des französischen Parlaments im August 1954. Um den Integrationsprozeß nicht zum Stillstand kommen zu lassen, treffen sich die sechs Außenminister der Mitgliedstaaten der Montanunion im Sommer 1955 in Messina. Auf Grund ihrer Vorschläge wird ein Vertrag zur Gründung einer europäischen Wirtschaftsgemeinschaft ausgearbeitet, der am 25. März 1957 in Rom unterzeichnet wird (EWG und EURATOM). Die Verteidigungskomponente wird durch die Schaffung einer deutschen Bundeswehr und ihre Einbindung in das NATO-System im Sinne einer Stärkung des Westens geregelt.

Im März 1953 stirbt Josef Stalin. Obwohl zunächst keine grundsätzliche Änderung der Politik der Sowjetunion zu bemerken ist, machen sich jedoch in Österreich beschränkte Erleichterungen des Besatzungsregimes bemerkbar. Im April 1955 kommt es dann beim Besuch einer österreichischen Regierungsdelegation in Moskau zum Durchbruch, die Sowjetunion scheint bereit zu sein, Österreich die Freiheit durch den Abschluß eines Staatsvertrages mit den vier Siegermächten, bei gleichzeitiger Annahme eines Status der Neutralität nach dem Schweizer Muster durch Österreich, zuzugestehen. Der Staatsvertrag wird am 15. Mai in Wien abgeschlossen und führt zur gänzlichen Räumung des Landes durch die Besatzungstruppen am 25. Oktober 1955. Am 26. Oktober erklärt das österreichische Parlament mittels Verfassungsgesetz die permanente Neutralität des Landes, und im Dezember wird Österreich zusammen mit einer Reihe anderer Staaten in die Vereinten Nationen aufgenommen.

In den beginnenden 50er Jahren wird auch der Anfang eines weltweiten Entkolonialisierungsprozesses eingeleitet. Es bildet sich im Westen das Bewußtsein, zur Entwicklung der wirtschaftlich weit zurückgebliebenen Regionen der Welt beitragen zu müssen. Dadurch erhält jedoch auch der Ost-West-Konflikt eine neue Dimension.

So wie Europa in diesen Jahren des Neubeginns das Bild der Zerrissenheit bot, mußte auch in Österreich und in Alpbach erst aus den vorhandenen Stücken und Relikten des intellektuellen und politischen Lebens der Vorkriegszeit ein neues Bild zusammengesetzt werden. Was die junge Generation dazu einbringen konnte, war das Engagement und die Prägung, die sie durch die Stürme der Kriegsjahre erfahren hatte. Ihre Vertreter hatten erst einmal zusammen zu finden, die ehemaligen Gegner im Inland ebenso wie die Repräsentanten der vor kurzem noch verfeindeten Nationen. In nächtelangen Gesprächen, bei denen so mancher über den eigenen Schatten springen mußte, erwuchs in Alpbach eine Diskussionskultur, die im Gegensatz sowohl zum Lagerdenken der Vorkriegszeit als auch zum verordneten Denken der Diktaturen stand. Jugendbewegung und Existentialismus, die verschiedenen Arten des Sozialismus bis hin zum Marxismus, Religionsbewußtsein und positivistisches wie erkenntniskritisches Denken standen einander gegenüber.
So mancher Teilnehmer wurde das erste Mal mit Jean-Paul Sartre, Antoine de Saint Exupéry, Jacques Maritain, Sir Karl Popper, Friedrich von Hayek, Heidegger oder den Denkern von jenseits des Ozeans bekannt. Von Philosophie und Wissenschaft spannte sich bald ein Bogen zum Denken in europäischen Kategorien in Politik und Wirtschaft.
Ein Tor stand nun weit offen. (h.p.h)

1945 WISSENSCHAFT UND GEGENWART

Arbeitskreise:
Philosophie: Leitung: Simon Moser, Innsbruck.
Theologie: Leitung: Kaplan Fischer, Innsbruck.
Recht und Staat: Leitung: Arnold Herdlitczka, Innsbruck.
Antike und Gegenwart: Leitung: Robert Muth, Innsbruck.
Neuere Geschichte: Leitung: Olof Gigon, Freiburg/Schweiz.
Moderne Literatur: Leitung: Roland Nitsche, Zürich.
Kunst: Leitung: Jürg Sackenheim, Innsbruck; Otto Lutterotti, Innsbruck.

Vorträge:
Hans-Urs von Balthasar , Basel:
„Das Religiöse in der heutigen Zeit"
Karl Brunner, Innsbruck: "Demokratie als geistige Lebensform"
Prof. Ebers, Innsbruck: "Freiheit und Rechtsordnung"
Theodor Erismann, Innsbruck:
"Von der Freiheit und Knechtschaft des Menschen"
Michel Herr, Paris:
"Die Wurzeln der französischen Widerstandsbewegung"
Albin Lesky, Innsbruck:
"Vom Wesen des Tragischen in der Antike"
Otto Lutterotti, Innsbruck: "Österreichische Barockbaukunst"
Otto Molden, Wien: "Geistiger Widerstand in Europa"
Fritz Molden, Wien: "Der Kampf um Österreich"
Simon Moser, Wien-Innsbruck:
"Die Berge und wir"; "Universität - College"
Dr. Plankensteiner, Innsbruck:
"Zur geistigen Situation der Zeit"
Jürg Sackenheim, Innsbruck: "Kunst und Weltanschauung"
Theo Suranyi-Ungar, Ungarn: "Wirtschaft im Donauraum"
Eugen Susini, Paris-Lille: "Autoritäres und liberales Denken"

Kulturelle Veranstaltungen: Österreichischer Musikabend: Franz Schubert, Forellenquintett. Gespielt von Mitgliedern des Innsbrucker Symphonieorchesters. - Lesung aus internationaler Dichtung. Am Vortragspult: Fred Liewehr, Burgtheater, Wien. - "Südtiroler Abend", unter Beteiligung von Prof. Reuth-Nicolussi. - Klavierabend:. Internationale Musik, mit Werken von M. Ravel, Macdonald, Serge S. Rachmaninoff. Am Flügel: Musikdirektor Fritz Weidlich, Innsbruck. - Österreichischer Dichterabend. Am Vortragspult: Siegfried Süßenguth, Landestheater Innsbruck. - Österreichischer Musikabend, mit Werken von W. A. Mozart, J. Haydn, L. v. Beethoven, F. Schubert. Am Flügel: Othmar Suitner, Innsbruck. - "Masken im Werden", mit Attila Hörbiger und Paula Wessely-Hörbiger, Wien. Leitung: Prof. Stefan Hlava.

Einige Mitglieder der Leitungsgruppe der Alpbacher Erstveranstaltung (v.l.n.r.): Architekt Jörg Sackenheim, Otto Molden, Prof. Simon Moser und Fritz Molden besprechen vor einem der uralten Holzhäuser im Dorfkern am 3. September 1945 die eben eingetroffene Nachricht von der Kapitulation Japans und damit vom Ende des Zweiten Weltkriegs.

*Bilder auf der gegenüberliegende Seite oben:
Eröffnung der ersten Alpbacher College-Veranstaltung am 25. August 1949.
Otto Molden (Mitte) begrüßt den französischen Hochkommissar General Emile Béthouart, rechts Simon Moser, ganz links Kapt. Maurice Besset*

*Bild rechts:
Doz. Robert Muth,
er brachte Otto Molden nach Alpbach und leitete 1945 einen Arbeitskreis (Photo: Karberger)*

*Bild ganz rechts:
Der Philosoph Olof Gigon aus Freiburg (Schweiz), der Theologe Hans-Urs von Balthasar, der Pariser Kunstexperte Jean Rouvier und sein Kollege Eugen Susini im alten Saal des Gasthofes zur Post. (Photo: Muth)*

1946 ERKENNTNIS UND WERT

Arbeitskreise: Philosophischer Arbeitskreis / Theologischer Arbeitskreis / Juridischer Arbeitskreis / Altertumswissenschaftlicher Arbeitskreis / Historischer Arbeitskreis / Literaturkreis / Kunsthistorischer Arbeitskreis / Naturwissenschaftlicher Arbeitskreis / Medizinischer Arbeitskreis.

Vorträge: Österreichs Stellung und Aufgabe in den Geisteswissenschaften / Kollektive Verantwortung / Die Entwicklung der Sowjetunion von 1917 bis 1946 / Entelechie des Rechts / Christentum und Sozialismus / Europäische Werte der französischen Literatur / ´Der Turm` von Hugo von Hofmannsthal / Die geistigen Richtungen in der modernen englischen Literatur / Aufgaben und Notwendigkeiten moderner Dichtung / Amerikanisches Studentenleben und Hochschulideal / Das Leben in einem großen englischen College / Grundlagen des Völkerrechtes / Wertbezogenheit der Rechtsordnung / Sozialismus und Ethik / Der Wertgedanke in der Nationalökonomie / Werte katholischer Geschichtstheologie / Metaphysik der Kunst / Physik und Sinn der Naturordnung / Die Werte des individuellen Lebens / Menschenbild und Wert / Erkenntnis und Wert / Ist platonische Philosophie Seins-, Erkenntnis- oder Wertlehre? / Wertdenken in der frühen griechischen Dichtung / Über die Wertbedingtheit des geschichtlichen Erkenntnisweges / Quo vadis, Worte an den jungen Europäer / Der ´Honnet Homme` als europäische Möglichkeit / Wert und Würde des menschlichen Leibes / Technik und Wertidee.

Kulturelle Veranstaltungen: *"Österreichischer Dichterabend"*: Es lesen aus eigenen Werken: Rudolf Henz, Österreich; Josef Leitgeb, Österreich; Alexander v. Lernet-Holenia, Österreich; Paula v. Preradovic, Österreich. - *"Europäische Malerei"*: Es sprechen Werner Scholz, Jean Rouvier und Prof. Herbert Boeckl. - *"Burgtheaterabend"*. Gestaltung: Prof. Stefan Hlava. - Alpbacher Dorfabend. - *Österreichischer Musikabend*. Gestaltung: Julius Alf, Tony Steyrer; unter Mitwirkung von Hans Leygraf, Klavier. - *"Landschaft und Heimat"*. Gestaltung: Alma Holgersen, Simon Moser. - *"Junge europäische Dichter"*. Aus eigenen Werken lesen: Walther Toman, Österreich; Johann Gunert, Österreich; Ernst Jirgal, Österreich und Kuno Räber, Schweiz. Aus Werken junger angelsächsischer und französischer Dichter lesen Prof. Colvin-Smith, London und Marcel Beaufils, Paris.

Gespräche junger Europäer:
Die Gestalt des jungen Europäers / Die europäische Idee.
Gesprächsleitung: Otto Molden.

Mitwirkende: Julius Alf, Innsbruck; Hans Bayer; Maurice Besset, Paris; Herbert Boeckl, Wien; Minister Norbert von Bischoff, Paris; Erika Cremer, Innsbruck; Adalbert Duschek, Wien; Theodor Erismann, Innsbruck; Josef Esser, Innsbruck; Rudolf Felmayer, Wien; Staatssekretär Ernst Fischer, Wien; Olof Gigon, Freiburg / Schweiz; Ernesto Grassi, Brissago-Tessin; Bundesminister Karl Gruber, Wien; Prof. Harthorne, USA; Arnold Herdlitczka, Innsbruck; Stefan Hlava, Wien; Karl Holey, Wien; Alma Holgersen, Alpbach; Bundesminister Felix Hurdes, Wien; Endre Ivanka, Budapest-Wien; Ernst Jirgal, Österreich; Josef Kasper, Wien; Alexander v. Lernet-Holenia, Österreich; Albin Lesky, Innsbruck; Hans Leygraf, Stockholm; Alois Macku, Wien; Arthur March, Innsbruck; J. E. Massen, London; Otto Mauer, Wien; Otto Molden, Wien; Simon Moser, Innsbruck; Roland Nitsche, Zürich; Paula v. Preradovic, Österreich; Hugo Rahner S. J., Innsbruck; Reuth-Nicolussi, Innsbruck; Jean Rouvier, Paris; Gustav Sauser, Innsbruck; Werner Scholz, Alpbach; Emil Staiger, Zürich; Tony Steyrer, Innsbruck; Eugen Susini, Paris; Eugen Thurnher, Innsbruck; Alfred Verdroß-Droßberg, Wien; Ferdinand Westphalen, Wien.

Prof. Reuth-Nicolussi bei den Hochschulwochen in Alpbach.

Arbeitsbesprechung 1946. v.l.n.r.: Herbert Hornstein, Otto Molden, Edi Grünewald, Elisabeth „Pipa" Urbancic, Hans Mukarowsky (Photo: Pfaundler)

unten links: Arbeitsgemeinschaft des Historikers und Journalisten Dr. Roland Nitsche. (Photo: Pfaundler)

unten rechts: Pressemeldung aus „Die gute Stunde" November 1946

Zwölf Nationen in Alpbach

Studenten und führende Persönlichkeiten des Geisteslebens aus zwölf Nationen fanden sich im heurigen Sommer in dem reizend gelegenen Alpbach in Tirol zu Hochschulwochen zusammen. Im Mittelpunkt der Vorträge hervorragender Gelehrter sowie der wissenschaftlichen und allgemeinen Aussprache stand das große Thema Europa. Aus dem ehrlichen Ringen um Klärung ergab sich eine Atmosphäre gegenseitigen Vertrauens, in der nationale Verschiedenheiten überraschend leicht überwunden wurden. Wesentlicher Gewinn war die Erkenntnis, daß der Weg zur Verständigung im Bereich des Weltanschaulichen am ehesten durch ganz eindeutige Klarstellung z. B. der Grundsätze von Christentum und Sozialismus gefunden werden kann, nicht durch oberflächliches Überbrücken. Für die österreichischen Teilnehmer waren diese Wochen ein ganz besonderes Ereignis. Zum zweitenmal nach vielen Jahren der Trennung von der Welt war ihnen Gelegenheit gegeben, die geistigen Strömungen in Europa kennenzulernen und daran den Stand der österreichischen Geistigkeit abzumessen.

1947 WELTBILD UND MENSCHENBILD

Arbeitskreise: Philosophische Anthropologie/Das Menschenbild des Römerbriefes und die Geschichte des Gegensatzes zwischen Katholizismus und Protestantismus/Der Mensch und sein Recht/Das Menschenbild des Humanismus/Mensch und Geschichte/Menschenrätsel der Literaturforschung/Die künstlerische Form als Ausdruck/Naturwissenschaftliches Denken und gesellschaftliche Ordnung/Über die Probleme des wirtschaftlichen Lebens/Menschen und Leben/Mensch, Arzt, Medizin.

Vorträge: Fragen der österreichischen Politik / Erziehung und geistige Einheit der Völker / Das Menschenbild bei Adalbert Stifter / Mensch und Technik / Das Bild des Menschen in der Geschichte bei Jacob Burckhardt / Der Mensch im schöpferischen Wort / Umrisse des kommenden Menschenbildes/ Die Entwicklung neuer Lebensformen im Nahen Osten / Das Welt- und Menschenbild des Sozialismus/ Vergleichende Gedanken zum Welt- und Menschenbild des amerikanischen und europäischen Studenten / Das Menschenbild der griechischen Antike / Die existentielle Grundlage der Wissenschaften/ Mensch und Demokratie / Universität und Jugend von heute / Zum Weltbild der heutigen Physik / Die Entwicklung der Demokratie und der parlamentarischen Institutionen / Das Zerrbild des Menschen im SS-Staat / Organismus und Persönlichkeit / Das Menschenbild in der Rechtsgeschichte/ Sinn und Aufgabe des Alpbacher Forums als Werk der Collegebewegung / Weltbild und Menschenbild / Lebens- und Weltbild des europäischen Ostens / Mensch und Erziehung / Die Erhaltung des Weltfriedens als Mission der Intellektuellen / Die Menschenrechte in der internationalen Gemeinschaft / Martin Heidegger und die französische Existentialphilosophie / Mensch, Arzt, Medizin / Der Mensch und die moderne Plastik.

Kulturelle Veranstaltungen: *Menschenbild und Menschenbildung* im Spiegel des Theatralischen. - *Tanzvorführungen* von Harald Kreutzberg, Wien. - *Architektur der Gegenwart.* Von und mit Jürg Sackenheim, Innsbruck; Josef Franck, Stockholm und Gio Ponti, Mailand. - *Europäischer Dichterabend.* - Abend junger europäischer Dichter. - *Freilichtaufführungen* durch das „Studio der österreichischen Hochschulen", Wien. - *Filmvorführung:* „Die Mörder sind unter uns". - *Musikalische Darbietungen:* 1. Schneiderhanquartett. 2. Hans Leygraf, Pianist, Stockholm.

Ausstellungen: Drei Ausstellungen moderner Malerei, Graphik und Plastik. - Ausstellung "Das Bühnenbild der Gegenwart". - Ausstellung "Das österreichische Buch seit der Befreiung".

Mitwirkende: Julien Benda, Paris; Ludwig Bertalanffy, Wien; Felix Braun, London; Donald Brinkmann, Zürich; Max Burckhardt, Basel; Herbert Cysarz, Mönichkirchen; Alois Dempf, Wien; Josef Dobretsberger, Graz; Adalbert Duschek, Wien; van Eerden, USA; Leon Epp, Wien; Benno Fleischmann, Wien; Olof Gigon, Freiburg/Schweiz; Ernesto Grassi, Rom; Minister Karl Gruber, Wien; Rektor Franz Gschnitzer, Innsbruck; Friedrich Hansen-Löve, Wien; Friedrich A. Hayek, London; Nobelpreisträger Werner Heisenberg, Göttingen; Arnold Herdlitczka, Innsbruck; Friedrich Heer, Wien; W. A. Jöhr, St. Gallen; James Joll, Oxford; Marc Klein, Straßburg; Eugen Kogon, Frankfurt/M.; Jorg Lampe, Wien; Hans Leygraf, Stockholm; Hans Löw, Wien; Max Meinecke, Wien; Heinrich Mitteis, Berlin; Otto Molden, Wien; Simon Moser, Innsbruck; Roland Nitsche, Zürich; Karl Rudolf, Wien; Heinrich Schmid, Graz; Leopold Soukup, Seckau; Rudolf Szyszkovic, Graz; Erik Tesar, Schwaz; Hans Thirring, Wien; Alfred Verdroß-Droßberg, Wien; Jean Wahl, Paris; Viktor Freiherr von Weizsäcker, Heidelberg; Ferdinand Westphalen, Wien; Fritz Wotruba, Wien.

Rechte Seite
Mit dem berühmten französischen Philosophen Julien Benda (Paris) begann die Crème de la crème der Philosophen Alpbach als Spielwiese zu betrachten. Bald sollten Popper, Bloch und viele andere folgen. (Photo: Pfaundler)

Der Politologe Prof. James Joll (Oxford) ist dabei, sich von einer Teilnehmerin überzeugen (oder becircen) zu lassen. (Photo: Pfaundler)

Otto Schönherr (später APA-Chef) bewundert den Maler und Bühnenbildner Stefan Hlava vom Wiener Burgtheater. (Photo: Pfaundler)

Der große deutsche Expressionist Werner Scholz hatte schon 1936 auf der Flucht vor den Nationalsozialisten Alpbach zu seiner zweiten Heimat gemacht. Nach 1945 freundete er sich eng mit Otto Molden und seinen Kollegen an. (Photo: Pfaundler)

Julien Benda

Prof. James Joll

Werner Scholz

Otto Schönherr und Stefan Hlava

1948 GESETZ UND WIRKLICHKEIT

Arbeitskreise: Philosophischer Arbeitskreis / Theologischer Arbeitskreis / Physikalischer Arbeitskreis / Biologischer Arbeitskreis / Juridischer Arbeitskreis/ Historischer Arbeitskreis / Literaturhistorischer Arbeitskreis / Humanistischer Arbeitskreis / Soziologischer Arbeitskreis / Pädagogischer Arbeitskreis / Musikhistorischer Arbeitskreis / Kunstkreis / Medizinischer Arbeitskreis / Nationalökonomischer Arbeitskreis / Arbeitskreis Philosophie der Technik.

Vorträge: Gesetz und Idee im Reiche des Lebens / Der Kampf gegen Bakterieninfektionen durch biologische Wirkstoffe / Der ethische Begriff des natürlichen Gesetzes / Gesetz und Wirklichkeit im politischen Denken der Antike/ Gesetz und Ordnung im katholischen Mönchstum / Die Rechtswissenschaften als Ursprung der Geisteswissenschaften in der humanistischen Überlieferung / Innere Stärke und äußere Stellung des Staates / Das Wesen Tirols / Musik als Wahrheit und Forderung / Die erzieherische Wirklichkeit / Gesetz und Wirklichkeit in Wirtschaftslehre und Wirtschaftspolitik/ Gesetz und Wirklichkeit in der materialistischen Geschichtsauffassung / Der Gesetzesbegriff in der Physik / Verteidigung der Ausdrucksmethode von Ideen in den semitischen Sprachen / Über das Naturrecht / Die Vorhut Europas / Gesetz und Wirklichkeit / Gesetz und Wirklichkeit in der Geschichte/Naturgesetze und theoretische Systeme / Der Gesetzesbegriff bei Montesquieu / Psychologie und Gesetzeserkenntnis/ Wahrheit und Wirklichkeit in den Naturwissenschaften.

Professorendisputationen: Naturwissenschaftliche Professorendisputation: Der Begriff des Gesetzes in den Naturwissenschaften / Geiseswissenschaftliche Professorendisputation: Der Begriff des Gesetzes in den Geisteswissenschaften.

Sonderveranstaltungen: Österreichs Kampf um Freiheit und innere Demokratie/ Die großen europäischen Zeitschriften als Wegweiser zu einem geeinten Europa.

Gespräche junger Europäer: Die Situation des modernen Intellektuellen/ Die Frage nach der Universität / Die Universität und das neue Europa

Kulturelle Veranstaltungen: *„Der Dichter und die Welt": Lesung* von Essays mit Franz Theodor Csokor, Wien; Ernst Jirgal, Wien; Josef Leitgeb, Innsbruck und Wilhelm Szabo, Weitra./Gräfin Purtscher-Wydenbruck, London: *"T. S. Eliot, Mensch und Werk."* /Werner Riemerschmid, Wien: *"Moderne Lyrik"* / Studio der österreichischen Hochschulen, Wien: *"Urfaust", "Das Theater und die Zeit."*/ *Konzert* des Barylliquartetts/ *Klavierkonzert* Robert Wallenborn, New York.

Ausstellungen: *Buch- und Zeitschriftenausstellung*: Werke französischer, englischer, Schweizer und österreichischer Verlage. *Kunstausstellungen* mit Bildern von: Boeckl, Eckert, Eckl, Ferenczy, Frankl, Haug, Kolig, Kreutzberger, Unger, Wiegele, Wotruba, Diesner, Flora, Fried, Fronius, Hoflechner, Kubin, Scholz, Steinhart, Bednarik, Bermann, Fuchs, Gütersloh, Klimt, Kokoschka, Laske, Moldowan, Schiele, Stemberger. Ausstellung von Partituren der Universal-Edition, Wien.

Mitwirkende Raoul Aslan, Wien; Ludwig Bertalanffy, Wien; Maurice Besset, Paris-Innsbruck;Fritz Borgnis, Zürich; Donald Brinkmann, Zürich; Josef Casper, Wien; E. Chain, Oxford; Paul Diderichsen, Kopenhagen; Leon Epp, Wien; Werner David Falk, Oxford; Gerhard Frankl, Wien; Hans Gamper, Innsbruck; Maurice de Gandillac, Paris; Adolf Gasser, Basel; Olof Gigon, Freiburg/Schweiz; Hans Diego Goetz O. P., Wien; Ernesto Grassi, Rom-Zürich; Hubert Greifeneder, Wien; Karl Gruber, Wien; Franz Gschnitzer, Innsbruck; Franz Halberg, Innsbruck; Ernst Hartmann, Wien; F. A. Hayek, London; Karl Heinz, Innsbruck; Arnold Herdlitczka, Innsbruck; Stefan Hlava, Wien; W. A. Jöhr, St. Gallen; James Joll, Oxford; Benedikt Kautsky, Zürich; Martin Kingsley, London; Eduard Lachmann, Innsbruck; Albin Lesky, Innsbruck; Arthur March, Innsbruck; Wilhelm Marinelle, Wien; Louis Massignon, Paris; Alfred Migsch, Wien; Heinrich Mitteis, München; J. Meyerson, Toulouse-Paris; Johann Mokre, Graz; Otto Molden, Wien; Georg Molin, Wien; Simon Moser, Innsbruck; Robert Muth, Innsbruck; Alfred Neugebauer, Wien Roland Nitsche, Zürich; Oskar Pollak, Wien; Karl Popper, London; Karl Rahner, München; Hans F. Redlich, Cambridge; Fritz Schalk, Köln; Leopold Christian Schneider, Dietrich Schwarz, Zürich; Ludwig Steinböck, Wien; Robert Thomas Stoll, Cambridge; Leopold Soukup O. S. B., Stift Seckau; L. E. Tesar, Schwaz-Tirol; E. Tranekjaer-Rasmussen, Kopenhagen; Thure von Uexküll, München; Adam Wandruszka, Wien.

Die Studentinnen Dorli Czerwenka und Barbara v. Blarer (links) wollen von Fritz Molden, der eben aus New York eingetroffen ist, alles über Amerika wissen.

Ping-Pong-Match: March-Moser (dahinter u.a. Skalnik, Rauscher, Kremenak, Gatterburg, Nitsche, Innerebner, Stegmüller, Huber, Rubel, Mosing, Buschmann, O. Molden, Werner, Warhanek, Schönherr)

Bild unten rechts Zum ersten Mal ist der wohl bedeutendste lebende Philosoph des Jahrhunderts , Sir Karl Popper, in Alpbach. v.l.n.r.: Popper, Simon Moser, Ingeborg Jörg mit Studenten.

Bild unten links: Der Politologe Eugen Kogon („Der SS-Staat") im Gespräch. (Photos: Pfaundler)

1949 GRENZEN DER FORSCHUNG - NEUE LÖSUNGEN UND OFFENE PROBLEME

Arbeitskreise: Probleme der modernen Logik / Die Grenzen zwischen Philosophie und Theologie / Politische Ideen und politische Wirklichkeit im späteren Mittelalter / Historie und Stilkritik in der Literaturwissenschaft / Angst und Mut / Grundlagen und neue Problematik der Quantentheorie / Vererbung, Entwicklung, Abstammung / Probleme des Unbewußten / Aktuelle Probleme der Inneren Medizin / Grenze von Recht und Rechtswissenschaft / Möglichkeiten und Grenzen der theoretischen Wirtschaftspolitik / Die soziologische, ethische und religiöse Interpretation der Gesellschaft/ Kunst / 1900-1950, eine Übersicht der wichtigsten musikalischen Zeitströmungen seit der Jahrhundertwende / Probleme des gegenwärtigen Bauens.
Vorträge: Voraussetzungen und Aufgaben von Psychologie und Biologie / Das Recht zwischen Wirtschaft und Staat / Die Grenzen zwischen Philosophie und Theologie / Die Grenzen der historischen Vernunft / Österreichs Kampf um seine Existenz / Das Weltall im Kleinen und Versuch eines Rückschlusses auf das Weltall im Großen - neuartige Kräfte des Lichtes auf die Materie / Die Grenzen zwischen philosophischer und theologischer Ethik / Das Wesen des Geistigen / Formprobleme antiker Dichtung / Die Revolution des Intellektuellen / Grenzen der Forschung, neue Lösungen und offene Probleme / Über einige alte und neue Probleme in der medizinischen Forschung / Englische und französiche Strömungen im Sturm und Drang / Grundlagenfragen der Quantenmechanik / Gedanke und Bild in der Architektur des Mittelalters / Soziale Ursachen geschichtlicher Krisen. / Der Musiker in unserer Zeit / Stellung der Metaphysik als Lehre von der Gesamtwirklichkeit zu Grenzfragen von Philosophie und Wissenschaft.
Europäische Gespräche: *Die Architektur des 20. Jahrhunderts:* Beziehungen zwischen heutiger Architektur, Malerei und Plastik / Theater und Kirche als Impulse zur Baukunst unserer Zeit / Die Richtlinien der modernen Architektur - Urbanismus und die Prinzipien der Charta von Athen. - *Europa - Einigung oder Untergang eines Kontinents:* The Educational Basis for a United Europe / Primat der Kultur in Europa. - *Der Geist der wahren Demokratie:* Diskussion als Grundlage wahrer Demokratie. - *Europa zwischen freier und geplanter Wirtschaft:* Planwirtschaft und Freiheit / Was ist Planwirtschaft? / Ist eine europäische Wirtschaftsunion mit Planwirtschaft vereinbar?
Gespräche junger Europäer: Welche Wege bieten sich dem jungen Europäer, um den Nationalismus von heute zu überwinden? / Welche Möglichkeiten zur Verhinderung einer neuen Gewaltherrschaft stehen dem jungen Europäer offen?
Kulturelle Veranstaltungen: Feier zur 200. Wiederkehr des Geburtstages von Johann W. v. Goethe. - *Konzert* des Kammerorchesters der akademischen Musikgesellschaft an der Universität Innsbruck. - *Sonatenabend* Licco Amar, Ankara (Violine); H. F. Redlich, Cambridge (Klavier). - *Liederabend* Julius Patzak, Wien. - *Cembaloabend* Isolde Ahlgrimm, Wien. - *Klavierabend* Robert Wallenborn, New York. - *Dichterlesungen:* Werner Bergengruen, Zürich; Frank Thiess, Darmstadt; Stefan Andres, Unkel/Rhein.
Ausstellungen: Buchausstellung von Verlagen aus Österreich, der Schweiz, Luxemburg, England, Frankreich, Skandinavien und Österreich. - Malerei und Graphik der Gegenwart. - Moderne Architektur. - Moderne Plastik. - Ausstellung von Werken in Alpbach lebender Künstler: Hermann Valenta, Werner Scholz, Johannes Behler
Mitwirkende: Gustav Bally, St. Gallen; Hans Urs von Balthasar S.J., Basel; Johannes Behler, Alpbach-München; Hochkommissar Emile Béthouart, Wien; Max Bill, Zürich; Donald Brinkmann, Zürich; Wolfhart Friedrich Bürgi, St. Gallen; Jean Daniélou S. J., Paris; Paul Diderichsen, Kopenhagen; Felix Ehrenhaft, Wien; Theodor Erismann, Innsbruck; George W. Forell, Minnesota; Pierre Frieden, Luxemburg; Leo Gabriel, Wien; Hans Georg Gadamer, Frankfurt/Main; Theodor Julius Geiger, Aarhus, Dänemark; Siegfried Giedion, Zürich; Carola Giedion-Welcker, Zürich; Außenminister Karl Gruber, Wien; Gottfried Haberler, Cambridge/USA; Friedrich A. Hayek, London; Rudolf Henz, Wien; Otto Herding, Tübingen; Anton Hittmair, Innsbruck; Clemens Holzmeister, Wien; Eduard Hueber, Wien; Max Huggler, Bern; Unterrichtsminister Felix Hurdes, Wien; Benedikt Kautsky, Zürich; Friedrich Klingner, München; Julius Kraft, Washington; Peter Krauland, Wien; Kenneth Lindsay, London; Marcel Lods, Paris; Salvador de Madariaga, Oxford; Felix Mainx, Wien; Golo Mann, Claremont/USA; Wilhelm Marinelli, Wien; Arthur March, Innsbruck; Otto Molden, Wien; Anatol Murad, New Brunswick; Alexander v. Muralt, Bern; Emil Oprecht, Zürich; Roy Pascal, Birmingham; Michael Pfliegler, Wien; André Philip, Paris; Karl R. Popper, London; Maurice Pryce, Oxford; Theodor Pütz, Innsbruck; Johann Radon, Wien; Hans F. Redlich, Cambridge; Leon Rosenfeld, Manchester; Alfred Roth, Zürich; Denis de Rougemont, Genf; Jean Rouvier, Paris; Jürg Sackenheim, Innsbruck;Duncan Sandys, London; Werner Scholz, Alpbach; Nobelpreisträger Erwin Schroedinger, Dublin; Georg Schwarzenberger, London; Otto G. v. Simson, Chicago; Rudolf Stadelmann, Tübingen; Leopold Soukup O. S. B., Stift Seckau; Robert Thomas Stoll, Basel; E. Tranekjaer-Rasmussen, Kopenhagen; Mario Wandruszka, Heidelberg; Max Wehrli, Zürich; Egon Josef Wellesz, Oxford; Aloys Wenzl, München; Hermann Wopfner, Innsbruck; Hans Zbinden, Bern.

Unterschriften auf zwei Ansichtskarten aus dem Jahre 1949.

„Wir lassen aus Alpbach grüßen"

1. Egon Wellesz
2. Fritz Molden
3. Hans Redlich
4. Werner Bergengruen
5. Paul Diderichsen
6. E. Tranekjaer-Rasmussen
7. Karl R. Popper
8. Gottfried Haberler
9. Benedikt Kautzky
10. Peter Krauland
11. Wilhelm Röpke
12.
13. Kerschhagel
14. Salvador de Madariaga
15. Duncan Sandys
16. Georg Schwarzenberger
17.
18. Friedrich A. Hayek
19.
20. Rudof Henz
21. Donald Brinkmann
22. Jean Daniélou
23. Alois Wenzl
24. Simon Moser
25. Ilse Allmayer
26. Otto Molden
27. Giannelia
28.
29.
30. Soukup
31. Giedion
32. Julius Kraft
33. Mario Wandruszka
34.
35.
36

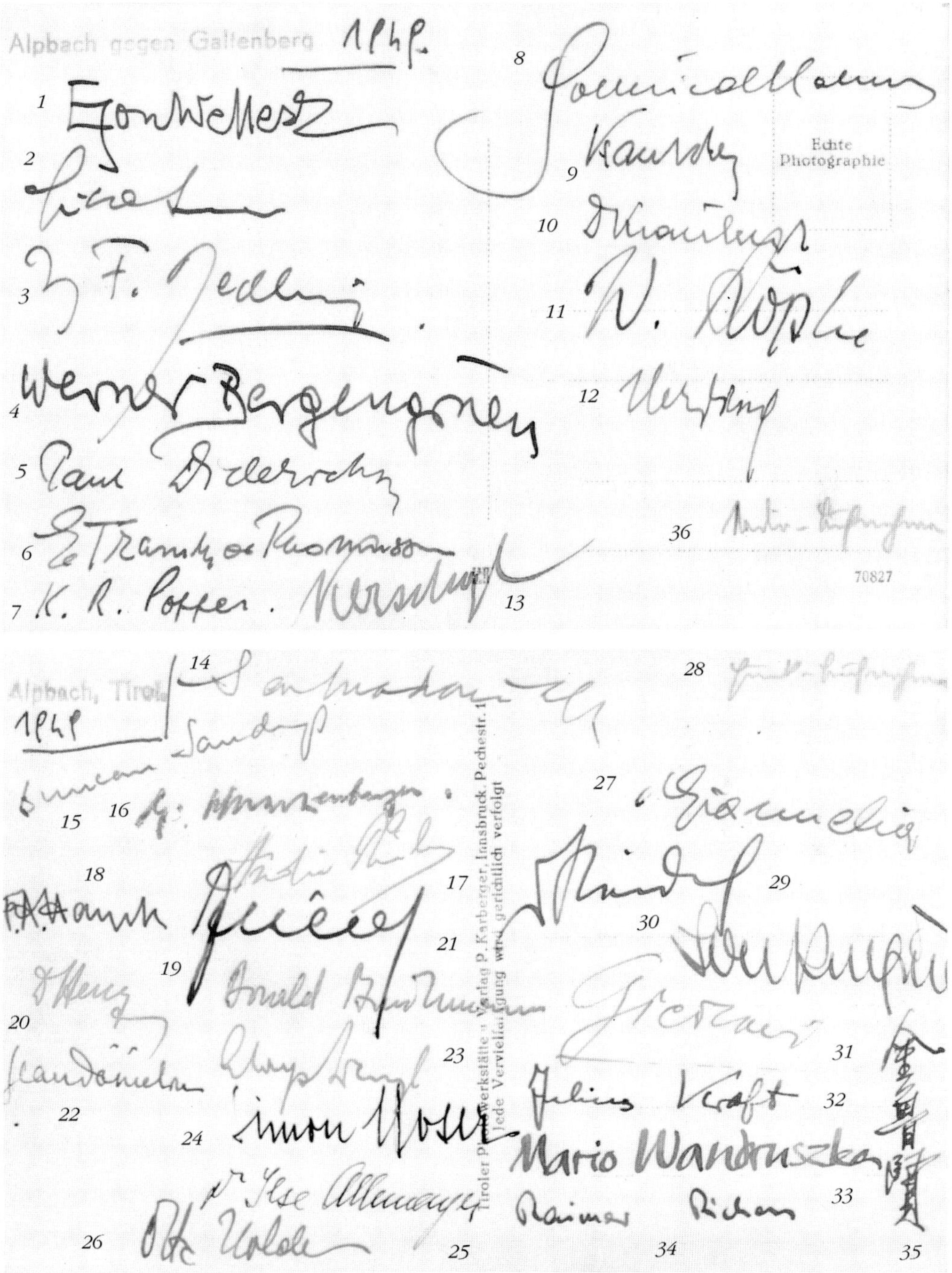

Der aus dem Londoner Exil heimgekehrte österreichische Dichter Felix Braun im Gespräch mit seiner Kollegin Paula von Preradović, der Verfasserin des Textes der neuen österreichischen Bundeshymne und der „Alpbacher Elegie" (Seite 10/11). (Photo: Pfaundler)

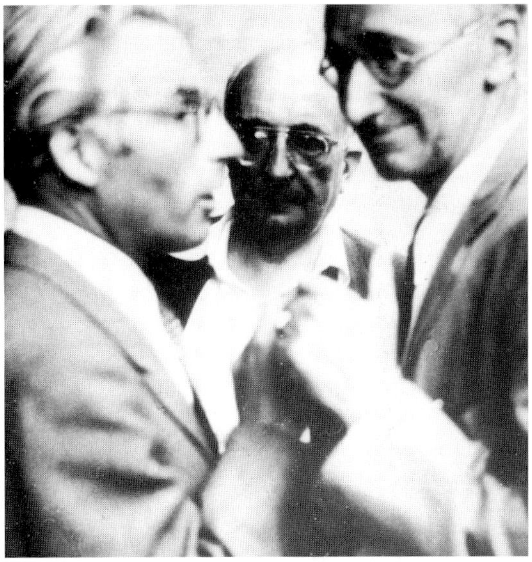

*Bild oben links:
Simon Moser, Salvador de Madariaga und Friedrich Hayek*

*Bild oben rechts:
Historiker-Journalistengespräch: Roland Nitsche, der damals für die Züricher „Weltwoche“ schrieb, und Ernst Molden, Herausgeber der Wiener „Presse“.*

*Bild rechts:
Schon 1949 ging es bei den Alpbacher Bauernstubengesprächen um Europa. v.l.n.r.: Georg Zimmer-Lehmann, André Philip, Otto Molden, Duncan Sandys, Salvador de Madariaga, Landeshauptmann-Stellv. Hans Gamper.*

1950 NATUR UND GESCHICHTE

Arbeitskreise: Zur Philosophie und Methodologie der Geschichte / Die Wissenschaft vom Menschen als Synthese des naturwissenschaftlich-philosophischen Denkens / Zur Theologie der Geschichte / Landschaftliche Grundlagen des europäischen Kulturgefüges / Die Stellung der schriftlosen Menschheit in Geschichte und Natur / Historische und ahistorische Interpretation literarischer Texte / Geschichte der antiken Mathematik / Die Schwierigkeiten der kontinuierlichen Naturbeschreibung / Der historische Charakter des Lebendigen / Natur und Geschichte im Recht / Natur, Geschichte, Wirtschaft / Gesetz und Deutung in der Soziologie / Musik und Gesellschaft. Beiträge zur Geschichte des Musizierens / Der Streit um die moderne Kunst in Wissenschaft und Leben / Die Evolution von realistischer zu nichtrealistischer Darstellung der Natur in der gegenwärtigen Malerei und die Entwicklung einer rein abstrakten Kunst.

Vorträge: Der Ursprung der Geschichtsschreibung und der exakten Wissenschaften bei den Griechen / Die aperspektivische Welt, natürliche und geschichtliche Grundlagen einer neuen Weltsicht / Die Idee der Geschichte im historischen Materialismus und im revolutionären Syndikalismus / Zum Problem der Vorgeschichte bei Karl Jaspers / Zur Frage nach dem Sinn der Geschichte / Natur und Geschichte im Recht / Natur und Geschichte / Johann Sebastian Bach / Die anthropologische Bestimmung des Verhältnisses von Natur und Geschichte / Der Weg der indischen Kultur von der Industriezivilisation zur Gegenwart / Literatur und Geschichte in Spanien / Die Rolle der Naturwissenschaft in der Geistesentwicklung / Die geistige Erbschaft des goldenen Vließes - das Urbild des übernationalen Staates / Mechanismus und Ausdruck / 24.000 km durch Iran.

Europäische Gespräche: *Die Situation des europäischen Intellektuellen*: Der europäische Intellektuelle und die Überwindung des nationalen Geistes / Der europäische Intellektuelle - ein Problem der Gegenwart / Die Bedeutung des Intellektuellen für eine europäische Union. - *Probleme des modernen Theaters:* Die geistige Situation des zeitgenössischen Theaters in Europa / Dramaturgie des modernen Schauspiels / Theater und Kritik in ihrer Wechselbeziehung. - *Wege zur europäischen Wirtschaftsunion:* Geschichtlicher Auftakt von Napoleon bis zur Gegenwart / Europäische Zusammenarbeit oder Zusammenarbeit nationaler Autarkien / Die Zusammenfassung der europäischen Industrie als Standortproblem. - *Das Reich Gottes als historische Mächtigkeit*. - *Was will die moderne Kunst?* Formprobleme und Gegenstandsprobleme in der modernen Kunst.

Kulturelle Veranstaltungen: *Serenade* der Bläservereinigung der Wiener Philharmoniker. - *Klavierabend* Robert Wallenborn, New York. - *Sonatenabend* Liko Amar, Ankara (Violine); Hans F. Redlich, Cambridge (Klavier). - *Celloabend* Gaspar Cassadó, Spanien. - *Lesung aus eigenen Werken:* Denis de Rougemont, Genf; Stefan Andres, Unkel/Rhein.

Ausstellungen: Moderne Malerei und Graphik. - Europäische Bücher: Neuerscheinungen aus Deutschland, England, Frankreich, Italien, Luxemburg, der Schweiz und Österreich.

Mitwirkende: H. C. Asmussen, Kiel; Otto Basil, Wien; Eucharius Berbuir O. F. M., Bonn; Hochkommissar Emile Béthouart, Paris; Hendrik Brugmans, Brügge; Otto Brunner, Wien; Hans Fehr, Bern; Bundeskanzler Leopold Figl, Wien; Kurt von Fritz, New York; Hans-Georg Gadamer, Frankfurt/Main; Jean Gebser, Burgdorf-Bern; Theodor Julius Geiger, Aarhus; Josef Gicklhorn, Wien; Wolf Giusti, Triest; Außenminister Karl Gruber, Wien; Franz Gschnitzer, Innsbruck;Wolfgang Gurlitt, Linz; Josef Haeckel, Wien; Kurt Hirschfeld, Zürich; Reinhard Kamitz, Wien; Adolf Keller D. D., Zürich; Wilhelm Koppers, Wien; E. Lampert, Oxford;Heinz Löffler, Wien; Karl Löwith, New York; Wolfgang Gurlitt, Linz; Arthur March, Innsbruck; Wilhelm Marinelli, Wien; Ewald Mataré, Düsseldorf; Armand Mergen, Luxemburg; Heinrich Mitteis, München; Otto Molden, Wien; Simon Moser, Innsbruck; Bruno Paradisi, Neapel; Bernhard Paumgartner, Salzburg; Helmuth Plessner, Groningen; Johann Radon, Wien; Hugo Rahner S. J., Innsbruck; Hans F. Redlich, Cambridge; Louis Philippe Ricard S. J., Rom-Lyon; Rudolph C. von Ripper, New York-Wien; Franz Roh, München; Denis de Rougemont, Genf; Tarachand Roy, Bern; Edgar Salin, Basel; Fritz Schalk, Köln; Nobelpreisträger Erwin Schroedinger, Dublin; Oskar Fritz Schuh, Wien; Richard Seewald, Ronco-Tessin; Walter Tritsch, Paris-Freiburg/Br.; Georg Weippert, Erlangen.

Bild oben:
Eröffnung 1950.
v.l.n.r.: General Emile und Minou Béthouart, Bundeskanzler L. Figl und der US-Hochkommissar Walter Dowling.

Bild rechts:
Friedrich Hansen-Löve, Wolfgang Pfaundler und Pater R. Messner von dem Cellokonzert Gaspar Cassadó.

Bild ganz rechts:
Simon Moser mit Hans-Georg Gadamer

1951 FORMPROBLEME - STRUKTUREN UND MODELLE

Arbeitskreise: Formprobleme - Modelle und Strukturen / Theologie / Der Formenwandel des deutschen Dramas / Raummodell und Schichtenmodell in der neuzeitlichen Psychologie / Beleuchtung der Dynamik des Handelns und Willenslebens durch Modelle, die denjenigen der dynamischen Naturwissenschaften ähnlich sind / Die Methoden der Naturforschung bei der Behandlung der Formprobleme - Strukturen und Modellvorstellungen in der Biologie / Die Methoden der Naturforschung bei Behandlung der Probleme tierischen Verhaltens / Die Begriffe im Recht und in der Rechtswissenschaft / Souveränität und überstaatliche Organisation / Die Modellanalyse in der Nationalökonomie / Formprobleme - Strukturen und Modelle in den Sozialwissenschaften, insbesondere in Soziologie und Nationalökonomie / Wechselbeziehungen zwischen Technik, exakten Wissenschaften und Naturphilosophie / Augenschein und Inbegriff - Formprobleme in der bildenden Kunst vom Impressionismus bis zur nicht-abbildenden Malerei und Plastik / Die Wiener Klassik - Haydn, Mozart, Beethoven.

Vorträge: Die Bedeutung des Formbegriffes in der antiken Philosophie / Der Formbegriff der Scholastik / Der Form- und Strukturbegriff in den neuzeitlichen Geisteswissenschaften / Persönlichkeit und Form / Innere Zusammenhänge im Gestaltungsprozeß zwischen moderner Dichtung und bildender Kunst / Österreich-Ungarn und das politische Strukturproblem der europäischen Völkergemeinschaft / Die Methoden der Naturforschung bei der Behandlung der Formprobleme - Strukturen und Modellvorstellungen in der Biologie / Geist und Werk von Sigtuna - die religiöse und kulturelle Erneuerungsbewegung in Schweden / Funktion und Form in der Technik und Architektur der Gegenwart / Mißbrauch des Ganzheitsbegriffes / Formprobleme - Strukturen und Modelle / Der Sinn unseres Lebens, oder: Warum Europa? / Struktur der Materie und der Strahlung / L´archéocivilisation et les niveaux culturels simultanés.

Europäische Gespräche: *Der Einfluß der Tiefenpsychologie auf die moderne Welt:* Tiefenpsychologie und Soziopraxis / Verkennung und Erkennung des Menschen durch die Tiefenpsychologie / Die Wiederentdeckung der Mythologie. - *Die heutige Situation der Universität:* Aufgabe und Wesen der Universität. - *Formprobleme des modernen Romans:* Strömungen und Experimente im modernen Roman. - *Koordination der europäischen kulturellen, politischen und wirtschaftlichen Institutionen:* Gibt es eine europäische Geschichtsauffassung? / Europa auf dem Weg zur verkehrlichen Einheit / Entstehung von Benelux, seine Probleme und seine Zukunftsaussichten / Europäische Strukturen in Nordafrika und Besonderheiten einer Verständigung zwischen Mohammedanern und Franzosen innerhalb der wirtschaftlichen, sozialen und politischen Strukturen / Das Problem der europäischen wirtschaftlichen Integration.

Kulturelle Veranstaltungen: *Serenade* der Bläservereinigung der Wiener Philharmoniker. - Flötenkonzert H. J. Koellreutter. - *Klavierabend* Jörg Demus. - *Klavierabend* Robert Wallenborn. - *Lesungen aus eigenen Werken:* Ilse Aichinger, Österreich; Friedrich Dürrenmatt, Schweiz; Sinikka Kallio-Visapää, Finnland; Jürgen Rausch, Deutschland.

Ausstellungen: *Oskar Kokoschka:* Zeichnungen, Aquarelle, Graphik. - *Odilon Redon*, 1840-1916: Zeichnungen, Lithographien. - *Buchausstellung:* Neuerscheinungen aus Deutschland, England, Frankreich, Italien, der Schweiz den USA und Österreich.

Mitwirkende: Ilse Aichinger, Österreich; Hans-Urs von Balthasar, Basel; Hans Biäsch, Zürich; Paul Böckmann, Heidelberg; Felix Braun, London-Wien; Donald Brinkmann, Zürich; Hendrik Brugmans, Brügge; Fritz Busch, Frankfurt / Main; Frederick C. Copleston S. J., Oxford; Franz Theodor Csokor, Wien; Friedrich Dürrenmatt, Bern; Charles Eisenmann, Paris; Bundeskanzler Leopold Figl, Wien; Kurt von Fritz, New-York; Maurice de Gandillac, Paris; Viktor E. von Gebsattel; Carola Giedion-Welcker, Zürich; Wolfgang Gurlitt, München-Linz; Max Hartmann, Hechingen; Olov Hartmann, Sigtuna; Friedrich Hansen-Löve, Wien; Hugo Hantsch O. S. B., Wien; E. J. Jaspar, Brüssel; Jörgen Jörgensen, Kopenhagen; Karl Kerenyi, Zürich; Eugen Kogon, Frankfurt / Main; Bundespräsident Theodor Körner, Wien; Kurt Leonhard, Esslingen; Karl R. Lorenz, Graz; Konrad Lorenz, München; Fritz Machlup, Baltimore; Arthur March, Innsbruck; Walter Merz-Benteli, Bern; Reinhold Messner, Schwaz; Otto Molden, Wien; Frederick Morton, New York; Simon Moser, Innsbruck; Werner Naef, Bern; André Philip, Paris; Hans F. Redlich, Cambridge; Denis de Rougemont, Genf; Nobelpreisträger Erwin Schroedinger, Dublin; Maurice Schumann, Paris; Wilhelm Taucher, Wien; Friedrich Torberg, New York-Wien; Edgar Tranekjaer-Rasmussen, Kopenhagen; Wilhelm Szilasi, Brissago / Tessin; Friedrich Torberg, New York; Walter Tritsch, Paris; André Varagnac, Paris; Georg Weippert, Erlangen; Hans Zbinden, Bern.

Bild oben:
Der große exilösterreichische Nationalökonom aus Princeton Fritz Machlup im Gespräch mit Studenten; in der Mitte Heinrich Pfusterschmid-Hardtenstein, seit 1992 Präsident des „Österreichischen College“, der Trägerorganisation des „Europäischen Forum Alpbach“.

Bild rechts:
Bundespräsident Theodor Körner kam 1951nach Alpbach, um den ersten Spatenstich für das „Paula von Preradović - Kongreßhaus“ vorzunehmen.

Bild ganz rechts:
Der Innsbrucker Universitätsrektor Albert Defant diskutiert mit dem großen Biologen Max Hartmann.

1952 WISSENSCHAFT IM UMBRUCH. UNIVERSITÄT UND EUROPA.

Arbeitsgemeinschaften: Der Historismus und seine Überwindung / Prozeß und Gesetz / Die europäische Gesellschaft im Umbau / Europa und Amerika im geistigen Umbruch der Zeit / Mythos und Religion / Kunst und Künste / Von der Betriebspsychologie zur Sozialpsychologie / Die Wasserkraftwirtschaft im Rahmen des Ganzen / Der Orpheus-Mythos im Wandel der Musik (Musik und Wort in ihrer Wechselbeziehung seit 1600).

Vorträge: Der Historismus und seine Überwindung / Mensch und Dichtung im technologischen Zeitalter / Moderne und klassische Choreographie mit Demonstrationen / Gleichartigkeit und Verschiedenartigkeit biologischer Gesetze gegenüber physikalischen / Platonische Themen in der christlichen Philosophie und Mystik / Was ist Gerechtigkeit? / Alpbach - die unsichtbare Generation / Wissenschaft im Umbruch / Die Bedeutung der Dichtung für die frühgriechische Kunst / Die Materie / Europas weltwirtschaftliche Stellung.

Europäische Gespräche: *Österreich im europäischen Raum: Vorträge*: Die geistige und politische Einheit der österreichischen Bundesländer / Die österreichische und europäische Aufgabe der Salzburger Festspiele. - *Das Problem einer einheitlichen europäischen Währung*: Betrachtungen über internationale Währungsvereinbarungen / Die Herstellung einer europäischen Währung im Interesse eines innereuropäischen Handels / Die europäische Konten- und Investitionsbank. - *Universität und Europa:* Bildungskrise der Universität / Fragen des ´Studium Generale` und die Universitätsreform in den nordischen Ländern / Die Universitas Litterarum - heute / Die ganzheitliche Funktion der Universität.

Kulturelle Veranstaltungen: *Serenade* der Bläservereinigung der Wiener Philharmoniker. - "Orpheus und Eurydike", Oper von Ernst Krenek, Text: Oskar Kokoschka. Konzertante Aufführung einiger Szenen. - *Kammerkonzert* des Barylliquartetts. - *Klavierabend* Albert Ferber, London. - *Klavierabend* Robert Wallenborn, New York.

Ausstellungen: *Der Schrecken des Krieges*. Radierungen und Lithographien von Jacques Callot, Francisco Goya, Otto Dix, Frans Masereel. - *„Die Brücke"* (Künstlerkreis, gegründet 1903 in Dresden). Aquarelle, Zeichnungen, Lithographien, Holzschnitte. - *Buchausstellung:* Neuerscheinungen aus Deutschland, England, Frankreich, Italien, der Schweiz, den USA und Österreich.

Mitwirkende: Carlo Antoni, Rom; Jan Belehrädek, Prag; Arnold Bergstraesser, Chicago; Paul Böckmann, Heidelberg; Donald Brinkmann, Zürich;Otto Brunner, Wien-Köln; Mircea Eliade, Paris; Friedrich Engel-Janosi, Washington-Wien; Hans Freyer, Wiesbaden; Leo Gabriel, Wien; Yvonne Georgi, Düsseldorf; Edmond Giscard d´Estaing, Paris; Landeshauptmann Heinrich Gleissner, Linz; Hermann Grengg, Graz; Wolfgang Gurlitt, Wien-Linz-München; William Harlan Hale, Wien; Max Hartmann, Hechingen; Paul Henry S. J., Paris; Anton Hittmair, Innsbruck; Hans Kelsen, USA; Karl Kerényi, Zürich; Viktor Kienböck, Wien; Josef Klaus, Salzburg; Elizabeth Koffka, Northampton, USA; Erik Loennroth, Uppsala; Karl Löwith, Heidelberg; Arthur March, Innsbruck; Richard Meili, Bern; Otto Molden, Wien; Simon Moser, Innsbruck; Hans F. Redlich, Cambridge; Eduard Reuth-Nicolussi, Innsbruck; Erich Rothacker, Bonn; Denis de Rougemont, Genf; Karl Schefold, Basel; Nobelpreisträger Erwin Schroedinger, Dublin; Lucien Leandre Sermon, Brüssel;Rudolf Stahl, Wien; Theo Surányi-Unger, USA; Adam Wandruszka, Wien; Hans Zbinden, Bern.

(Photo: Haussmann)

Ein Blick in die Zukunft.
Simon Moser (links) und Heinrich Pfusterschmid-Hardtenstein im Dorf.

Bild oben: v.l.n.r. Hans Sobotka, Maria Blach-Pronay und Walter Eder - alle aus der ersten Collegegeneration - noch müde vom vorabendlichen Schlußfest, beim Frühstück im Gasthof Messner. (Photo: Pfaundler)

Bild rechts oben: Erwin Schroedinger im Gespräch mit dem französichen Botschafter F. Payart. (Photo: Pfaundler)

Bild rechts: Die Landeshauptleute Josef Klaus, Salzburg und Heinrich Gleissner, Oberösterreich. (Photo: Hausmann)

1953 WAS IST DER MENSCH?

Arbeitsgemeinschaften: Was ist der Mensch? / Ursprung und Entwicklung des Menschen / Ursprung des Menschen und der Gesellschaft / Der Mensch in den Organisationsformen der modernen Gesellschaft / Die Idee des Menschen im Wandel der Geschichte / Vom Impressionismus zur Gegenwart / Christliche Anthropologie / Der Mensch in der Rechtsordnung / Europäische Organisationen und Institutionen / Erkenntnis und Erlebnis des musikalischen Kunstwerks.

Vorträge: Der Anteil der Jugend am Aufbau Europas / Das Menschenbild der Neuzeit / Der Mensch als darstellendes Wesen / Der Mensch unter den Primaten / Österreichische Politik / Typen des Vormenschen / Die falsche Alternative: Europa oder Deutschland / Alpbach: Ziele der Zukunft - Aufgaben der Gegenwart / Was ist der Mensch? / Die Bestimmung des Menschen / Die Gestalt des Menschen im werdenden Europa / Der Mensch im Übergang vom mythischen zum rationalen Denken (Hesiod) / Die christliche Lehre vom Menschen im Lichte der existentialistischen Problematik.

Europäische Gespräche: *Produktivität und wirtschaftliches Gleichgewicht. - Die Einheit der Moderne in bildender Kunst, Literatur und Musik:* Klee innerhalb der Konstellation seiner Zeit (Literatur und bildende Kunst). - *Mensch und Rundfunk:* Der moderne Mensch und der Rundfunk / Rundfunk und Politik / Rundfunk und Musik. - *Die moderne Musik kämpft um ihr Publikum.- Der bäuerliche Mensch in der europäischen Gegenwart:* Der Bauer in der europäischen Geschichte / Aufgaben und Pflichten des Bauernstandes in Europa / Das Problem der Erhaltung eines gesunden Bauerntums in Europa.

Kulturelle Veranstaltungen: *Serenade* der Bläservereinigung der Wiener Philharmoniker. - *Klavierabend* Robert Wallenborn, New York. - *Flötenkonzert* H. J. Koellreutter, Rio de Janeiro. - *Konzert* des Internationalen Orchesters. - *Dichterlesungen:* Wystan H. Auden, New York; Nora Purtscher-Wydenbruck, London; Stephen Spender, London; Peter Viereck, Northampton/USA.

Ausstellungen: *Architekturausstellung.* - Ausstellung neuer Kunst. - Lithographien zeitgenössischer britischer Künstler. - *Buchausstellung:* Neuerscheinungen aus Argentinien, Deutschland, Frankreich, Großbritannien, Italien, der Schweiz, den USA und Österreich.

Mitwirkende: Arnold Bergstraesser, Erlangen; Emile Béthouart, Paris; Max Bill, Zürich; Henri Birault, Paris; Staatssekretär Fritz Bock, Wien;Donald Brinkmann, Zürich; Hubert Brochier, Grenoble; Hendrik Brugmans, Brügge; Otto Brunner, Wien; Dr. Desgranges, Paris; Karl Eder, Graz; Gottfried von Einem, Salzburg; Altbundeskanzler Leopold Figl, Wien; Hans Freyer, Wiesbaden; Arnold Gehlen, Speyer; Carola Giedion-Welcker, Zürich; Außenminister Karl Gruber, Wien; Friedrich A. Hansen-Löve, Wien; Ernst Hartmann, Wien; Max Hartmann, Hechingen; Rudolf Henz, Wien; Walter Hilpert, Hamburg; Dr. Hinsch, Bonn; Sidney Hook, New York; Oskar Howald, Zürich; Walter Huppert, München; G. H. R. von Koenigswald, Utrecht; Eugen Kogon, Darmstadt; Hans Kohn, New York; Hermann Leeb, Zürich; W. E. Le Gros Clark, Oxford; Jean Luce, Paris; Hans Mailath-Pokorny, Wien; Walter Merz-Benteli, Bern; Otto Molden, Wien; George Morton, London; Simon Moser, Karlsruhe-Innsbruck; Jacques Mulders S. J., Maastricht; Nicolas Nabokov, Paris; Hans Nawiasky, St. Gallen-München; Friedrich Nowakowski, Innsbruck; Helmuth Plessner, Göttingen; Erwin Ratz, Wien; Franz Roh, München; Alfred Roth, Zürich;Denis de Rougemont, Genf; Bruno Snell, Hamburg; Anton Steden, Wien; Gerhard Szczesny, München; Paul Tillich, New York; Marc Veillet-Lavallée, Rom; Hermann Wein, Göttingen; W. R. L. Wickham, Wien; Edgar Wind, New York.

Bild oben: „College - Damen" (v.l.n.r.) Nedda Rukavina, Inge Zimmer-Lehmann, Eva Auer. (Photo: Haussmann)

Bild unten: Auch Prof. Hans Freyer kann sich mit seinem Arbeitskreis „Der Mensch in der modernen Gesellschaft" auf der Böglerhof- Terrasse über Mangel an Teilnehmern nicht beklagen. (Photo: Haussmann)

Böglerhof

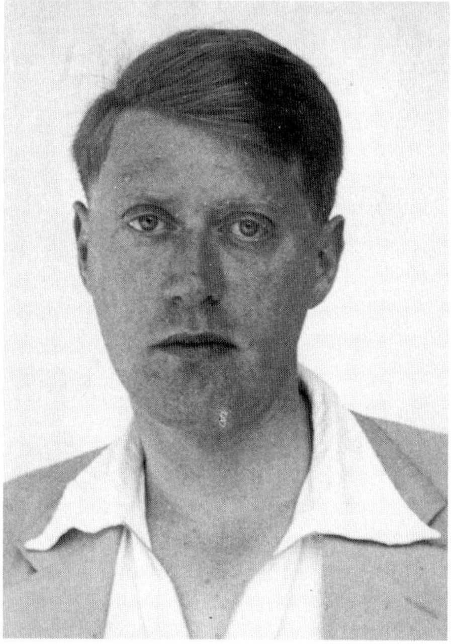

Oben: Der weltberühmte Dichter Wystan H.Auden aus den USA, der in Österreich lebte.
Unten: Der Schriftsteller Peter Viereck.

Bei Prof. Helmuth Plessners Arbeitskreis „Was ist der Mensch" ist die Terrasse des Jakober-Wirts zum Platzen gefüllt.
(Photos: Hausmann)

Peter Viereck (links) diskutiert im Bögler- Bad mit Marietta (Mitte rechts) und Friedrich Torberg (rechts). *(Photos: Hausmann)*

Gabriele Henkel-Hübnermann als kritische Kunstbetrachterin.

Magda Brunner, Denis de Rougemont, Laurence Dutoit-Molden, Wolfgang Wieser.

1954 GEGENWART UND WISSENSCHAFT

Arbeitsgemeinschaften: Kybernetik / Strukturen der industriellen Arbeitswelt / Pathologie des modernen Bewußtseins / Krise der Ethik und ihre Überwindung / Nationale und universale Geschichtsschreibung / Sprachen und Kulturen / Sprache - Erkenntnis - Wirklichkeit / Pattern und Design in der modernen Literatur / Das Wort im Rundfunk / Die Wiener Schule: Schönberg, Berg, Webern / Fragen der Gemeindefreiheit in Europa / Demokratische Vertretungskörper und Parteienherrschaft / Probleme der politischen Einigung Europas von Versailles bis heute / Situation und Aufgabe des europäischen Ostens.

Vorträge: Nachrichtensystem bei Mensch, Tier und Maschine / Sprachen und Kulturen / Paula von Preradović - Dichterin zwischen den Völkern / Die geistigen Aufgaben der österreichischen Außenpolitik in Europa / Der Sinn sozialer Institutionen / Marx heute / Wandlungen der Sozialstruktur in Deutschland / Pflugschar in durstiger Erde - Alpbachs Kampf um geistige Erneuerung und um das Vaterland Europa / Die Philosophie und die Wissenschaften / Mechanismus und Ausdruck.

Europäische Gespräche: *Europas Weg in der Gegenwart:* Die europäische Potenz - strukturelle Kräfte des europäischen Raumes / Der Europarat und die Souveränität. - *Die öffentliche Meinung im gegenwärtigen Europa:* Macht und Ohnmacht der Presse / Die Rolle des Unbewußten bei der Bildung von Ideologien / Rundfunk und Öffentlichkeit. - *Das musikalische Theater.* - *Die Bank - eine Lebensader der europäischen Wirtschaft:* Der Beitrag der privaten Banken zur Förderung des internationalen Vertrauens / Die Bank und die Interkonvertibilität der Währungen / Funktionen der Bank außerhalb ihres eigentlichen Aufgabenbereiches / Der internationale Kredit - Motor der europäischen Wirtschaft.

Kulturelle Veranstaltungen: *Cellokonzert* Gaspar Cassadó, Madrid. - *Serenade* der Bläservereinigung des städtischen Symphonieorchesters Innsbruck. - *Alpbacher Tanzserenade* "Glück, Tod und Traum". Welturaufführung. Musik: Gottfried von Einem. Szenario und Choreographie: Yvonne Georgi, Hannover. - *Liederabend* Margot Hinnenberg-Lefèbre. - *Klavierabend* Robert Wallenborn, New York. - *Musik aus Renaissance und Barock.* - *Klavierabend* Gonzalo Soriano.

Ausstellungen: *„Phantastik in der Graphik".* Ausstellung der Neuen Galerie Wolfgang Gurlitt-Museum, Linz. - *Italienische Graphik* der Gegenwart.- *Internationale Plakatausstellung.* - *„Mechanismus und Ausdruck".* Photoausstellung. - *Buchausstellung:* Neuerscheinungen aus Deutschland, England, Italien, der Schweiz, den USA und Österreich.

Mitwirkende: Hermann Abs, Frankfurt / M.; Heinrich Bach, Aarhus; Maurice Besset, Innsbruck-Paris; Walter Broecker, Kiel; Hans Bürger-Prinz, Hamburg; Louis Camus, Brüssel; Remo Cantoni, Mailand; Colin Cherry, London; Gianfranco Contini, Florenz; Helmut Cron, Stuttgart; Franz Theodor Csokor, Wien; Peter Dürrenmatt, Basel; Gottfried von Einem, Wien; Theodor Erismann, Innsbruck; Helmut Fiechtner, Wien; Außenminister Leopold Figl, Wien; Yvonne Georgi, Hannover; Antonello Gerbi, Mailand; Edmond Giscard d´Estaing, Paris; Ernst H. Gombrich, London; Wolfgang Gurlitt, Linz; Friedrich A. Hansen-Löve, Wien; Friedrich A. von Hayek, Chicago; Friedrich Heer, Wien; Karl August Horst, München; Ludwig Jedlicka, Wien; Josef Joham, Wien; Arthur Koestler, London; Unterrichtsminister Ernst Kolb, Wien; Siegfried Landshut, Hamburg; Albert Lauterbach, New York; Rolf Liebermann, Zürich; Gerhard Mackenroth, Kiel; Giuseppe Maranini, Florenz; Léon Marchal, Straßburg; Giuseppe Martini, Mailand; Reinhold Messner O. F. M., Schwaz; W. Meyer-Eppler, Bonn; Otto Molden, Wien; Simon Moser, Karlsruhe; Arthur Pap, Wien; René Podbielski, Genf; Michael Polanyi, Manchester; Karl Popper, London; Kurt Rapf, Innsbruck; Franz Roh, München; E. J. B. Rose, Zürich-London; Denis de Rougemont, Genf; Gottfried Salomon-Delatour, New York; Vizekanzler Adolf Schärf, Wien; Karl Scheit; Helmut Schelsky, Hamburg; Luise Schreiber; O. F. Schuh, Wien-Berlin; Elizabeth Sewell, London; Altiero Spinelli, Rom; Hans-Heinz Stuckenschmidt, Berlin; William J. Thorbecke, New York; Alfons Übelhör, Wien; Franco Valsecchi, Mailand; Hans Zbinden, Bern; Heinz Zemanek, Wien.

Max Hartmann *(Photo: Pfaundler)*

Photo oben links: Marietta Torberg und Franz Josef Mayer-Gunthof studieren Friedrich Torbergs neue Zeitschrift „Forum“. (Photo: Hausmann)

Photo oben rechts: Milan Dubrovic und Fritz Molden führen ein „Presse“- Gespräch. (Photos: Pfaundler)

Photo links: Der Schweizer Schriftsteller und Kulturphilosoph Denis de Rougemont

Photo links außen: Der große österreichische Historiker und Schriftsteller Friedrich Heer.

Bild oben:
Die Herren der Großfinanz Camu (Paris), Abs (Frankfurt) und Joram (Wien).

Bild rechts:
Otto Molden im Gespräch mit Edmond Giscard d'Estaing.

1955 - 1965
Konservativismus im Westen, Festigung des Sowjetimperiums, Auflösung der letzten Kolonialstrukturen.

Schneller als vorhersehbar wurde die österreichische Unabhängigkeit und Neutralität auf die Probe gestellt, als im Oktober-November 1956 in Ungarn ein Aufstand gegen das kommunistische Regime ausbrach und nach vorübergehendem Erfolg von sowjetischen Panzern blutig niedergeschlagen wurde. Bereits 1953 hatte in der DDR ein ähnlicher Versuch das gleiche Ende gefunden. Bis zum Beginn der 70-er Jahre sollte der Ost-West-Gegensatz nach folgenden Regeln geführt werden: Der Westen versuchte einerseits, das Vordringen des von der Sowjetunion und China angeführten ideologischen Blocks durch Beschränkungen im Handel, durch Nichtanerkennung der DDR und ähnliche Maßnahmen politisch, wirtschaftlich und militärisch einzudämmen (containment), anderseits wurde über den Äther mit der Propagierung von Freiheit und wirtschaftlichem Erfolg des Westens Widerstandswillen hinüber ins feindliche Lager getragen. Sobald diese Strategie - wie im Falle Ungarns - Erfolg hatte, schwand jedoch die Bereitschaft, das Risiko einer bewaffneten Auseinandersetzung einzugehen und den Aufständischen zu Hilfe zu eilen. Später sollte sich dies noch einmal beim sogenannten "Prager Frühling" 1968 wiederholen. Die umfassende strategische Komponente der West-Ost-Auseinandersetzung stand unter dem Vorzeichen der gesicherten gegenseitigen Abschreckung (Mutual Assured Destruction, MAD) durch ein Arsenal von interkontinentalen Atomraketen, Bomber- und U-Bootflotten.

Mittlerweile baute Europa an seinem wirtschaftlichen Aufstieg weiter durch Abbau der Handelshemmnisse und durch Entwicklung neuer ökonomischer Integrationsformen: der Gemeinsame Markt der Sechs (Deutschland, Frankreich, Italien und die Beneluxstaaten), 1958 in Kraft getreten als die kompakteste Integrationsgemeinschaft, erwies sich dabei als Motor, dem die in der Europäischen Freihandelszone vereinten "Europäischen Randstaaten" einschließlich Österreich unter der Führung Großbritanniens folgten.

Die eigentliche Dynamik der Weltpolitik entwickelte sich jedoch in den ehemaligen Kolonialgebieten. Unter dem Druck der grundsätzlich antikolonialistischen Einstellung der USA, der aktiven Aufwiegelung und Unterstützung durch den kommunistischen Gegner und angetrieben von den aufstrebenden neuen einheimischen Führungsschichten erhoben sich, beginnend mit Indonesien und Algerien, die Kolonialvölker gegen ihre Herren, die zunächst militärisch verlustreiche Rückzugsgefechte führten, dann aber oft völlig überstürzt, wie im belgischen Kongo 1960, alle Ansprüche auf politische Domination aufgaben und die vielfach unvorbereiteten Völker in die Unabhängigkeit entließen. Diese begannen sich nun im Rahmen einer Dritte-Welt-Bewegung (Konferenz von Bandung 1955) zusammenzuschließen und im Rahmen der Vereinten Nationen eine eigene Politik zu führen, die unter einem antiwestlichen, kapitalismusfeindlichen Vorzeichen stand und zunächst zugunsten des kommunistischen Blockes wirksam wurde. Hatten bis dahin die USA mit ihren europäischen und südamerikanischen Verbündeten in den UN die Abstimmungen dominiert, regelmäßig gefolgt von einem sowjetischen oder chinesischen Veto, wurde nun der Westen in die Minderheit und Defensive gedrängt.

Kollektivismus in der Politik und planwirtschaftlich-etatistisches Denken waren im Vormarsch und dominierten außerhalb der nordamerikanisch-europäischen Wirtschaftszone. Selbst innerhalb derselben gab es immer noch Ansätze und Bereiche zu sozialistisch-planwirtschaftlichem Denken und entsprechender Wirtschaftsweise.

Während sich somit der Westen anscheinend im Rückzug befand, kam es, zunächst nur von einigen Spezialisten beobachtet, zum großen Schisma im Kommunismus: der Auseinandersetzung über Macht- und Beherrschungsfragen zwischen der Sowjetunion und China.

Unabhängig von diesen politischen Vorgängen waren jene Jahre jedoch sehr produktiv in den Wissenschaften und in der Entwicklung neuer Techniken: friedliche und militärische Atomtechnik, Einführung der Düsentriebwerke im Flugverkehr, der Raketentechnik in der Weltraumfahrt (Sputniks 1957), des Fernsehens und des Transistorradios, der Computertechnik und der Gentechnologie, um nur einige der wichtigsten Entwicklungen zu nennen. Nicht zuletzt bewirkte die Anwendung moderner Methoden in der Medizin in den bis dahin rückständigen ehemaligen Kolonialgebieten Asiens, Südamerikas sowie Afrikas ein gewaltiges Bevölkerungswachstum, während die Erfindung der Antikonzeptionspille in den entwickelten Gebieten zu Stagnation, ja manchmal sogar zum Rückgang der Bevölkerung führte. Insgesamt: die reiche, weiße, industrialisierte Kultur der nördlichen Kalotte der Weltkugel stand von nun an einer in voller Bewegung und Umgestaltung befindlichen, wirtschaftlich armen und vielfach bildungsmäßig Generationen zurückliegenden südlichen Halbkugel gegenüber.

(h.p.h.)

Im Entstehen – das Paula von Preradović Haus. (1954) *(Photo: Pfaundler)*

1955 ERKENNTNIS UND AKTION

Arbeitsgemeinschaften: Erkenntnis und Handlung / Naturwissenschaft und Technik / Theorie und Experiment in der Biologie / Theorie - Diagnose - Therapie / Soziologische Theorie und Gesellschaftsgestaltung / Geistige Grundlagen der Wirtschaft und des Geldes / Demokratische Vertretungskörper und Parteienherrschaft / Die Literatur als geschichtliche Macht/ Idee und Werk in den bildenden Künsten / Idee und Gestalt der Oper / Idee und Realität der europäischen Einigung - von der europäischen Resistence zur Genfer Konferenz / Das aktuelle Wort im Rundfunk.

Vorträge: Ästhetische Theorien und Kritik / Die Ziele und Möglichkeiten der geistigen Zusammenarbeit der europäischen Völker / Kann der europäische Nationalstaat die politische Einigung Europas verhindern? / Die außenpolitische Situation Österreichs nach dem Staatsvertrag / Problematik und Methodologie in der Literaturwissenschaft / Die Rolle von Einsicht und Rationalisierung im menschlichen Verhalten / Erkenntnis und Aktion (zur Geschichte von Theorie und Praxis)/ Die Idee der Reinheit der Wissenschaft und die empirische Sozialforschung / Wissenschaftliches Erkennen und technisches Gestalten als schöpferische Tätigkeiten / Concepts: Entwurf und Realität beim Bauen / Aktives und passives Weltverhältnis in der Sprache.

Europäische Gespräche: *Das moderne musikalische Theater.* - *Die pädagogische Aufgabe der Universität:* Das Verhältnis von Hochschule und Staat nach dem neuen österreichischen Hochschulgesetz / Die Universität und die pädagogischen Aufgaben der Gegenwart. - *Theorie, Experiment und Praxis im modernen Film.* - *Der gemeinsame Markt - Kernproblem der Wirtschaftsintegration Europas:* Die Entwicklung der europäischen Integration / Freier Handel im geeinten Europa / Energie für Europa.

Kulturelle Veranstaltungen: *Serenade* der Bläservereinigung der Wiener Philharmoniker. - *Liederabend* Julius Patzak.- *Liederabend* Christa Ludwig.

Ausstellungen: *Das junge Frankreich.* Ausstellungen moderner französischerGraphik, Malerei, Plastik und Architektur. - *Buchausstellung:* Neuerscheinungen aus England, Frankreich, Italien, der Schweiz, den USA und Österreich.

Mitwirkende: Giulio Carlo Argan, Rom; Arnold Bergstraesser, Freiburg / Breisgau; Hans Curjel, Zürich; Wilhelm von Cornides, Frankfurt / M.; Hans Dickmann, Karlsruhe; Unterrichtsminister Heinrich Drimmel, Wien; Werner Egk, München; Gottfried von Einem, Wien; Philipp G. Frank, Cambridge, USA; Walther P. Fuchs, Heidelberg; A. R. Gemmell, Keele-Staffordshire; Friedrich A. Hansen-Löve, Wien; Arnold Herdlitczka, Innsbruck; Wolfgang Hochheimer, Berlin-Dahlem; Helmut Hoenl, Freiburg / Breisgau; Hans Hoff, Wien; Finanzminister Reinhard Kamitz, Wien; Eugen Kogon, Darmstadt; Josef Koller, Wien; Staatssekretär Bruno Kreisky, Wien; M. J. Langeveld, Utrecht; Christa Ludwig, Wien; Rudolf Meimberg, Frankfurt / M.; Bundesminister Hans-Joachim von Merkatz, Bonn; Guy Michaud, Saarbrücken; Alexander Mitscherlich, Heidelberg; Otto Molden, Wien; Jacques Morel, Paris; Simon Moser, Karlsruhe; Alfred Mozer, Amsterdam; Julius Patzak, Wien; Ministerpräsident a. D. Giuseppe Pella, Rom; Eugenio Pennati, Mailand; Jesus Prados-Arrarte, Madrid; Theodor Pütz, Wien; Hans F. Redlich, Edinburgh; Alf Ross, Kopenhagen; Friedrich Schramm, Wiesbaden; Egon H. Seefehlner, Wien; René Sergent, Paris; Rudolf Stahl, Wien; Rudolf Stephan, Göttingen; Herbert Tichy, Wien, Ernst Topitsch, Wien-Hamburg; Walter Traupel, Zürich; Otto Veit, Frankfurt / M.; Konrad Wachsmann, Chicago; Hermann Wein, Göttingen; Johannes Weissinger, Karlsruhe.

Telekommunikation in prä-TV-Zeiten: Sherpa Posang Dova Lama, unter dessen Führung der Wiener Forscher Dr. Herbert Tichy (Mitte) und der Ötztaler Bergführer Löffler 1954 die Erstbesteigung des sechshöchsten Berges der Welt Cho Oyu (ca. 8200 m) durchführten. (Photo: Pfaundler)

Der italienische Ministerpräsident Giuseppe Pella nahm 1955 am Europa-Gespräch über den „Gemeinsamen Markt" teil. (Photo: Pfaundler)

1956 EVOLUTION UND REVOLUTION

Arbeitsgemeinschaften: Umsturz der Werte / Geschichte der Umbrüche des wissenschaftlichen Denkens / Evolution des Lebendigen / Stetige und unstetige Veränderungen in der Natur / Legalität und Revolution / Geschichte und Rechtsgeschichte der Revolutionen / Marx als Diagnostiker und Prophet der gesellschaftlichen Entwicklung / Die politischen Revolutionen des 20. Jahrhunderts und der neue Konservativismus / Fragen der Produktivität und der zweiten industriellen Revolution / Revolutionäre und evolutionäre Methoden der wirtschaftlichen Erschließung in Ländern mit niedriger Lebenshaltung / Das Thema der Revolte in der Literatur des zwanzigsten Jahrhunderts / Grundlagen der Malerei des zwanzigsten Jahrhunderts / Die Eigenständigkeit der pantomimischen Kunstform / Neo-Archaismen und Schein-Traditionen.

Vorträge: Tradition und Reform in der Kirche / Österreichs neue Aufgabe in Europa / Nothing matters - was heißt 'Werte umstoßen' / Der Einfluß westlicher Ideologien auf die nichtwestliche Welt / Die österreichische Neutralität in der europäischen Außenpolitik / Reformation oder Revolution / Über die Ursprünge zeitgenössischer Diktaturen in der Französischen Revolution / Evolution und Revolution / Evolution und Revolutionen der Stammesgeschichte / Die Situation der neuesten Malerei und ihre Sonderstruktur innerhalb der modernen Kunst / Das europäische Buch als Seismograph der Evolutionen und Revolutionen unserer Zeit.

Europäische Gespräche: *Rechts und Links als Kategorien der Geistesgeschichte und der Politik:* Ein konservatives Leitbild in unserer Zeit / Wandlungen im Leitbild des freiheitlichen Sozialismus. - *Die zweite industrielle Revolution*: Ein entscheidendes Problem der Betriebsführung: Gestaltung der Beziehungen zu den Gewerkschaften / Die Wissenschaft und der Strukturwandel der Industrie / Automation und Arbeitnehmerschaft / Situation der Automation in Italien.

Kulturelle Veranstaltungen: *Konzert* des Internationalen Akademieorchesters (Meisterklasse Igor Markevitch am Mozarteum Salzburg). - *Orgelkonzert* Anton Heiller, Wien. - *Konzert* des Münchener Kammerorchesters. - *Klavierabend* Geertruy Spat. - *Flötenkonzert* Elaine Shaffer.

Ausstellungen: *'Das junge Deutschland'.* Ausstellungen moderner deutscher Graphik, Malerei, Plastik und Architektur. - *Buchausstellung:* Neuerscheinungen aus Deutschland, England, Frankreich, Holland, Italien, der Schweiz, den USA und Österreich.

Mitwirkende: Giulio Argan, Rom; Rosario Assunto, Rom; Francois Biot O. P., Lyon; Etienne Decroux, Paris; Howard Ellis, Berkeley; Eugen Fink, Freiburg / Breisgau; Paul Feyerabend, Bristol; Edwin Fletcher, Paris; George Fraser, London; Josef Gicklhorn, Wien; Robert Goetz, Paris; John Gray, London; Staatssekretär Franz Gschnitzer, Wien; Gottfried von Haberler, Cambridge, USA; Richard Hare, Oxford; Finanzminister Reinhard Kamitz, Wien; Kenneth Kirkwood, Oxford; Alexander King, London; Leo Kofler, Köln; Staatssekretär Bruno Kreisky, Wien; Bruno Liebrucks, Köln; Walter von Loewenich, Erlangen; Kurt Maix, Österreich; Giuseppe Maranini, Florenz; Erik de Mauny, London; Bundesminister Hans-Joachim Merkatz, Bonn; Thomas U. Matthew, Staffordshire; Otto Molden, Wien; Graeme Moodie, Glasgow; Simon Moser, Karlsruhe; Alfred Mozer, Amsterdam; Friedrich Nowakowski, Innsbruck; Giulio Pastore, Rom; Gertrud Pfaundler-Spat, Innsbruck; Zbigniew Pelczynski, Oxford; Marcel Reding, Graz; Bernhard Rensch, Münster; Franz Roh, München; Denis de Rougemont, Genf; Giorgio de Santillana, Cambridge, USA; Pasquale Saraceno, Rom; Hans-Heinz Stuckenschmidt, Berlin; Ernst Topitsch, Wien; Friedrich Torberg, Wien; Silvano Tosi, Florenz; André Veinstein, Paris; Walter Zimmermann, Tübingen.

Gespräch im Sommer 1956 (von links nach rechts): der damalige Staatssekretär Bruno Kreisky, der auch tagelang fleißig in Seminaren mitarbeitete, Otto Molden, Fritz Molden und Simon Moser. (Photo: Pfaundler)

Walter Eder spielt (beim Schlußfest), unter dem „Baum der Erkenntnis" stehend, einen revoltierenden Studenten. Auch Jung-Verleger Ivo Frenzel (links unten) und Jung-Banker Peter Schmidburg machen bei der „Aktion" mit. *(Photo: Pfaundler)*

Bild oben: Zwei College-Damen, die Alpbach durch Jahrzehnte erfolgreich mitgestalteten: Die Malerin Eva Auer-Weber aus Wien (links) und die Pianistin Gertraud Spat-Pfaundler. (Photo: Pfaundler)

Bild links: Der österreichische Dichter H.C. Artmann kam 1956 das erste Mal nach Alpbach. (Photo: Pfaundler)

Bild rechts: Der französische Kulturphilosoph Maurice Besset, der 1945 als Offizier der Besatzungsmacht bei der Gründung Alpbachs Pate gestanden hatte, kommt 1956 zu einer Europa-Diskussion. (Photo: Pfaundler)

1957 MYTHOS - UTOPIE - IDEOLOGIE

Arbeitsgemeinschaften: Mythos, Utopie, Ideologie - Versuch einer Strukturanalyse / Mythos der Antike / Die Mythen des alten Orient und die Geburt der Weltreligionen / Entmythologisierung in der Theologie / Tiefenpsychologie und Mythenforschung / Von den magischen Praktiken zur modernen Naturwissenschaft / Die Rolle der Ideologien in den Sozialwissenschaften / Politik und Utopie / Ideologien und Utopien in der modernen Konsumgesellschaft / Archaismen in Literatur und bildender Kunst der Gegenwart / Ideologie und Mythos in der Musik.

Vorträge: Die Funktion des Kontrapunktes in der neuen Musik - zum Verhältnis künstlerischer Technik und philosophischer Problematik / Österreichische Kunst in der Mitte des zwanzigsten Jahrhunderts / Antizipation und Archaismus in den 'Science-Fiction' / Klein- und Großeuropa / Die Ideologie der amerikanischen Konsumgesellschaft / Literatur und Ideologie / Die moderne Demokratie als produktive Utopie / Philosophie und Drama im Bereich des Mythos / Mythos, Utopie, Ideologie - Elemente zur Erkenntnis der Gegenwart / Magisches Denken und wissenschaftliches Denken als 'Formen' in der Kulturgeschichte / Kommentare zur Musik von Boulez, Nono und Stockhausen. Eine Demonstration mit Schallplatten serieller und elektronischer Kompositionen / Mythos und Staat in den archaischen Hochkulturen.

Europäische Gespräche: *Die Stadt im Zeitalter der Ideologien:* Die strahlende Stadt / Krise der Stadt. - *Beitrag zur Koordination einer europäischen Geld- und Finanzpolitik:* Das Geld als Problem des Menschen / Die Rolle der Geschäftsbanken im Rahmen einer europäischen Geld- und Finanzpolitik / Ist im vereinten Europa eine gemeinsame Notenbankpolitik nötig? / Probleme des Budgets und der Notenbank im Hinblick auf eine gemeinsame europäische Finanzpolitik.

Kulturelle Veranstaltungen: *Chorkonzert* des Wiener Akademie-Kammerchors. - *Orgelkonzert* Anton Heiller, Wien (Sopran: Laurence Dutoit, Wien). - *Klavierabend* Jenö Takács. - *Klavierabend* Paul Jacobs. - *Abend junger österreichischer Komponisten.* Mit Werken von Alexander Sander, Gösta Neuwirth, Otto Zykan, Erich Urbanner, Kurt Schwertsik, Gerhard Lampersberg, Anestis Logothetis und Friedrich Cerha. - *Klavierabend* Robert Wallenborn, New York.

Ausstellungen: *Das junge Österreich.* Ausstellungen moderner österreichischer Graphik, Malerei, Plastik und Architektur. - *Buchausstellung.* Neuerscheinungen aus Deutschland, England, Frankreich, Italien, der Schweiz, den USA und Österreich. - *Photoausstellung* Wolfgang Pfaundler.

Mitwirkende: Hermann J. Abs, Frankfurt/M.; Theodor W. Adorno, Frankfurt/ M.; Giulio Carlo Argan, Rom; Alexander Auer, Wien; Maurice Besset, Innsbruck; Michel Carrouges, Paris; Friedrich Cerha, Wien; Hermann Diem, Tübingen; Unterrichtsminister Heinrich Drimmel, Wien; Jacques Duchnese-Guillemin, Lüttich; Michael Freund, Kiel; Kurt von Fritz, Princeton, USA; Landesrat Hans Gamper, Innsbruck; Staatssekretär Walter Hallstein, Bonn; Howard Higman, USA; M. W. Holtrop, Amsterdam; Finanzminister Reinhard Kamitz, Wien; Arthur Koestler, London; Eugen Kogon, Darmstadt; Jean Laude, Paris; Hans-Joachim Lieber, Berlin; Anestis Logothetis, Wien; Golo Mann, Zürich; Gabriel Marcel, Paris; Michael Fr. J. Marlet S. J., Nimwegen; Otto Molden, Wien; Charles Morazé, Paris; Simon Moser, Karlsruhe; Wolfgang Pfaundler, Innsbruck; Marcel Prélot, Paris; Donald MacRae, London; Luigi Rognoni, Mailand; Paolo Rossi, Mailand; Jacques Rueff, Luxemburg; Georgi Schischkoff, München; Hans Schwabl, Wien; Bruno Snell, Hamburg; Hans-Heinz Stuckenschmidt, Berlin; Ernst Topitsch, Wien; Otto Veit, Frankfurt a. M.; André Wogensky, Paris; Philip Wolff, Zürich; Otto M. Zykan, Wien.

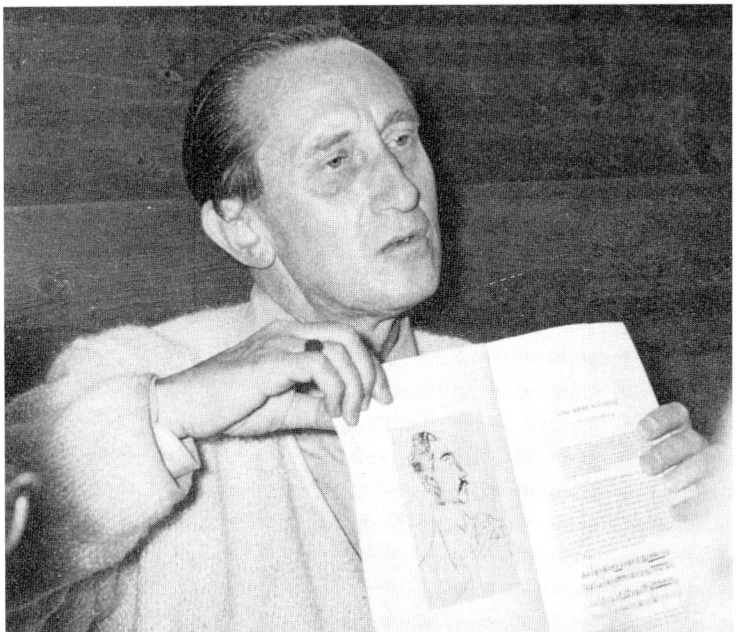

Bild oben links:
Der Strafrechtler Prof. Friedrich Nowakowski erklärt Kollegen im juridischen Seminar seine Thesen.
(Photo: Pfaundler)

Bild rechts oben:
Der berühmte Havard-Wirtschaftswissenschaftler Prof. Gottfried Haberler, der zur legendären „Wiener nationalökonomischen Schule“ gehört, benützt die Mittagspause zum Erledigen seiner Korrespondenz.
(Photo: Pfaundler)

Bild unten rechts:
Im Arbeitskreis des Musikologen Prof. H. H. Stuckenschmidt.
(Photo: Pfaundler)

1958 BILANZ DER FREIHEIT

Arbeitsgemeinschaften: Was ist Freiheit? / Was ist Freiheit im philosophischen Denken der Gegenwart? / Über das Wesen der Freiheit und ihre Möglichkeit / Freiheit und Freiheiten/ Die Freiheit des Christen / Planung in der Freiheit - Freiheit in der Planung / Freiheit des Künstlers / Die Ideologie der Freiheit und ihr musikalischer Ausdruck in der Oper seit dem achtzehnten Jahrhundert / Musikpädagogik gestern und heute - Freiheit und Bindung im musikalischen Schaffensprozeß / Westliche Freiheit in ihrer Berührung mit der nichtwestlichen Welt / Erziehung zur Freiheit der Persönlichkeit / Freiheit in der industriellen Arbeitswelt / Der Begriff der Freiheit im Denken der Gegenwart / Freiheit der Information unter den gesellschaftlichen Bedingungen der Gegenwart / Was bedeutet 'Freiheit' im westeuropäischen und was im russischen Roman des 19. und 20. Jahrhunderts? / Inwieweit ist die zentrale Bedeutung des Begriffes 'Freiheit' ein Spezifikum der antik-europäischen Tradition? / Freiheit und Gerechtigkeit.

Vorträge: Die Verteidigung der europäischen Freiheit / Die Freiheit des Menschen und die internationalen Aufgaben der Kirche.

Europäische Gespräche: *Bilanz der Freiheit. - Freiheit und Freiheiten. - Westliche Freiheit heute - ein Wirtschaftsgespräch zwischen Europa und Amerika. - Freiheit der Forschung. - Freiheit des Christen.*

Kulturelle Veranstaltungen: *Serenade* der Bläservereinigung der Wiener Philharmoniker. - *Klavierabend* Paul Jacobs. - *Abend junger österreichischer Komponisten.* Komponistenklasse Prof. Karl Schiske. Mit Werken von Otto Zykan, Stefan Zelenka, Erich Urbanner, Ingomar Grünauer, Gösta Neuwirth und Iván Eröd. - *Sonatenabend* mit Geertruy Spat (Klavier) und Frans Brüggen (Blockflöte, Querflöte). - *Violinabend* Eduard Melkus. - *Sonatenabend* mit Roman Wisata (Violine) und Kurt Rapf (Klavier).

Ausstellungen: *Das junge Polen.* Ausstellung zeitgenössischer Malerei und Graphik jüngerer polnischer Künstler. - *Buchausstellung.* Neuerscheinungen aus Deutschland, England, Frankreich, Italien, der Schweiz, den USA und Österreich.

Mitwirkende: Hulbert S. Aldrich, New York;Julius Alf, Düsseldorf; Rosario Assunto, Urbino-Rom; Hans Barth, Zürich; Henri Birault, Paris; Handelsminister Fritz Bock, Wien; Guido Calogero, Rom; Helmut Coing, Frankfurt/M.; Unterrichtsminister Heinrich Drimmel, Wien; Minister a. D. Maurice Faure, Paris; Präsident Paul Finet, Luxemburg; Milton Gilbert, Paris; Staatssekretär Franz Gschnitzer, Wien; EG-Präsident Walter Hallstein, Brüssel; Otto Haxel, Heidelberg; Rudolf Hofmann, Freiburg / Breisgau; Mary Holdsworth, Oxford; Roman Ingarden, Krakau; Harald Kaufmann, Graz; Kardinal Franz König, Wien; Hans Otto Lenel, Hamburg; Franco Lombardi, Rom; André Lorant, Paris; Bischof Gerhard May, Wien; Otto Molden, Wien; Vincenzo Piano Mortari, Catania; Simon Moser, Karlsruhe; Hla Myint, Oxford; Karl Popper, London; Kurt Rapf, Innsbruck; Franz Roh, München; Léon Rollin, Paris; Denis de Rougemont, Genf; Karl Schiske, Wien; Landeshauptmann Hans Tschiggfrey, Innsbruck;Karl G. Steck, Frankfurt a. M.; W. A. Stewart, Keele; Ernst Topitsch, Wien; Alain Touraine, Paris; Jean René Tréanton, Paris; Leopold Ungar, Wien; Otto Veit, Frankfurt/M.; Hermann Volk, München; John W. Watkins, London; Georg Weippert, Erlangen; Herman Wein, Göttingen; Jacek Wozniakowski, Krakau.

1958 befaßte sich Kardinal Franz König mit der Freiheit des Menschen und der Rolle der Kirche in unserer Zeit. (Photo: Pfaundler)

Der Dichter Herbert Eisenreich in einer Literaten-Diskussion. (Photo: Pfaundler)

Bild oben v.l.n.r.: Die Maler Markus Prachensky, Anton Lehmden und Fritz Riedl bewundern die stimmungsvolle Landschaft.

Bild links: Helmuth Qualtinger - noch ziemlich unbekannt - 1959 bei einem Alpbacher Abendgespräch mit Erich Neuberg.
(Photos: Pfaundler)

Arbeitsgemeinschaften: Gesellschaft und Politik / Gesellschaftsstruktur und politisches Handeln / Politische Voraussetzungen und Konsequenzen der Geschichtsschreibung / Die Rolle des Politischen im spekulativen Denken Europas / Psychologie politischer Haltungen / Christliche Forderung und politische Wirklichkeit / Erziehung und Politik / Sozialpolitische Aspekte des Urbanismus / Politik und Literatur / Naturwissenschaftliche Modelle in der Politik und politische Modelle in den Naturwissenschaft / Der Einfluß der Kernspaltung auf Politik und Wirtschaft / Die politischen Folgen der industriellen Revolution / Komposition und Hörwirklichkeit.

Europäische Gespräche: *Politik und Kultur.* - *Die westliche Wirtschaftshilfe und die Entwicklungsgebiete.* Kulturelle und politische Folgen der wirtschaftlichen Expansion in den Entwicklungsländern / Moderne Aspekte des internationalen Kapitalverkehrs / Die wirtschaftliche Zusammenarbeit des Westens mit den wirtschaftlich unterentwickelten Ländern unter Berücksichtigung ihrer politischen und kulturellen Struktur. - *Politik und Geschichtsschreibung.* Die geschichtliche Erfahrung und der handelnde Mensch. - *Politik und Erziehung.* - *Der gesamteuropäische Freiheitskampf und die Erhebung Tirols 1809.* Frankreich und das Jahr 1809 / Tirols Kampf um seine Freiheitsrechte / Der Weg Europas zum Jahr 1809. - *Die Politik und die Intellektuellen.*

Kulturelle Veranstaltungen: *L'histoire du soldat* und Renard von Igor Strawinsky. Regie und Choreographie: Rosalia Chladek, Wien. - *Le vin herbé* von Frank Martin. Leitung: Günther Theuring, Wien. - *Orgelkonzert* Anton Heiller (Sopran: Laurence Dutoit, Wien). - *Abend junger österreichischer Komponisten.* Komponistenklasse Prof. Cesar Bresgen, Mozarteum Salzburg. Mit Werken von Irmfried Radauer, Maurice Ferrigno, Jenö Hukvary, Josef Maria Horvath, Rudolf Nowotny.

Ausstellungen: *Das junge Holland.* Ausstellung zeitgenössischer Malerei, Graphik und Skulptur junger holländischer Künstler. Leo P. J. Braat, Bildhauer und Schriftsteller, Amsterdam: "Die junge holländische Kunst und ihre europäische Bedeutung." Vortrag zur Eröffnung der Ausstellung. - *Buchausstellung.* Neuerscheinungen aus Deutschland, England, Frankreich, Italien, der Schweiz, den USA und Österreich. Arthur Koestler, London: "Kultur, Politik - Kulturpolitik." Vortrag zur Eröffnung der Buchausstellung. - *Österreich 1809.* Dokumente, Zeitungen, Stiche und Flugblatt-Literatur aus der Zeit des Freiheitskampfes gegen Napoleon. - *Tirol 1809* Photoschau von Wolfgang Pfaundler, Innsbruck.

Mitwirkende: Rudolf Allers, Washington; Alexander Auer, Wien; Hellmut Becker, Deutschland; Waldemar Besson, Tübingen; Handelminister Fritz Bock, Wien; Georges Castellan, Poitiers; Carl Dahlhaus, Göttingen; Unterrichtsminister Heinrich Drimmel, Wien; M. J. M. Fataud, Saarbrükken; Helmut A. Fiechtner, Wien; Jürgen Fijalkowski, Berlin; Willfried Gredler, Wien; Staatssekretär Franz Gschnitzer, Wien; Friedrich J. Hacker, USA-Wien; Michel Halbecq S. J., Frankreich; Peter G. Hall, London; Karl Herczeg, Wien; Michael Higatsberger, Wien; Max Horkheimer, Frankfurt/M.; W. G. Howell, London; Ludwig Jedlicka, Wien; Finanzminister Reinhard Kamitz, Wien; Alexander Kluge, Berlin; Arthur Koestler, London; Georges Lavau, Grenoble; Lawrence, Paris; Franco Lombardi, Rom; Bürgermeister Alois Lugger, Innsbruck; Franz Maier, Tübingen; Otto Molden, Wien; Simon Moser, Karlsruhe; Heinrich Ott, Schweiz; Otto Pirkham, Frankfurt a. M.; Alexander Randa, Innsbruck; Bundespräsident Adolf Schärf, Wien; Henry Seligmann, Wien; Peter Smithson, London; Raphael Spann, Wien; Otto Stammer, Berlin; Herbert Stachowiak, Berlin; Hans Thirring, Wien; Ernst Topitsch, Wien; Landeshauptmann Hans Tschiggfrey, Innsbruck; John Vaizey, Oxford; Emil Walter, Zürich; W. B. Watson, Manchester; Ministerpräsident Paul van Zeeland, Brüssel; Georg Zimmer-Lehmann, Wien.

Eine Marketenderin kredenzt Bundespräsident Adolf Schärf Schnaps.
v.l.n.r.: Simon Moser, Landtagspräsident Johann Obermoser,
Unterrichtsminister Heinrich Drimmel,
Bundespräsident Adolf Schärf.
(Photo: Pfaundler)

Der Philosoph, Soziologe und Mitbegründer der „Frankfurter Schule" Theodor W. Adorno (der erstmals 1957 nach Alpbach kam) und die Wiener Journalistin Barbara Coudenhove-Kalergi besprechen das Seminar über die „Rolle des Politischen im spekulativen Denken Europas", das Max Horkheimer und Franko Lombardi 1959 in Alpbach gehalten haben. (Photo: Pfaundler)

Der Schriftsteller Arthur Koestler hielt einen Vortrag über „Kultur, Politik - Kulturpolitik" zur Eröffnung der Buchausstellung. (Photo: Pfaundler)

1960 SPRACHE UND WELT

Arbeitsgemeinschaften: Mensch - Sprache - Welt / Sprache und Logik / Die Strukturen der Sprache / Psychologie und Sprache / Das europäische Wörterbuch / Erziehung und Sprache / Die Funktion der Sprache im naturwissenschaftlichen Denken / Die Sprache in der Informationstheorie / Das Wort Gottes und die Sprache des Glaubens / Recht und Sprache / Die Krise der Sprache in der Dichtung / Sprache - Gesellschaft - Musik.

Europäische Gespräche und Vorträge: *Sprache und Welt. - Kunst: Aussage oder Ausdruck. - Mensch - Sprache - Welt - Großbritannien und der europäische Kontinent heute.* Die Außenpolitik Großbritanniens und Europa / Österreich, England und die europäische Integration / Der Einfluß der Commonwealth-Bindungen auf das Verhältnis Großbritanniens zu Europa / Großbritanniens öffentliche Meinung und Innenpolitik in ihrer Einstellung zur europäischen Integration / Die europäischen supranationalen Gemeinschaften in ihrem Verhältnis zu Großbritannien / Großbritanniens Verhältnis zur EWG als Mitglied der EFTA. - *Die Sprache in der Psychopathologie. - Europäisches Wörterbuch.* Die Sprache der Musik im Orient und im Westen / Muttersprache.

Kulturelle Veranstaltungen: *Serenade* der Bläservereinigung der Wiener Philharmoniker. - *Liederabend* Julius Patzak, Wien. - *Orgelkonzert* Anton Heiller, Wien (Sopran: Laurence Dutoit, Wien). - *Klavierabend* Alexander Kaul. - *Violinabend* André Gertler.

Ausstellungen: *Das junge England.* Ausstellung zeitgenössischer Malerei und Graphik junger englischer Künstler. - *Buchausstellung.* Neuerscheinungen aus Deutschland, England, Frankreich, Italien, Österreich, der Schweiz und den USA.

Mitwirkende: Karl-Otto Apel, Beuel / BRD; Hans Asperger, Innsbruck; Alexander Auer, Wien; Roger Bauer, Bonn; Werner Betz, Bonn; Andrew D. Booth, London; Josef Derbolav, Bonn; Paul Diderichsen, Kopenhagen; Unterrichtsminister Heinrich Drimmel, Wien; Herbert Eisenreich, Österreich; René Etiemble, Paris; Gerhard Gloege, Jena; Lucien Goldmann, Paris; Staatssekretär Franz Gschnitzer, Wien; Alain Guillermou, Paris; Sir William Hayter, Oxford; Erich Heintel, Wien; Arnold Herdlitczka, Innsbruck; Ulrich Klug, Mainz; René König, Köln; Außenminister Bruno Kreisky, Wien; Ernst Krenek, Tujunga / USA; Harald Leupold-Löwenthal, Wien; M. F. Le Lionnais, Paris; Paul Lorenzen, Kiel; Bürgermeister Alois Lugger, Innsbruck; Mihailo Markovic, Belgrad; Richard Martin, Bonn; Simon Moser, Karlsruhe; Alfred Mozer, Brüssel; Alfred Robens, London; Fritz Schalk, Köln; Peter Scheffler, Innsbruck; Sir Evelyn Shuckburgh, London; Hansjakob Seiler, Köln; Alphons Silbermann, Köln; Gottlieb Söhngen, München; Wolfgang Stegmüller, München; Burnham Terrel, USA; Landeshauptmann Hans Tschiggfrey, Innsbruck; H. W. Vallender, London; Hermann Wein, Göttingen; Leo Weisgerber, Bonn; Egon Wellesz, Oxford.

(Photo: Pfaundler)

Elfriede Rotter war durch Jahrzehnte Leiterin des Sekretariats

Anton Heiller gibt in der Dorfkirche ein Orgelkonzert (Photo: Pfaundler)

1961 WISSENSCHAFT UND ZUKUNFT

Arbeitsgemeinschaften: Zukunft als Problem der Philosophie / Die Wissenschaft als Instrument zur Vorhersage und zur Gestaltung der Zukunft / Religiöse und säkulare Eschatologien / Die Durchsetzung international anerkannter Rechtsprinzipien in den nationalen Rechtsordnungen / Die Manipulierung des Menschen / Die künstliche Beeinflussung von Lebensvorgängen / Die Welt-Agrarwirtschaft der Zukunft / Physik und Zukunft / Formen der Dramaturgie von morgen / Wohin gehen die bildenden Künste? / Klassiker der modernen Musik.

Europäische Gespräche und Vorträge: *Wissenschaft und Zukunft. - Theologie und Zukunft. - Philosophie und Zukunft. - Aspekte des wirtschaftlichen Wachstums.* Wachstumsprobleme der österreichischen Wirtschaft / Wachstum, Währung, Weltwirtschaft / Bemerkungen zur Zukunft der Welternährungswirtschaft. Kultur als Illusion / Gegenwart und Zukunft der Menschenbeeinflussung / Der Preis des Lebens: Zeugnis eines Biologen / Das deutsche Buch im internationalen Kulturaustausch / Das Problem des Fortschritts und die Intellektuellen.

Kulturelle Veranstaltungen: *Konzert* des Münchener Kammerorchesters. - *Klavierabend* Norbert Grossmann. - *Kompositionsabend* der Meisterklasse für Komposition an der Staatlichen Hochschule für Musik in Köln. - *Konzert* des Danzi-Quintetts, Amsterdam. - *Dichterlesung* H. G. Helms, Köln. - Friedrich Torberg liest aus Werken von Fritz Herzmanowsky-Orlando. - *Experimentalfilmabend:* Film und elektronische Musik. Einführende Worte: Michel Trelluyer, Paris.

Ausstellungen: *Amerika in der Forschung.* Anschauungsmaterial über den gegenwärtigen Stand der naturwissenschaftlichen Forschung in den Vereinigten Staaten von Amerika. - *Buchausstellung.* Neuerscheinungen aus Deutschland, England, Frankreich, der Schweiz, den USAund Österreich.

Mitwirkende: Tassilo Antoine, Wien; Alexander Auer, Wien; W. W. Bartley, London; Handelsminister Fritz Bock, Wien; S. Calogeropoulos-Stratis, Athen; Unterrichtsminister Heinrich Drimmel, Wien; Rolf Ebert, Hamburg; Herbert Feigl, USA; Jean-Louis Ferrier, Paris; Eugen Fink, Freiburg / Breisgau; Landesrat Hans Gamper, Innsbruck; Norbert Grossmann; Eugen Gürster, München; Friedrich Hacker, Beverly Hills / USA; H. G. Helms, Köln; Dieter Henrich, Berlin; Michael Heilperin, Genf-New York; Joachim Kaiser, München; Harald Kaufmann, Graz; György Ligeti, Wien; Maurice Marois, Paris; Simon Moser, Karlsruhe; Fritz Neeb, Linz; Franz Nemschak, Wien; Jacques Polieri, Paris; Ulrich von Pufendorf, Frankfurt / M.; Marcel Reding, Berlin; Hans Ruthenberg, Berlin; Dieter Sattler, Bonn; Erhard Scheibe, Hamburg; Walter Simon, USA; Gerolf Steiner, Heidelberg; Siegfried Tapfer, Innsbruck; Friedrich Torberg, Wien; Hans Christoph Freiherr von Tucher, München; Wolfgang Trillhaas, Göttingen; Otto Veit, Frankfurt / M.; Frank Weisl, Rom.

(Photo: Pfaundler)

Vera Sobotka und Walter Eder: die langjährigen Stützen des Sekretariats

Das Alpbacher Forum 1961 wird eröffnet.
Bild links: Der neue Präsident Alexander Auer begrüßt die Teilnehmer.
Bild unten:
Bundesminister für Handel und Wiederaufbau Fritz Bock im Gespräch mit Wirtschaftsfachleuten.
(Photos: Pfaundler)

Bild rechts: Psychiater Prof. Friedrich Hacker in seinem Arbeitskreis „Die Manipulierung des Menschen“.

Bild ganz rechts: „Mit mir nicht“ denkt Gundi Neeb und sinnt über eine neue Art des Gleichgewichts.
(Photos: Pfaundler)

1962 ASIEN UND DIE WESTLICHE WELT

Arbeitsgemeinschaften: Metaphysik im Orient und im Okzident / Der Einfluß des europäischen Denkens auf Asien seit der Aufklärung / Die dogmatische Theologie des Westens und das undogmatische religiöse Denken des Ostens / Psychische Techniken und Therapien im Westen und Osten / Die frühesten Hochkulturen im westlichen Asien / Geschichte der europäischen Kolonisation in Asien / Die Industrialisierung in Indien, Pakistan und China / Die sozialen Umwandlungsprozesse in Indien und einigen Ländern Südostasiens / Das ´Böse` in der chinesischen Literatur / Orientalische Elemente in der Musik des Abendlandes / Die moderne Malerei und Plastik in Japan.

Europäische Gespräche: *Kapitalbildung und Kapitalmarkt.* Die Eroberung des Weltraumes, Strategie und Wirtschaft im 20. Jahrhundert / Die Aufgabe des europäischen Kapitalmarktes vom Standpunkt der Banken / Die Kapitalbildung, ihre Voraussetzungen und ihre Bedeutung für die freie Welt / Wohin geht der europäische Kapitalmarkt in der Integration? / Die Bedeutung der Versicherungswirtschaft für Kapitalbildung und Kapitalversorgung / Kapitalmarktprobleme in atlantischer Sicht / Bank- und Investitionspolitik gegenüber den Entwicklungsländern.

Vortragszyklen mit Diskussion: Dialektischer Materialismus und exakte Wissenschaft / Tradition und Moderne / Die Einheit der Welt / Die Einheit des christlichen Gesanges in der Ost- und Westkirche / Tradition und europäischer Einfluß in der neuen Musik Japans / Westliche Philosophie und indisches Denken.

Kulturelle Veranstaltungen: *Konzert* des Danzi-Quintetts. - *Konzert* des LaSalle-Quartetts. - *Ballettabend:* "Alpbach-Quintett" (Uraufführung unter persönlicher Leitung des Komponisten). Musik: Ernst Krenek. Choreographie: Yvonne Georgi. - *Alpbacher Tanzserenade* "Glück, Tod und Traum". Musik: Gottfried von Einem. Choreographie: Yvonne Georgi. Ballett des Landestheaters Hannover. - *Konzert* der Meisterklasse der Staatlichen Hochschule für Musik in Hamburg.

Ausstellungen: *Neue Kunst aus der Schweiz.* Ausstellung zeitgenössischer Malerei, Graphik und Plastik schweizerischer Künstler. - *Buchausstellung:* Neuerscheinungen aus Deutschland, England, Frankreich, Israel, Italien, der Schweiz und Österreich.

Mitwirkende: M. Kazuo Anazawa, Tokio; Alexander Auer, Wien; Etienne Balazs, Paris; Louis Camus, Brüssel; L. Thompson McCausland, London; Josef Derbolav, Bonn; Michael Edwardes, London; Dietz Otto Edzard, München; Gottfried von Einem, Wien; Landeshauptmannstellvertreter Hans Gamper, Innsbruck; Eric Hobsbawm, London; Otto Walter Haseloff, Berlin; Paul Hsiao, Peking-Freiburg / Breisgau; Nationalbank-Präsident Reinhard Kamitz, Wien; Arnold Keyserling, Kalkutta; Finanzminister Josef Klaus, Wien; Ernst Krenek, Tujunga / USA; Franco Lombardi, Rom; T. M. P. Mahadevan, Madras; Hans Manndorff, Wien; Ernst Matthiensen, Frankfurt / M.; Gerd Müller, Stuttgart; Siegfried Müller-Markus, Freiburg / Schweiz; B. N. Pandey, London; Francois Perroux, Paris; Jacques Pimpaneau, Paris; Victor W. Purcell, Cambridge; K. V. Rajan, Indien; Eberhard Reinhardt, Zürich; Wolfgang Röllig, Münster; Emanuel Sarkisyanz, Freiburg / Breisgau; Nilakanta Sastri, Madras; A. K. Sen, Cambridge; Ivan Supek, Zagreb; Surindar Suri, Berlin; Hans-Heinz Stuckenschmidt, Berlin; Shanti Swarup, Oxford; M. Yasse Tabucchi, Paris; Matthias Vereno, Salzburg; Hans Wagner, Bonn; Egon Wellesz, Oxford; Hidekazu Yoshida, Tokio.

Das Europäische Forum Alpbach beschränkt sich längst nicht mehr auf europäische Teilnehmer. 1962 wird Asien diskutiert. v.l.n.r.: Simon Moser, Surindar Suri, Otto Haseloff, Arnold Keyserling. (Photo: Pfaundler)

1963 ARBEIT

Arbeitsgemeinschaften: Das philosophische Problem der Arbeit / Arbeit im Übergang von der Agrar- zur Industriegesellschaft / Arbeit und Gesellschaft / Die Arbeit als Produktionsfaktor / Arbeit und Betriebsorganisation / Arbeitspsychologie und Arbeitsphysiologie / Hauptprobleme des europäischen Arbeitsrechts der zweiten Hälfte des zwanzigsten Jahrhunderts / Der Einfluß der modernen Technik auf die industrielle Arbeitsproduktion / Die Literatur im Zeitalter der Technik / Die Industrielandschaft / Geschichte des Musizierens.
Europäische Gespräche: *Stadt und Landschaft im technischen Zeitalter. - Der Produktionsfaktor Arbeit heute.* Technischer Fortschritt und Arbeitslosigkeit / Arbeit, Kapitalbildung und Wirtschaftswachstum / Ist die Arbeitsproduktivität ein Kriterium für die Verteilung des Produktionsertrages? / Harmonisierung der Arbeitslöhne und Sozialpolitik. / Die Arbeit als qualitatives Problem / Arbeitsentlohnung und Währungspolitik / Die Mobilität der Arbeit als nationales und als internationales Strukturproblem in der Integration.
Vortragszyklen mit Diskussion: Vita activa - vita contemplativa. - Antrieb, Leistung und Ermüdung.

Kulturelle Veranstaltungen: *Konzert* der Wiener Solisten. Dirigent: Wilfried Böttcher, Wien. - *Zwei Cembaloabende* mit Isolde Ahlgrimm, Wien. - *Jazz-Konzert* des Josel-Trios, Graz.
Ausstellungen: *Neue Kunst aus Österreich.* Die Ölmalerei der jüngsten Generation österreichischer Künstler. - *Internationale Buchausstellung.* Neuerscheinungen aus Deutschland, England, Frankreich, der Schweiz, den USA und Österreich.

Mitwirkende: Rosario Assunto, Urbino; Alexander Auer, Wien; Hans Blohm, Karlsruhe; Maria Blohmke, Heidelberg; Kabinettschef Jacques Chazelle, Paris; Paul Christian, Heidelberg; René Clemencic, Wien; Michel Crozier, Paris; Herbert Eisenreich, Österreich; Franco Ferrarotti, Rom; Eugen Fink, Freiburg/Breisgau; Carl Föhl, Berlin; Landeshauptmannstellvertreter Hans Gamper, Innsbruck; C. A. van Gorcum, Den Haag; Heinrich Husmann, Göttingen; Nationalbank-Präsident Reinhard Kamitz, Wien; Albin Lesky, Wien; Hermann Lübbe, Münster; Theodor Mayer-Maly, Köln; Reinhold Messner O. F. M., Wien; Erich A. Müller, Dortmund; Adolf Nussbaumer, Graz; Silvio Ronchetti, Brüssel; Günther Rühl, Berlin; Pierrette Sartin, Paris; John Saville, Hull; Hans Schaefer, Heidelberg; Ionel Schein, Paris; Erich Streissler, Freiburg/Breisgau; Wolfgang Stützel, Saarbrücken; Alain Touraine, Paris; Francois Vinck, Luxemburg.

Bürgermeister Greiter besucht die Buchausstellung. (Photo: Pfaundler)

Friedrich Torberg *(Photo: Pfaundler)*

1964 IN DER MITTE DES XX. JAHRHUNDERTS

Einleitungsreferat: Simon Moser, Karlsruhe: In der Mitte des XX. Jahrhunderts. Neue Fragestellungen seit 1945.
Arbeitsgemeinschaften: Materialismus, Idealismus, Positivismus / Grundlagenforschung und Einzelforschung / Idee und Ideologie in Recht und Gesellschaft / Der Physikalisierungsprozeß in der Biologie / Quantifizierung und Qualifizierung in der Psychologie / Europa und Amerika / Die europäische Musik nach dem Krieg / Abstraktion und Phantastik in der Kunst.
Europäische Gespräche: *Wirtschaftspolitische Probleme der Inflation* (Round-table-Diskussion und Plenardiskussion).
Vorträge und Vortragszyklen mit Diskussion: Kybernetische Probleme in Biologie und Psychologie. Referate von Alfred Gierer, Hans Hahn, Ivo Kohler und Horst Mittelstaedt. Round-table-Diskussion und Plenardiskussion im Anschluß. - Neue Horizonte in der amerikanischen Musik. Vortrag von Ernst Krenek. - Materialismus, Idealismus, Positivismus. Referate von Ernst Bloch und Herbert Feigl. Round-table-Diskussion und Plenardiskussion im Anschluß.
Kulturelle Veranstaltungen: *Eröffnungskonzert* der Wiener Solisten. Dirigent: Wilfried Böttcher, Wien. - *Klavierkonzert* Rolf Kuhnert, Berlin. - *Neue Musik für Gitarre* mit Karl Scheit, Wien. - *Kammermusikabend* der Hochschule für Musik Berlin mit Werken von Boris Blacher-Schülern. - *Zwei Konzerte* des Ensembles "DIE REIHE" unter der Leitung von Friedrich Cerha. - *Schallplattenstunden* mit Musik von Béla Bartók, Pierre Boulez, Friedrich Cerha, Ernst Krenek, Olivier Messiaen, Luigi Nono, Arnold Schönberg.
Ausstellungen: *Nach 20 Jahren*. Österreichische Kunst 1945 und 1964. - *Internationale Buchausstellung*. Eröffnungsvortrag von Ivo Frenzel: Buch und Lesen in der Mitte des XX. Jahrhunderts. Neuerscheinungen aus Deutschland, England, Frankreich, Italien, der Schweiz, den USA und Österreich. - *Internationale Schallplattenausstellung*.
Mitwirkende: Alexander Auer, Wien; Ernst Bloch, Tübingen; Maurizio Bonicatti, Rom; Friedrich Cerha, Wien; Carl Dahlhaus, Kiel; Harald Delius, Göttingen; Martin Drath, Berlin; Herbert Feigl, Minnesota/USA; Paul Feyerabend, Berkeley/USA; Ivo Frenzel, München; Frederick Friedmann, München; Landeshauptmannstellvertreter Hans Gamper, Innsbruck; Alfred Gierer, Tübingen; Friedrich Hacker, Beverly Hills/USA; Hans Hahn, Lexington/USA; Louis Hartz, Cambridge/USA; Sergius Heitz, Düsseldorf; Ivo Kohler, Innsbruck; Jeszek Kolakowski, Warschau; Hannes Kar, Innsbruck, Ernst Krenek, Tujunga/USA; Hans Lebert, Baden b. Wien; Albin Lesky, Wien; Horst Mittelstaedt, Seewiesen / BRD; Simon Moser, Innsbruck, Unterrichtsminister Theodor Piffl-Percevic, Wien; Günter Rohrmoser, Münster / Westfalen; Karl Scheit, Wien; Friedrich Tenbruck, Frankfurt / M.; Ferdinand Ulmer, Innsbruck.

Hannes Kar (Mitte) beim Schlußfest 1964 *(Photo: Lang)*

Der marxistische Philosoph Ernst Bloch mit seiner Frau auf dem Balkon vor dem Böglerhof. Er führte 1964 mit Arthur Koestler ein Streitgespräch, das eher frostig endete. (Photo: Pfaundler)

Bild ganz rechts: Helge Grundmann (Alpbach), Student früher Tage, ist vom Zweiten Vatikanischen Konzil fasziniert. (Photo: Habermüller)

Bild unten: Prof. Fritz Neeb (Mitte) debattiert mit den Teilnehmern seines Arbeitskreises. (Photo: Lang)

1965 - 1970
Die Revolte der Jungen.

Die Aufbaugeneration hatte lange ausgehalten - zu lange. 1945 war sie, die sich aus den durch Krieg und Diktatur nicht kompromittierten mittleren und jüngeren Jahrgängen rekrutierte, angetreten, um die geistigen und materiellen Trümmer zu beseitigen und eine neue Gesellschaft zu begründen. Sie war außerordentlich erfolgreich. Vor allem war es ihr mit der US-amerikanischen Hilfe des Marshallplans gelungen, im Gegensatz zur ersten Nachkriegszeit binnen weniger Jahre die zerstörten Städte und Landschaften wieder aufzubauen und eine stabile Wirtschaft mit stetigem Wachstum einzurichten. Nun begannen die Strukturen zu erstarren, die jüngeren Kriegsjahrgänge waren vielfach ausgedünnt und nicht in der Lage, die Übergabe der Verantwortung zu erzwingen und eine Erneuerung in Gang zu setzen.

Eine Bewegung der ganz Jungen setzte ein. Sie hatten sich unter der völligen Hingabe ihrer Eltern an den materiellen Wiederaufbau vernachlässigt gefühlt. Die materielle Lebensbasis war nun gesichert und dank ihrer konnten neue Gesellschaftsschichten den Aufstieg nach oben antreten. In den schmutzigen, nicht deklarierten Kriegen der Entkolonialisierung, insbesondere in Vietnam, waren sie mit der Welt der Drogen in Berührung gekommen: mit den alten Drogen Haschisch und Opium und den neuen synthetischen, aber auch mit den geistigen der Befreiungsideologien, die von einer totalen Umkehrung der Herrschaftsverhältnisse eine Ära des Friedens und der grenzenlosen Freiheit versprachen. Unter den Parolen "Trau keinem über Dreißig" und "Make love, not war" probten sie den Aufstand, ließen die Hüllen fallen und glaubten, unter neuen, durch Technik verstärkten Klängen als Blumenkinder den Marsch in eine unbeschwerte Zukunft antreten zu können. Diese gesellschaftspolitische Opposition wurde geschickt vom kommunistischen Lager gefördert und gelenkt. An den Universitäten, vor allem in den USA, in Frankreich und der BRD, kam es zur Revolte gegen Professoren und akademische Verwaltung, die sich schnell in einen Angriff gegen Staat und Gesellschaft erweiterte. In Paris mußte der Staatspräsident, le Général de Gaulle, zu seinen Truppen in Deutschland fliehen. Doch die Arbeiter und Bauern ließen diese Revolution im Stich. Die Gewerkschaften sahen keinen Grund zum Einschreiten, hatte doch das Wirtschaftswachstum eine wesentliche materielle Besserstellung auch der traditionell benachteiligten Bevölkerungsschichten, insbesondere des Industrieproletariats, bewirkt. Der Aufstand brach zusammen, ein Teil seiner Proponenten versank in der Trostlosigkeit und Verwahrlosung der Welt der Drogen, der andere begab sich auf den "langen Marsch durch die Institutionen". Obwohl nach außen die Älteren noch einmal erfolgreich gewesen waren, hatte sich dennoch alles grundsätzlich geändert: politisch begann das Pendel nach links auszuschlagen und ein vielfach illusionärer Neomarxismus, der das Reich des östlichen Gulag-Kommunismus als Verkehrsunfall der Geschichte, nicht aber als Widerlegung der Ideologie, abtat, stieß bis tief in die Reihen des Bürgertums vor. Dies, obwohl zur gleichen Zeit der von ähnlichen Hoffnungen getragene Prager Frühling im August 1968 durch den Beton- und Panzerkommunismus der Herrscher im Kreml brutal niedergewalzt wurde.

Im katholischen Lager hatte Papst Johannes XXIII. mit seinem II. Vatikanischen Konzil (1962-1965) die Türen weit aufgerissen. Der frische Wind riß vieles mit sich, was Generationen als sakrosankt gegolten hatte und selbst der bis dahin konservativste und militanteste Orden der Kirche, die Jesuiten, drifteten nach links. Für die große Masse bedeutete dies alles vor allem Befreiung von sexuellen Tabus, Öffnung aller Institutionen, grenzenlose Meinungsfreiheit und Vorrang des Individuums vor den Erfordernissen der Gesellschaft. Die akademischen Führer des Aufstandes wie Marcuse und Adorno sahen sich jedoch bald auch selbst als nicht vertrauenswürdige Alte beiseite geschoben. Die weniger

„Panzerkommunismus" à la Russe rollt in Prag, August 1968, ein. Alpbacher Teilnehmer hören betroffen die letzten Nachrichten.. (Photo: Salus)

illusionistischen unter den Jungen und die Opportunisten begannen sich nun der Hebel der Gesellschaft zu bemächtigen. Neue politische Führungsschichten waren angetreten, die der staatlichen Ausformung des kommunistischen Systems im Osten nicht mehr so kompromißlos gegenüberstanden.

Die Revolte gegen die Staaten war gescheitert, die Revolution der Ideen begann zu wirken. (h.p.h.)

1965 EUROPA UND DIE VEREINIGTEN STAATEN VON AMERIKA

Arbeitsgemeinschaften: Amerikanischer Pragmatismus und europäische Metaphysik / Philosophie der exakten Naturwissenschaften / Moderner Rationalismus und heutige Theologie / Gestalt- und Ganzheitspsychologie versus Behaviorism / Die aktuelle Bildungsproblematik in Europa und den USA / Political Science: Zum Problem "Verpolitisierung und Entpolitisierung" / Amerikanische Kultur und das amerikanische Selbstverständnis von heute / Der einzelne in der modernen Gesellschaft: Entfremdung und Suche nach Zugehörigkeit / Puritanismus, Aufklärung und Naturrecht / Europa und Amerika in der Literatur / Bildende Kunst in Europa und Amerika / Jazz und Musical / Die amerikanische Zahlungsbilanz / Europa und die USA: Soziale Probleme der Landwirtschaft - Ähnlichkeiten und Unterschiede.

Plenarveranstaltungen: Der amerikanische Traum und Europa. Vortrag von Peter von Zahn. - Beiträge zum Denken Amerikas. Vorträge von William M. Birenbaum, Daniel J. Boorstin, William Gorman, Arie N. J. den Hollander. Diskussionsleitung: Marvin Bressler. - Europa und Amerika in der Literatur. Vorträge von Hans Mayer und George Steiner. - Die Überwindung des Deweyismus. Vortrag von Leonhard Froese. - Moderner Rationalismus und heutige Theologie. Vorträge von William W. Bartley, Fritz Buri und P. Beda Thum. - A Poet´s Choice of Poets. Lesung aus einer unveröffentlichten Anthologie europäischer Dichtung. - Die Beziehung Europas zu den USA aus Straßburger Sicht. Vortrag von Minister Willfried Gredler. - Europäische und amerikanische Psychologie. Vorträge von Walter Toman und Albert Wellek. - Atlantische Partnerschaft: Amerikanische Investitionen in Europa. Vorträge von Gérard Bauer, Henry Hazlitt und Michael A. Heilperin. Diskussionsleitung: Minister a. D. Reinhard Kamitz.

Kulturelle Veranstaltungen: *Eröffnungskonzert* der Bläservereinigung der Wiener Symphoniker. - *Konzert* des Haydn Trios Wien. Gesangssolistin: Irmgard Stadler, Wien; Dirigent: Klaus Nagora. - *Orgelkonzert* Stefan Klinda. - *Klavierabend* Joseph Plon, USA. - *Konzert* des Eurojazz-Orchesters. Leitung: Friedrich Gulda, Innsbruck. - *Schallplattenstunden.*

Ausstellungen: *Kunstausstellung.* Von Dada bis Imago. Dadaismus, Surrealismus, Pop-art, Funktionales, Experimentelles, Kinetisches etc. in 150 Exponaten. - *Buchausstellung.* Neuerscheinungen zum Generalthema. - *Schallplattenausstellung.* Jazz und Musical.

Mitwirkende: William W. Bartley, San Diego/USA; Gérard Bauer, Schweiz; William Birenbaum, New York; Daniel Boorstin, Chicago; Marvin Bressler, Princeton / USA; Fritz Buri, Basel; Maurice F. English, Chicago; Reimer von Essen, Frankfurt /M.; Paul Feyerabend, Berkeley/USA; Leonhard Froese, Marburg/Lahn; William Gorman, Santa Barbara/USA; Willfried Gredler, Straßburg; Friedrich Gulda, Wien; Henry Hazlitt, New York; Michael A. Heilperin, Genf; Arie N. J. den Hollander, Amsterdam; Kurt Hübner, Berlin; Nationalbank-Präsident Reinhard Kamitz, Wien; Bundeskanzler Josef Klaus, Wien; Jürgen von Kempski, Münster; Adrian Kees, Niederlande; Miroslov Lamac, Prag; Hermann Lübbe, Bochum; Fritz Machlup, Princeton/USA; Gilberto-Antonio Marselli, Neapel; Hans Mayer, Berlin; Jiri Padrta, Prag; Marcel Prawy, Wien; Felix Pronay, Wien; George Steiner, Cambridge/GB; P. Beda Thum O.S.B., Wien; Walter Toman, Erlangen; Albert Wellek, Mainz; Ernst Florian Winter, Wien-USA; Peter von Zahn, Köln.

Bild ganz rechts: Der polnische Kultur-Exilist Tadeusz Màcievicz nimmt am Europäischen Theatergespräch teil.

Bild rechts: Bundeskanzler Josef Klaus

Bild unten rechts: Friedrich Gleissner, Jungstar der Bundeswirtschaftskammer, bei der Vorbereitung des Wirtschaftsgespräches 1965.

Bild unten links: Prof. Marcel Prawy hält 1965 seinen ersten Vortrag zum Thema „Musik in Alpbach".

1966 GESELLSCHAFT VERSUS WISSENSCHAFT

Arbeitsgemeinschaften: Die Philosophie in der gegenwärtigen Gesellschaft / Hegel zwischen Ost und West / Die Stellung der Kirche in der gegenwärtigen und zukünftigen Gesellschaft / Neue Formen der Wissensvermittlung in Mathematik und Physik / Kommunikation und Sprache bei Tier und Mensch / Meinungsforschung und Meinungsbildung / Reform der internationalen Währungsordnung / Integration und Wettbewerb / Europäisches Theater: Programme und Praxis / Malerei und Photographie in der Moderne / Tabus in der Musik der Welt.

Plenarveranstaltungen: Europäisches Theater: Programme und Praxis. Einleitung: Ernst Häussermann und Wolfgang Kraus. Vorträge: Werner Düggelin, Jercy Pamianovski, Oscar Fritz Schuh. - Neue Formen der Wissensvermittlung in Mathematik und Physik. Vorträge von Werner Buckel, Heinz Kunle und Stefan Machlup. - The Politics of Conflict. Vortrag von T. Lord Chalfont. - Kommunikation und Sprache bei Tier und Mensch. Vorträge von Georg Färber, Peter Hartmann, Martin Lindauer und Hans M. Peters. - *Wirtschaftsgespräch:* Das Magische Dreieck - 1966. Vorsitz: Reinhard Kamitz. Einleitung: Fritz Machlup. Hauptreferat: Gotthard Freiherr von Falkenhausen. Kurzreferate: Ferand Collin, Wilfried Guth, Heinz Kienzl, Fritz Leutwiler, Hans J. Mast, Franz Nemschak, Hans Pollan, Josef Taus, Georg Zimmer-Lehmann.

Kulturelle Veranstaltungen: *Konzert* des Southern California Youth Chorale. Dirigent: K. Gene Simmonds. - *Zwei Konzerte* des Gaudeamus Quartetts. - *Studio der frühen Musik,* München. Musik aus der Zeit der Trouvères und Minnesänger, Musik des Trecento, Musik am Burgundischen Hof, Carmina Burana, Elisabethanische Musik aus England. - *Schallplattenstunden.* - *"Theater im Zentrum 107"* (Studiobühne der Collegegemeinschaft Innsbruck). Einakter von Samuel Beckett und Eugène Ionesco.

Ausstellungen: *Kunstausstellung* "Engagierte Kunst - Gesellschaftskritische Graphik seit Goya". - *Photoausstellung* "Experimentelle Ästhetik". Mit Beiträgen von Herbert W. Franke, Andreas Hübner und Helmut Volland. - *Internationale Buchausstellung*. Neuerscheinungen zum Gesamtthema.

Mitwirkende: Werner Buckel, Karlsruhe; Außenminister Lord Chalfont, London; Ferand Collin, Brüssel; Werner Düggelin, Zürich; Thomas Ellwein, Frankfurt / M.; Martin Esslin, London; Gotthard Freiherr von Falkenhausen, Essen-Köln; Georg Färber, München; Herbert W. Franke, BRD; Jan Grossman, Prag; Wilfried Guth, Frankfurt / M.; Peter Hartmann, Münster; Ernst Häussermann, Wien; Erich Heintel, Wien; Lothar W. Hilbert, Paris; Adolf Holl, Wien; Paul Hotz, Zürich; Andreas Hübner; Birgit Hueter, Wien; Präsident der Österreichischen Nationalbank Reinhard Kamitz, Wien; Walter Kaufmann, Princeton / N. J., USA; Heinz Kienzl, Wien; Wolfgang Kraus, Wien; Heinz Kunle, Karlsruhe; Werner Leinfellner, Wien-Basel; Fritz Leutwiler, Zürich; Martin Lindauer, Frankfurt / M.; Fritz Machlup, Princeton / N. J., USA; Stefan Machlup, Cleveland /USA; Herbert Marcuse, La Jolla / California, USA; Hans J. Mast, Zürich; Heinrich Matthies, Luxemburg; Franz Nemschak, Wien; Hans Oesch, Zürich-Basel; H. M. Peters, Tübingen; Martin Polke, Leverkusen; Hans Pollan, Washington; Jercy Pomianovski, Warschau; Allan Porter, Luzern; Robert Pourvoyeur, Antwerpen-Brüssel; Friedrich Raith, Freiburg / Breisgau; Hermann Sand, Allensbach; Oskar Fritz Schuh, Hamburg; Adam Tarn, Warschau; Staatssekretär Josef Taus, Wien; André Veinstein, Paris; Eduard Wildbolz, Zürich; Rudolf Wildenmann, Mannheim; Jindrich Zeleny, Prag; Georg Zimmer-Lehmann, Wien.

Bild rechts oben:
Der britische Außenminister
Lord Chalfont bei seinem Vortrag über die „Politik der Konflikte".

Bild oben links:
Der spätere Nationalbank-Präsident Heinz Kienzl diskutierte mit Koren, Machlup und Mc Mahon über Konjunkturpolitik.
(Photo: Salus)

Unter dem Vorsitz von Nationalbank-Präsident Reinhard Kamitz hält Fritz Machlup (Bild rechts)aus Princeton/N.J. ein Hauptreferat.

1967 INFORMATION UND KOMMUNIKATION

Arbeitsgemeinschaften: Philosophische Probleme der Kommunikation / Sprache und Automat / Hermeneutik und Information / Technische Modelle in der Biologie / Kybernetische Probleme des Bewußtseins / Probleme einer rationalen Ästhetik / Das Lernen in der kybernetischen Pädagogik / Rationalisierungstendenzen der politischen Praxis / Überbevölkerung und Bevölkerungsplanung / Soziopathologie der Massenmedien / Kommunikationsforschung und Kybernetik in der Wirtschaft / Konjunkturprognosen / Industrielle Forschung / Vergleichendes europäisches Gesellschaftsrecht / Musikalisches Theater als Zeitausdruck / Industrial Design.

Plenarveranstaltungen: Das Musiktheater Mozarts. Kybernetik und Einzelwissenschaften. - Wirtschaftsgespräch: Konjunkturprognose und Konjunkturpolitik. - Oper oder Musiktheater? - Philosophische und hermeneutische Probleme von Information und Kommunikation. - Übervölkerung und Bevölkerungsplanung. - Soziopathologie der Massenmedien. - Von der Edison-Walze zur Stereoplatte. Beispiele zur Geschichte der Schallaufzeichnung von den Anfängen bis zur Gegenwart. - Industrielle Forschung in Europa. "Einige Probleme der industriellen Forschung in Europa."

Kulturelle Veranstaltungen: *Orgelkonzert* Stefan Klinda. - *Konzert* der Camerata Academica - Mozarteum Salzburg. Leitung: Bernhard Paumgartner. - *Aufstieg und Fall der Stadt Mahagonny.* Von Bertold Brecht und Kurt Weill; gesungen, gesprochen, gespielt von Gerhard Lenssen. - *Konzert* des Wiener Bläserquintetts. Gottfried Hechtl (Flöte), Manfred Kautzky (Oboe), Alred Rosé (Klarinette), Friedrich Gabler (Horn), Karl Dvorák (Fagott). - *"Das Dreirad".* Spiel in zwei Akten von Fernando Arrabal. Österreichische Erstaufführung. Inszenierung: Paris Kosmidis. Schauspieler: Monika Pöschl, André Heller, Heinz Marecek, Maurice de Claire, Wolfgang Ainberger, Florentin Groll. - *Schallplattenstunden.*

Ausstellungen: *Industrial Design.* Zusammenstellung: Franz Hoffmann, Wien. - *Kleine Gegenüberstellung:* Rationale Ästhetik - Intuitives Empfinden. Zusammenstellung: Galerie Heide Hildebrand, Klagenfurt. - *Sibi Kanz:* Ölkreide und Lack. - *Internationale Buchausstellung.*

Mitwirkende: Adolf Adam, Linz; Karl-Otto Apel, Kiel; Peter Atteslander, Bern; Yehoshua Bar-Hillel, Jerusalem; Hans-Dieter Bastian, Bonn; Klaus Baumgärtner, Berlin-Stuttgart; Giangaleazzo Bettoni, Rom; Jean-Noel Biraben, Paris; Norbert Bischof, München; Frederick Breier, USA; H. B. Casimir, Eindhoven; Eberhard Curio, Tübingen; Fritz Diwok, Wien; Peter Dreyer, New York; Georges Luc Ferné, Paris; Helmar Frank, Berlin; Jean Frère, Brüssel; Gerhard Frey, Stuttgart; Wilfried Guth, Frankfurt / M.; Franz Hampl, Innsbruck; Erich Heintel, Wien; Michael Higatsberger, Wien; Frédéric Hummler, Blonay; Max Imdahl, Bochum; Mauricio Kagel, Köln; Heinz Kienzl, Wien; André Kirchberger, Paris; Willibald Klappacher, Wien; Alfred Klose, Wien; Staatssekretär Stephan Koren, Wien; Paul M. G. Lévy, Straßburg; Paul M. Lévy, Straßburg; Fritz Machlup, Princeton/USA; Christopher W. McMahon, London; Giacomo Manzoni, Mailand; Simon Moser, Karlsruhe; F. E. Nord, Köln; Manuel Pares i Maicas, Barcelona; Bernhard Paumgartner, Salzburg; Martin Polke, Leverkusen; Jörg Polzin, Mainz; Thomas Praehauser, Basel; Felix Pronay, Wien; H. G. Roebersen, Den Haag; Peter Schat, Amsterdam; Siegfried J. Schmidt, Karlsruhe; Gustav Rudolf Sellner, Berlin; Nicolaus Sombart, Straßburg; Karl Steinbuch, Karlsruhe; Gerolf Strohmeier, Reutte / Tirol; Hans-Heinz Stuckenschmidt, Berlin; Herbert Stussig, Köln; Josef Taus, Wien; Jacques de Villeneuve, Paris; Adolf F. Vukovich, Münster; Wolfgang Wieser, Innsbruck; Leonard A. Wiseman, Manchester; Heinz Zemanek, Wien; Georg Zimmer-Lehmann, Wien.

*Der Mannheimer Philosoph
Hans Albert
mit dem Psychologen
Norbert Bischof (München)
im Gespräch über die Plenar-
veranstaltung „Kybernetik und
Einzelwissenschaften".
(Photo: Pfaundler)*

1968 MACHT - RECHT - MORAL

Arbeitsgemeinschaften: Ideologie und Ideologiekritik / Recht und Gerechtigkeit / Das Problem der Macht: Machiavelli und Max Weber / Säkularisierte und christliche Moral / Populorum Progressio / Menschenrechte / Machtpolitik und internationale Ordnung / Die Opposition gegen das Establishment: Studentische Kritik an den Gesellschaftsmächten / Urheberrecht / Das Instrumentarium der Notenbankpolitik / Mittelfristige Wirtschaftsprogrammierung - Chance oder Chimäre? / Programmierte Instruktion / Kunstmarkt und Kunstkritik / Macht und Moral im Drama / Die Avantgarde und die alte Musik / Der Dolmetscher und das Dolmetschen.

Plenarveranstaltungen: Einführung in das Thema "Macht, Recht, Moral". Referate: Simon Moser, Karlsruhe; Kurt Sontheimer, Berlin. - Die politische Karikatur. Round-table-Gespräch: Fritz Behrendt, Amstelveen; Willfried Gredler, Straßburg; Ernst Maria Lang, München; Gustav Peichl, Wien. - Zeitgenössische tschechische Literatur. Round-table-Gespräch: Milan Kundera, Brünn; Antonin J. Liehm, Prag; Josef Nesvadba, Prag; Jiri Starek, Prag. - Rechte und Pflichten gegenüber der Entwicklung in der Sicht von "Populorum Progressio". Vortrag: R. P. Henri de Riedmatten. - Einzelhandlung und Gesamtordnung. Vortrag: Friedrich A. von Hayek, Freiburg / Breisgau. - Zwischen Café Zentral und Café Hawelka. Lesung: André Heller, Wien. - Macht und Verantwortung der biologischen Forschung. Vortrag: Friedrich Cramer, Göttingen. - Das Verhältnis von Moral und Ideologie in der modernen Gesellschaft. Referate: Horst Baier, Dortmund; Ernst Bloch, Tübingen; Kurt Lenk, Erlangen; Johannes Baptist Metz, Münster. - *Wirtschaftsgespräch:* Schutz privater Investitionen im Ausland. Vorsitz und Einleitungsreferat: Eberhard Reinhardt, Zürich-Genf. Politische Kommission: Vorsitzender Außenminister a. D. Dirk U. Stikker, Niederlande. Berichterstatter: Pierre Piffault, Neuilly / Seine. Finanzpolitische Kommission: Vorsitzender: Wilfried Guth, Frankfurt / M. Berichterstatter: Georg Zimmer-Lehmann, Wien. - Unrecht und Ohnmacht in der Musik. Vortrag: Jörg Polzin, Mainz.

Kulturelle Veranstaltungen: *Klavierkonzert* Alfred Brendel. - *Ensemble "Musica da Camera".* Leitung:René Clemencic, Wien. - *Ballettabend:* Höfische Tänze des Barock. Musik: Johann Pezel. Choreographie: Eva Campianu. Musikalische Leitung: Karl Randolf. - *Alpbacher Tanzserenade* "Glück, Tod und Traum". Musik: Gottfried von Einem, Wien. Text: Peter Bamm. - *Hörstunden.* Wiedergabe von Schallplatten und Tonbandaufnahmen. Auswahl: Jörg Polzin, Mainz.

Ausstellungen: *Zeitgenössische politische Karikaturisten.* Zeichnungen von Fritz Behrendt, Michael Cummings, Paul Flora, Wolfgang Hicks, Ironimus, Erich Sokol u. a. Zusammenstellung: Walter Kasten, Linz; Gustav Peichl, Wien. - *Internationale visuelle Poesie:* Beiträge von Friedrich Achleitner, Max Bense, Eugen Gomringer, Ernst Jandl, Franz Mon, Gerhard Rühm u. a. Zusammenstellung: Siegfried J. Schmidt, Karlsruhe; Peter Weiermair, Innsbruck. - *Internationale Buchausstellung.*

Mitwirkende: Außenminister Lord Chalfont, London; Lars Clausen, Dortmund; Carl Dahlhaus, Berlin; Robert Dittrich, Wien; Guido R. Enk, Rom; Frieda Goldman Eisler, London; Helmar Frank, Berlin; Jürgen Frese, Bochum; Antonia Grunenberg, Frankfurt / M.; Friedrich W. Heckmanns, Münster; Werner Hofmann, Wien; Walter Kasten, Linz; Walter Kaufmann, USA; Andreas Khol, Wien; Horst Knapp, Wien; Milos Lansky, Prag; René Marcic, Salzburg; Wolfgang Mommsen, Düsseldorf; Friedrich Nowakowski, Innsbruck; A. B. McNulty, Straßburg; Felix Prónay, Wien; Davik E. Reinert, Brüssel; Franz Schwind, Wien; R. P. Andor Sigmond, Paris; George Steiner, London; Ralph A. Young, Washington, D.C.; Karl Zemanek, Wien.

v.l.n.r.:
Walter Huppert, der holländische Sozialistenführer Alfred Mozer und Friedrich Torberg bei einer nächtlichen Diskussion.
(Photo: Pfaundler)

Fritz Czerwenka und Simon Moser (v.l.n.r.) während einer der vielen Freiluftdebatten. *(Photo: Pfaundler)*

Bild links:
Burgschauspielerin Annemarie Düringer

Bild rechts:
Maria Szecsi las den Teilnehmern eines Seminars über „Außerparlamentarische Opposition“ die Leviten und sprach einer solchen Opposition in der Demokratie jedwede ideologische Berechtigung ab. (vgl. S. 29)

Bild unten:
Schlußfest 1968
v.l.n.r.: Johannes Kaiser, Miriam Prosek, Beate Kienzl, Peter Marboe, Monika Färber
(Photos: Salus)

1969 ZUKUNFT: VISION - FORSCHUNG - PLANUNG

Arbeitsgemeinschaften: Langfristige Planung - allgemeiner Denkrahmen, methodologische Ansätze und institutionelle Aspekte / Wissenschaftstheorie und Zukunftsforschung / Geschichte, Utopie und Prophezeiung / Erziehungsziele und pädagogische Planung / Forschungszukunft und Hochschulreform / Die zukünftige Entwicklung von Naturwissenschaft und Technik / Die Veränderbarkeit des Menschen / Regionale Wirtschaftsentwicklung und Regionalpolitik / Urbanismus: Raumordnung und Raumplanung / Die Zukunft der parlamentarischen Demokratie / Die Verfassung des demokratischen Rechtsstaates und die Erfordernisse des pluralistischen Wirtschafts- und Sozialstaates / Die Zukunft der internationalen Währungsordnung / Management / Computer: Concepts - Chances - Challenges. Möglichkeiten des Computereinsatzes / Praxis der Lehrprogrammierung / Die Funktion des Theaters in der technisierten Gesellschaft / Mahlers Symphonien und die Musik der Zukunft.

Plenarveranstaltungen: Einführung in das Generalthema / Die Dynamik der Forschung und die Zukunft der Universität / Die künftigen Organisationsformen der "Education permanente" / Zukünftige Erziehungsziele / Die Zukunft des Buches / Die Manipulierung des Menschen / Raumordnung und Raumplanung / 25 Jahre Europäisches Forum Alpbach / Das Europäische Forum Alpbach - Vorschau auf 1970.

Sonderveranstaltungen: *Wirtschaftsgespräch:* "Zukunftsaspekte der europäischen Wirtschaft". *Vorträge:* Die Zielsetzungen der Alpbacher Wirtschaftsgespräche / Die Zusammenarbeit von Industrie und Banken bei der Finanzierung des Exports von Investitionsgütern. *Kommissionen:* Industriepolitik, Kreditpolitik, Regionalpolitik, Währungspolitik. *Symposium:* "Die gemeinsame Verantwortung der Industrieländer für die Lösung von Weltproblemen der Zukunft".

Kulturelle Veranstaltungen: *Klavierabend* Otto M. Zykan. - *Liederabend* Maria Stader. Klavier: Wolfgang Gabriel. Violine: Eduard Melkus. - *Konzert* des Kammerensembles der Capella Academica. Leitung: Eduard Melkus. - *Cellokonzert* Florian Kitt. - *Theaterabend:* "Der Gaulschreck im Rosennetz" von Fritz von Herzmanovsky-Orlando. Bearbeitet und in Szene gesetzt von Herbert Lederer. - *Hörstunden.* Wiedergabe von Bandaufnahmen.

Ausstellungen: *Photoausstellung:* 25 Jahre Europäisches Forum Alpbach. - Fritz von Herzmanovsky-Orlando: Zeichnungen. - *Internationale Buchausstellung.*

Mitwirkende: Peter Atteslander, Bern; Helmut Baitsch, Freiburg / Breisgau; Detlev W. Bronk, New York; Margret Dietrich, Wien; Klaus Eberlein, Stuttgart; Gunther Eigler, Mannheim; Theodor Einsele, München; Maximilian Fink, Wien; Stewart E. Fliege, Washington, D.C.; Francois Fontaine, Paris; Klaus Gottstein, München; Giselher Guttmann, Wien; Wilhelm Hagemann, Wien; Edgar Heimbach, München; Marian Heitger, Wien; Erich Jantsch, Washington, D.C.; Herbert Jocher, Straßburg; Bertrand de Jouvenel, Paris; Robert Jungk, Salzburg, Walter Kasten, Linz; Alexander King, Paris; Helmut Klages, Berlin; Bundeskanzler Josef Klaus, Wien; Justizminister Hans Klecatsky, Wien; Horst Koller, Erlangen; Herbert Kraus, Graz; Maurice Lamontagne, Ottawa; Adolf Lanzdorf, Wien; Karl Leitner, Wien; Hans Lenk, Karlsruhe; Christian Loesch, Wien; Fritz Machlup, New Jersey, USA; Werner Maihofer, Saarbrücken; Jakob Maurer, Zürich; Pierre-Louis Morin, Paris; Simon Moser, Karlsruhe; Monika Nickerl, Wien; Adolf Nußbaumer, Wien; Hasan Ozbekhan, Denver; Jean-Luc Parodi, Paris; Aurelio Peccei, Rom; Peter Pernthaler, Innsbruck; Jörg Polzin, Mainz; Hans Rumpf, Karlsruhe; Gerhard Sauter, Mainz; Wilfried Schneider, Wien; Walter Schöler, Wien; Ernst Schulin, Berlin; Karl Steinbuch, Karlsruhe; Gert Stemberger, Wien; Rudolf Stephan, Berlin; Gerhard Tulodziecki, Aachen; C. H. Waddington, Edinburgh; Otto Wolff von Amerongen, Köln; Arthur Zobrist, Luzern.

Willfried Gredler (links stehend) begrüßt Liliane und Gaston Thorn

Bild links: Dolmetscherin Gusti Schmidt - Neider blickt entschlossen in die Zukunft.

Bild unten: Der Zukunftsforscher Prof. Robert Jungk („Die Zukunft hat schon begonnen“, „Heller als tausend Sonnen“) kommt erstmals zum Forum nach Alpbach. (Photos: Mosing)

1970 - 1980
Wechselseitige Duldung: Demokratischer Sozialismus im Westen, Realer Sozialismus im Osten.

Das dem Individuum und seinen Freiheiten nach wie vor feindliche System des Ostens war jedoch in der Verwendung seiner Macht subtiler geworden. Man konnte mit seinen Vertretern eher verhandeln als mit Stalins Henkern. Der Konfrontation müde geworden, unter den Lasten von Rüstungsausgaben und dem immer kostspieliger werdenden Vietnamkrieg stöhnend, begann eine Politik der vorsichtigen Öffnung gegenüber dem Osten die Politik der 'Eindämmung' in den Regierungen und Staatskanzleien zu ersetzen.

Besonders die Bundesrepublik Deutschland stand unter dem ständigen Druck, etwas zur Verbesserung des Loses der Brüder und Schwestern in der DDR unternehmen zu müssen. So begab sich der im Oktober 1969 gewählte sozialdemokratische Bundeskanzler Brandt auf den Weg der Zurkenntnisnahme der "Realitäten", der Anerkennung des (sogenannten) realen Sozialismus, der durch Krieg und Aufteilung geschaffenen Grenzen im Osten und schließlich der Anerkennung eines zweiten deutschen Staates, der Deutschen Demokratischen Republik. Dies allerdings erst, als mit der Annahme (1971) des sowjetischen Vorschlages zur Abhaltung einer Konferenz für Sicherheit und Zusammenarbeit in Europa der gesamte westliche Block auf diese Linie eingeschwenkt war und vom Osten im sogenannten Korb III auch gewisse Konzessionen in Richtung Freiheit für die Völker des Ostens wenigstens äußerlich zugestanden worden waren.

Ein Thema, das die junge Generation des Westens beschäftigte, entwickelte sich in der Folge zu einer dauernden Bewegung: der Schutz von Natur und Landschaft, die einem extremen technischen Machbarkeitswahn zu erliegen drohten. Den politischen Farben Schwarz, Rot und Blau gesellte sich von nun an eine neue, Grün, hinzu.

Durch die siegreiche Beendigung des Zweiten Weltkrieges waren die USA zur unbestritten ersten Großmacht der Welt geworden. Die gegen die Sowjetunion und das kommunistisch gewordene China errichteten Dämme hatten gehalten, denn in der Kubakrise von 1961 mußte Chrustschow den Rückzug antreten und durch den Koreakrieg sowie den nie erklärten Krieg in Vietnam konnte der Vormarsch des Kommunismus auf das umstrittene Gebiet eingeschränkt werden. Doch nun waren offenbar die mobilisierbaren Kräfte in den USA aufgebraucht, das Volk wollte nicht mehr, daß die Söhne auf fremdem Boden ihr Leben für als fremd empfundene Interessen lassen sollten, und die Jugend revoltierte. Vom eigenen Kongreß in Stich gelassen, mußte die Armee in Vietnam einen schimpflichen Rückzug antreten. (Im demokratischen Schweden führte der Ministerpräsident Olof Palme eine antiamerikanische Demonstration an.)

In Washington mußte Präsident Richard Nixon, von der Watergate-Affäre schwer gedemütigt, demissionieren. Auf das kurze Zwischenspiel des ersten nicht vom Volke gewählten Präsidenten Gerald Ford folgte ein glückloser Jimmy Carter, während dessen Amtszeit der Eindruck entstehen konnte, daß rund um die Welt die Fahne dieser Supermacht von aufgebrachten Volksmassen ungestraft mit Füßen getreten und ihre diplomatischen Vertreter (wie im Iran des Ayatollah Khomeini) mit dem Leben bedroht und in ihrer Botschaft eingesperrt werden konnten. In den Vereinten Nationen waren nach dem zu selbständigen Dag Hammarskjöld den Großmächten gefügigere Generalsekretäre (U Thant und Waldheim) eingesetzt worden; bei Abstimmungen sahen sich die USA trotzdem häufig mit ihren engsten Verbündeten Israel und einigen NATO-Staaten in Isolation.

Europa widmete sich in diesen Jahren vorwiegend sich selbst. Viele alte Tabus fielen, die Befreiung des Einzelnen von institutionellen Beschränkungen und gesellschaftlichen wie moralischen Bindungen war das wichtigste Ziel. Die wirtschaftliche Integration nahm in weniger spektakulärer Weise ihren Fortschritt, seitdem Großbritannien, Irland und Dänemark dem Gemeinsamen Markt beigetreten waren. Die von den USA als Kriegsfinanzierungsquelle ausgegangene Inflation drohte nun auch Europa zu verschlingen. Es waren die Jahre, als Bruno Kreisky eine Schuldenmilliarde einigen tausend Arbeitslosen vorzog. Sie führten schließlich zu einem Zustand sogenannter Stagflation, nämlich steigender Arbeitslosigkeit bei steigender Inflation. Der wirtschaftliche Absturz wurde vermieden, als Willy Brandt wegen eines ihm von der DDR eingesetzten Spions die Bundeskanzlerschaft im Lande der europäischen Leitwährung abgeben mußte und ihm mit Helmut Schmidt ein realistisch und wirtschaftlich denkender Kanzler nachfolgte. Ein großer Erfolg für das demokratisch gesinnte Europa war die Rückführung Griechenlands nach dem Intermezzo der Obristenherrschaft und die Überführung Spaniens und Portugals in die Demokratie nach Jahrzehnten der Diktatur.

Unterdessen schien die Sowjetunion mit ihren Satellitenstaaten und ihrem beträchtlichen Einfluß in der Dritten Welt, der nun sogar in Lateinamerika eine Zunahme des Marxismus zur Folge hatte, am Höhepunkt ihrer Macht angelangt zu sein. Als Lieferant von Waffen, subversiven Techniken und revolutionären Ideen versetzte sie den Westen immer mehr unter Druck, einen Westen, dessen Verteidigungsbereitschaft auch durch Protestbewegungen von innen her geschwächt wurde.

Einen letzten großen Triumph feierte die Sowjetunion in Helsinki, als 1975 mit Ausnahme Albaniens alle europäischen Staaten, die USA und Kanada die Schlußakte der KSZE unterzeichneten. Sie erhielt nun, was sie durch mehr als zwei Jahrzehnte gefordert und betrieben hatte: die Anerkennung jenes Besitzstandes durch den Westen, den sie 1945 und in den Jahren danach mit Gewalt und List erkämpft hatte. Aber gerade damit begann für sie eine Zeitbombe zu ticken: der Widerstand im Inneren von seiten jener, die die im Korb III enthaltenen hehren Grundsätze der individuellen Freiheit ernst nahmen. Gleichzeitig wurden die Inhaber der Macht, die sogenannte Nomenklatura, zunehmend älter, kraftloser und jeder Veränderung abgeneigt. Das Wirtschaftssystem war den Anforderungen neuer Techniken und höherer Konsumentenwünsche nicht gewachsen. Während die Wirtschaft stagnierte, wurde der Unterschied zum zunehmend wohlhabenderen Westen immer größer. Transistorradios, Fernsehen und die allgemein vergrößerte Mobilität brachten westliches Gedankengut, Jazz und Bluejeans bis in die letzten Winkel des roten Machtbereiches. In Asien waren die beiden größten kommunistischen Mächte und ihre Satelliten zu den erbittertsten Gegnern geworden. In der Dritten Welt begannen auch sozialistische Staaten sich von der Gängelung durch die Zentrale des Weltkommunismus in Moskau freizumachen. Mit der Intervention in die internen Auseinandersetzungen in Afghanistan begann nun auch in der UdSSR jener Prozeß der Schwächung und Erniedrigung, den die USA eine Dekade zuvor erlebt hatten.

(h.p.h.)

1970 OHNE GENERALTHEMA

Arbeitsgemeinschaften: Forschungskolloquium "Philosophie und Gesellschaft" / Die politische Bewertung der Vereinten Nationen aus der Sicht der europäischen Staaten, insbesondere der Neutralen / Bildungsplanung in Entwicklungsländern / Der Zeitbegriff in der modernen Ethik / Schönberg und das Neue in der Musik / Monetäres Seminar.

Symposium I: *Integrale Informationssysteme in der modernen Gesellschaft.* Informatik, ein Schlüsselbegriff unserer Zukunft / Das Konzept einer österreichischen Verwaltungsakademie / Rechtsinformatik (Elektronische Datenverarbeitung und Recht) / Management - Informationssysteme - eine Herausforderung an die wissenschaftliche Forschung / Mensch-Maschine-Kommunikationssysteme in der Wirtschaft / Zukunft der Organisationsberufe / Bildungsinformatik und Unterrichtswissenschaft / Aspekte und Probleme der Bildungsinformatik.

Symposium II (Wirtschaftsgespräch): *Die internationale Währungsordnung der Siebzigerjahre.* Die Ursachen der derzeitigen Währungsdiskussion / Der Bericht des Internationalen Währungsfonds und die EWG / Argumente zur Wechselkurspolitik / Wechselkurspolitik - ein Standpunkt der österreichischen Wirtschaft / Aktuelle Fragen der Wirtschaftspolitik.

Symposium II: *Management Development.* Management Development, eine Herausforderung für multinationale Unternehmen / Die Hochschulen in der Herausforderung durch die Wirtschaft in Gegenwart und Zukunft / Die Weiterbildung von Führungskräften als Bestandteil einer fortschrittlichen Personal- und Unternehmenspolitik / Moderne Lehrmethoden und ihr zweckmäßiger Einsatz im Management Development / Die Bedeutung der Lehrmaschinen für die Rationalisierung der betrieblichen Ausbildung / Die Anforderungen der Wirtschaft an ein österreichisches Management Development-Konzept / Strukturwandlungen der Umwelt des Unternehmens und ihre Konsequenzen für das Management Development / Erarbeitung von Vorschlägen für ein österreichisches Management Development-Konzept / Unternehmensführung in den nächsten 20 Jahren.

Kulturelle Veranstaltungen:
Konzert des "Ensemble ´70", Wiesbaden. Leitung: Wilfried Weber. - *Klavierkonzert* Eckart Besch, Hamburg. - *Konzert* des Trios Dreyfus - Melkus - Vogt. Huguette Dreyfus, Paris (Hammerflügel); Eduard Melkus, Wien (Violine alter Mensur); Elisabeth M. Vogt, Wien (Violoncello alter Mensur). - *Hörstunden.* Wiedergabe von Bandaufnahmen. - *Theater am Belvedere,* Wien: "Simson fällt durch Jahrtausende", ein dramatisches Geschehen in vierzehn Bildern von Nelly Sachs. - *Filmvorführung:* "Die fliegenden Ärzte von Ostafrika - Schwierigkeiten bei medizinischer Entwicklungshilfe." Regie: Werner Herzog; Kamera: Thomas Mauch.

Mitwirkende: Adolf Adam, Linz; Hans Albert, Mannheim; Johannes Bidlingmaier, Graz; Gerhart Bruckmann, Wien; Theodor Bautz, Rotterdam; James Josef Dalton, Bangkok; Maximilian Fink, Wien; Helmar Frank, Berlin; Georges Goriély, Brüssel; Botschafter Wilfried Gredler, Staßburg; Erwin Grochla, Köln; Adolf Gröger, Wien; Hans Igler, Wien; Otto Keimel, Innsbruck; Nathan Kravetz, Paris; Ernest Kulhavy, Linz-Wien; Milos Lánsky, Linz; Karl Leitner, Wien; Hans Lenk, Karlsruhe; Richard Lehrner, Wien; Erich Loitlsberger, Wien; Peter Mertens, Linz; Simon Moser, Karlsruhe; Fritz Neeb, Wien; Ulf Niederwemmer, Karlsruhe; Gottfried Nüchtern, Linz; Hans Oesch, Basel; Ernst Oldemeyer, Karlsruhe; Gerhard E. Ortner, Wien; Rinaldo Ossola, Rom; Margarete Ottillinger, Wien; Jörg Polzin, Mainz; Felix Prónay, Wien; Hermann Reischitz, Wien; Kurt Richebächer, Frankfurt/M.; Kurt Rischka, Wien; John Sannes, Oslo; Guido N. Schmidt-Chiari, Wien; Nationalbank-Präsident Wolfgang Schmitz, Wien; Walter Schöler, Wien; Engelbert Schragl, Wien; Rudolf Seidl, Wien; Wolfgang von Seifert, Wien; Leonore Semler, München; Helmut Spinner, Mannheim; Wilhelm Steinmüller, Regensburg; Gerhard Stemberger, Wien; Walter Thurner, Köln; Heinrich Treichl, Wien; Tamás Ungvari, Budapest; Luzius Wildhaber, Basel-Bern; Otto Wolff von Amerongen, Köln; Rupert Zimmermann, Wien.

Bild unten:
Präsident Felix Pronay (links) und Bürgermeister Alfons Moser eröffnen das Forum Alpbach 1970. Es war die einzige der 50 Veranstaltungen, die wegen Meinungsverschiedenheiten „programmatischer Art" ohne Generalthema abgehalten wurde.

Bild rechts:
Otto Wolff von Amerongen (Mitte), Präsident des Deutschen Industrie- und Handelstages.

1971 WISSENSCHAFT - GESELLSCHAFT - POLITIK

Arbeitsgemeinschaften: Wissenschaftliche Politikberatung / Wissenschaftsplanung / Gesellschaft und Politik / Individuelle Kreativität und ihre gesellschaftlichen Voraussetzungen / Gesellschaft und Technik / Geschichtswissenschaft und Politik / Moral und Gesellschaft / Kirchen und Revolution / Neue Linke - Neuer Föderalismus / Radikalismus, Bildung und Gesellschaft / Politik in der Literatur - Literatur in der Politik / Über einige Versuche, der Musik gesellschaftliche Relevanz zu verleihen / Inflationstendenzen und Stabilisierungsprogramme.

Plenarveranstaltungen: Gesellschaft und Außenpolitik / Einführung in das Generalthema / Europäische Außenpolitik in den siebziger Jahren des 20. Jahrhunderts / Wissenschaftspolitik und Wissenschaftsplanung / Politik in der Literatur - Literatur in der Politik / Die Problematik des Radikalismus in den USA / Gesellschaft und Politik / Geschichtswissenschaft und Politik / Wie sich die Bilder gleichen - Die Wiederkehr des "Jungen Deutschland" im 20. Jahrhundert.

Europäische Gespräche: *Kunstgespräch:* "Kunst und Gesellschaft". - *Wirtschaftsgespräch:* "Aktuelle internationale Währungsprobleme. Das wichtigste Gegenwartsproblem - die schleichende Geldentwertung / Inflation und Versicherung / Weltweit Inflation: Unverstand, Schicksal, böser Wille? Der Dollar und die europäische Währungsintegration / Freiheit oder Kontrolle der internationalen Kapitalbewegungen. - *Politisches Gespräch:* "Wohin geht Europa politisch?"

Kulturelle Veranstaltungen: *Konzert:* "Johann Sebastian Bach und seine Söhne". Ausführende: Die Freiburger Barocksolisten. Leitung: Günter Theis. - *Filmvorführung:* "Ludwig van" von Mauricio Kagel. - *Fastnachtsspiele* von Hans Sachs. Freilichtaufführungen des Ensembles "Die Tournee", Wien. - *Orgelkonzert* Peter Planyavsky. - *Konzert* österreichischer Kammermusik. Ausführende: Das Schulz Quartett. - *Cembalokonzert* Silvia Kind. - *"Kafka in der Gegenwart".* Film "Auf der Suche nach ´K`" von Stefan Maluschek und Peter Kölsch. - *Kammerkonzert* alter und neuer Musik. Ausführende: Karl Heinz Böttner (Laute und Gitarre), Jean-Pierre Mathez (Trompete). - *Hörstunden.* Wiedergabe von Schallplatten und Tonbandaufnahmen.

Ausstellungen: *Bühnengestaltungen von Fritz Wotruba.* Zeichnungen, Aquarelle, Photomontagen, Plastiken. - *Buchausstellung:* Gesellschaft und Politik im Spiegelbild von Neuerscheinungen deutschsprachiger Verlage.

Mitwirkende: Finanzminister Hannes Androsch, Wien; F. E. Aschinger, Zürich; Alexander Auer, Moskau-Wien; Hans-Jürgen Benedict, Bochum; Jean Bloch-Michel, Paris; Dieter Bökemann, Wien; Francois Bondy, Zürich; Emerich Coreth, Innsbruck; Jürgen Domes, Berlin; Gottfried von Einem, Wien; Herbert Eisenreich, Wien; Otmar Emminger, Frankfurt / M.; Felix Ermacora, Wien; Hervé Fischer, Paris; Heiner Flohr, Neuss; Georg Fürstenberg, Wien; Unterrichtsminister Leopold Gratz, Wien; Friedrich Heer, Wien; Guy Héraud, Straßburg; Ulrich Hermann, Tübingen; Hermann Heuser, Aachen; Außenminister Rudolf Kirchschläger, Wien; Arthur Koestler, London; Minister a. D. Stephan Koren, Wien; Siegwart Lindenberg, USA; Klaus Lompe, Braunschweig; Fritz Markwitz, Tübingen; Otto Mauer, Wien; Manfred Mautner Markhof sen., Wien; Fritz P. Molden, Wien; Otto Molden, Wien; Wolfgang Mommsen, Düsseldorf; Simon Moser, Karlsruhe; Helga de la Motte, Berlin; Wolf-Dieter Narr, Berlin; Ulf Niederwemmer, Karlsruhe; Oswald Oberhuber, Wien; Ernst Oldemeyer, Karlsruhe; Jörg Polzin, Mainz; Rudolf R. Rhomberg, Washington; Günter Ropohl, Karlsruhe; Hans Rumpf, Karlsruhe; Nationalbank-Präsident Wolfgang Schmitz, Wien; Günter Schmölders, Köln; Egon Seefehlner, Berlin; Gustav R. Sellner, Berlin; Dieter Seibel, USA; Nicolaus Sombart, Straßburg; Manès Sperber, Paris; Rudolf Stephan, Berlin; Jan Stehl, Frankfurt / M.; Wolfgang Strasser, München; Michael Sukale, USA; Sybille Sukale, USA; Hans Urbanski, Wien; M. Van der Burs, Leiden; Rudolf Vierhaus, Bochum; Landeshauptmann Eduard Wallnöfer, Innsbruck; Franz Willnauer, Freiburg / Br.; Fritz Wotruba, Wien; Georg Zimmer-Lehmann, Wien.

An heißen Tagen des Sommers 1971 zogen die Arbeitskreise hoch hinauf in die Bergwiesen, weit über dem Dorf. Im Hintergrund die zum Widersbergerhorn hinaufführenden Hänge, die in der Wintersaison den Kern der Alpbach-Skipisten-Struktur darstellen.

Nach zehnjähriger Abwesenheit kehrt Otto Molden 1971 als Präsident wieder nach Alpbach zurück und begrüßt seinen Freund, den Original-Alpbacher und College-Statthalter, Koni Moser. Dieser hütete ganzjährig das Paula von Preradović- Haus und etablierte Alpbach in der weiten Welt als Fremden-verkehrszentrum.

1972 KRISE DER STÄDTISCHEN GESELLSCHAFT

Arbeitsgemeinschaften: *Verhalten in der Stadt.* Leistung und Lust: Motivationen des individuellen Verhaltens in der Stadt / Markt und Macht. Herrschaft in der Stadt und durch die Stadt / Städtische Baustrukturen als Verhaltensdeterminanten / Provinzialismus versus Urbanismus. Ideologisierung städtischer und ländlicher Lebensformen. - *Sachzwang und Entscheidungsspielraum.* Stadt als System in einem System von Städten / Gemachte Landschaft - das Ökologieproblem / Infrastruktur und Versorgung / Führungsstrukturen und Entscheidungskontrollen. - *Ort sozialer Konflikte.* Auflösung überlieferter Bindungen? Jugend, Familie, Alter / Getto. Diskriminierung infolge von Klassen-, Rassen-, Sprach- und Religionszugehörigkeit / Unterentwicklung durch Verstädterung? Auswirkungen wachstumsorientierter Wirtschaftspolitik auf die Regionalstruktur. - *Kreativität der Stadt.* Kunst durch Architektur - multimediale Kunst - Environment / Städtische Kulturpolitik und Kulturarbeit am Wendepunkt. - *Wirtschaftspolitisches Seminar: Die europäische Währungsordnung.*

Plenarveranstaltungen: Hearing-Diskussionen zu den Themen: Stadt als Ideologieprodukt / Stadtentwicklungspolitik womit? / Wie öffentlich kann Stadtplanung sein? - Vorträge und Referate: Kleine philosophische Einführung in das Generalthema / Stadt wohin? / Stadt - Symbol - Gesellschaft / Architektur und Utopie / Von der Stadtplanung zur Raumplanung.

Europäische Gespräche: *Internationales Bürgermeistergespräch.* Konfrontation: Theorie - Praxis. - *Wirtschaftsgespräch:* Welthandel und Währungsordnung. Blockbildung, Isolationismus, Integration. 1. Vorträge: Bruno Kreisky: "Betrachtungen eines Österreichers zur europäischen Integration". Gaston Thorn: "Die EWG zwischen den USA und der Sowjetunion". Hannes Androsch: "Währungspolitik 1973 - Rückkehr zu rationalen monetären Rahmenbedingungen?" 2. Arbeitskreise: Die monetäre Integration der EWG und ihre Auswirkungen auf das Weltwährungssystem / Die Rolle der USA im Welthandel und die zukünftige Stellung des Dollar.

Kulturelle Veranstaltungen: *Konzert* des "Gaudeamus Quartett". - Orgelkonzert Peter Planyavsky. - Konzert des "Ensemble 70". - Ausflugsfahrt nach Schwaz, Tirol. Kulturhistorische Führung durch das Kloster. - Hörstunden. Wiedergabe von Schallplatten und Tonbandaufnahmen.

Ausstellungen: PROFITOPOLIS oder: Der Mensch braucht eine andere Stadt. - Stadtentwicklungsdokumentation München.

Mitwirkende: Detlef Affeld, Bonn;Finanzminister Hannes Androsch, Wien; Bürgermeister Aldo Aniasi, Mailand; Christian Bauer, Wien; H. P. Bernard, Paris; Wolfgang Blaas, Wien; Ernst Bloch, Tübingen; Hans Bobek, Wien; Dieter Bökemann, Wien; Maurice Broady, England; Russel J. Clark, London; Adolf Darlap, Innsbruck; André-Clément Decouflé, Paris; Bürgermeister Hubert Dubedout, Grenoble; Bürgermeister Christian Fahrenholtz, Stuttgart; Wissenschaftsminister Hertha Firnberg, Wien; Hervé Fischer, Paris; Bürgermeister Colette Flesch, Luxemburg; Karl Ganser, Bonn; Dietrich Garbrecht, Basel; L. Hartmann, Karlsruhe; David Harvey, USA; Claus Heidemann, Braunschweig; Klaus Heinemann, Trier; Friso D. Heyt, Amsterdam; Erich Hödl, Darmstadt; Jörn Janssen, Düsseldorf; Emrys Jones, London; Edith Kitzmantel, Wien; Bundeskanzler Bruno Kreisky, Wien; Eva Kreisky, Wien; Henrik Kreutz, Wien; Bernhard Leitner, New York; Hans Linde, Karlsruhe; Bürgermeister Alois Lugger, Innsbruck; Lina Marsoni, Mailand; Egon Matzner, Wien; Johann Millendorfer, Wien; H. A. Misset, Niederlande; Otto Molden, Wien; Simon Moser, Karlsruhe; E. Nyman, Schweden; Peter Oppenheimer, Oxford; Rinaldo Ossola, Rom; Jean H. Paelinck, Rotterdam; Hubert Pfoch, Wien; Bürgermeister Giovanni Porcellana, Turin; Bürgermeister Gustav Scherbaum, Graz; Burghart Schmidt, Kassel; Nationalbank-Präsident Wolfgang Schmitz, Wien; Olaf Schwencke, BRD; Otto Schwenda, Wien; Gerhard Silberbauer, Wien; Bürgermeister Felix Slavik, Wien; Alfons Spielhoff, Dortmund; Kurt Stapf, Marburg / Lahn; Außenminister Gaston Thorn, Luxemburg; Walter Toman, Erlangen; Ottokar Uhl, Wien; Staatssekretär Eugen Veselsky, Wien; Bürgermeister Hans-Jochen Vogel, München; Landeshauptmann Eduard Wallnöfer, Innsbruck; Georg Zimmer-Lehmann, Wien.

Bild gegenüberliegende Seite, v.l.n.r.:
Bundeskanzler Bruno Kreisky
unterhält sich auch mit politischen Gegnern
wie FPÖ-Abgeordneten Wilfried Gredler,
dem langjährigen Sekretär seines Vorgängers Josef Klaus,
Fritz Hoess,und dem
Fürsten Carl zu Schwarzenberg,
Herzog von Krumau, locker und angeregt.
(Photo: Pfaundler)

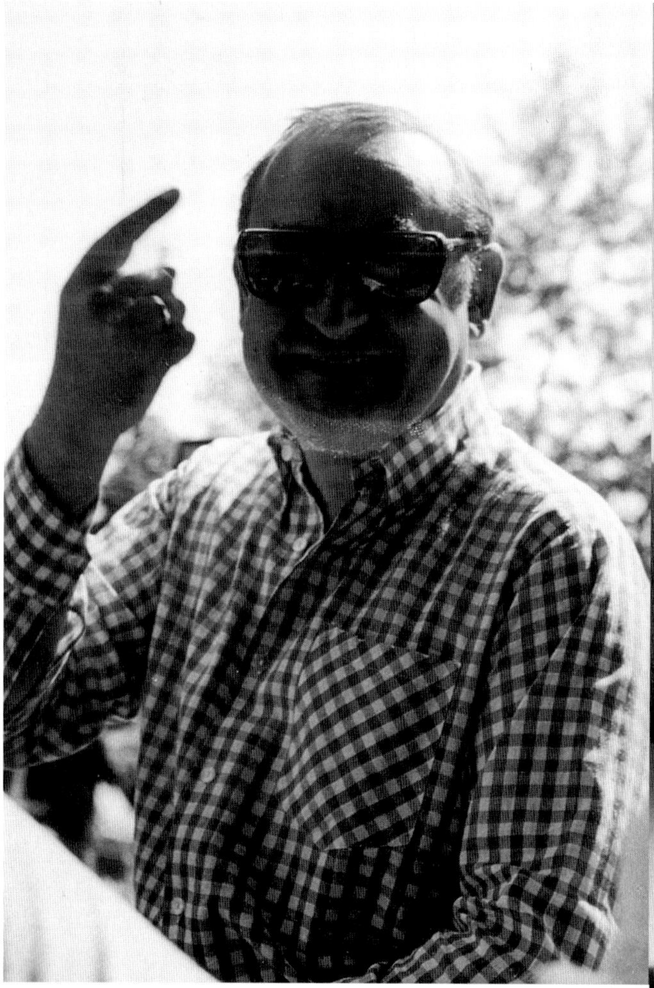

Bild oben:
Architekt und Karikaturist Gustav Peichl warnt jedermann vor seiner scharfen Feder. Peichl hat mehrfach in Alpbach ausgestellt.
(Photo: Pfaundler)

Bild rechts oben:
Alfred Payrleitner, Alpbach-Fan seit frühen Tagen,. bleibt dem Forum auch nach seinem Wechsel zum ORF treu.
(Photo: Pfaundler)

Bild rechts unten:
E. W. Nußbaum (links), Wirtschaftschef der „Presse“, Wien und Klaus Emmerich, damals ORF - Korrespondent in Rom.
(Photo: Pfaundler)

Bild oben rechts: Arbeitskreise tagen oft unter freiem Himmel.

Bild oben links: Wissenschaftsministerin Hertha Firnberg hat mit Ernst Bloch offenbar vieles zu erörtern.

Burgtheater-Direktor Ernst Haeussermann wischt sich, bedrängt von den College-Damen Hannerl Molden (links) und Maria Pronay (rechts), den Schweiß von der Stirn.

1973 FORSCHUNG UND BILDUNG IN DER INDUSTRIELLEN GESELLSCHAFT

Arbeitsgemeinschaften: *Struktur und Entwicklung der Wissenschaft.* Erkenntnisprogramme und Wissenswachstum / Organisatorische und institutionelle Bedingungen des Erkenntnisfortschritts / Motivationsprobleme von Forschen und Lernen / Erziehungsziele und Bildungsideologien. - *Speicherung und Vermittlung von Wissen.* Publikationsflut und internationale Dokumentation / Informationssysteme für Forschung und Bildung / Forschungskonzeptionen und Forschungsmanagement / Forschung und Lehre im Bereich der Managementtheorie. - *Gesellschaftliche Konsequenzen von Forschung und Bildung.* Forschung und Bildung als Faktoren der gesellschaftlichen und wirtschaftlichen Entwicklung / Hochschulstruktur und Hochschulreform / Rechtsprobleme der Wissenschaftsausbreitung / Forschung und Wissenschaftspolitik im internationalen Vergleich - Großseminar auf internationaler Basis / Kunst als Humanisierungselement der Gesellschaft / Musik in der industriellen Gesellschaft. *Währungspolitisches Seminar:* Die Welt in einer geänderten Währungs- und Handelspolitik.

Plenarveranstaltungen: Einführung in das Generalthema / Das Problem des Erkenntnisfortschritts / Freiheit der Wissenschaft als Rechtsproblem / Wissen und soziale Entwicklung / Bildung oder Halbbildung durch die Massenmedien / Die Bildungsfunktion der Tagespresse / Die Bildungsfunktion des Buches / Die Bildungsfunktion des Fernsehens / Fortschrittsglaube in der Krise.

Europäische Gespräche: *Kunstgespräch:* Signale einer neuen Orientierung? - Junge Europäische Maler 1973. - *Politisches Gespräch:* Wissenschaft und Politik in der industriellen Gesellschaft. Vorträge: Von der industriellen Gesellschaft zur postindustriellen Zivilisation / Die Wissenschaft im Spannungsfeld der Ideologien / Betrachtungen über Zusammenhänge von Wissenschaft und Politik in der industriellen Gesellschaft / Das Zusammenwirken von Wissenschaft, Wirtschaft und Politik in der Bundesrepublik Deutschland. - *Wirtschaftsgespräch:* Welthandel und Währungspolitik - Die Handelspolitik der Großräume. Vorträge: Ökonomische und politische Aspekte der Währungspolitik / Anmerkungen zum Wirtschaftsgespräch 1973 / Der amerikanische Standpunkt / Der europäische Standpunkt.

Kulturelle Veranstaltungen: *Dichterlesungen:* 1. Junge Schweizer Dichter. Lesung von Beat Brechbühl und Jürg Federspiel. 2. Junge österreichische Dichter. Lesung von Peter Henisch, Alois Schöpf und Peter Turrini. - *Konzert* des "Nicolai Quartett". - *Orgelkonzert* Herbert Metzger. - *Salonkonzert* Otto M. Zykan. - *Hörstunden.* Wiedergabe von Schallplatten und Tonbandaufnahmen.

Ausstellung: *Signale einer neuen Orientierung? - Junge Europäische Maler 1973.* Ausstellung zwölf europäischer Maler aus Deutschland, Frankreich, Großbritannien, Holland, Italien und Österreich.

Mitwirkende: Finanzminister Hannes Androsch, Wien; Alexander Auer, Moskau-Wien; Gerd Bacher, Wien; Peter Baum, Wien; Georges Belbenoit, Paris; Johannes Bidlingmaier, Graz; Gordon Brook-Shepherd, London; Theodor Bucher, Schweiz; Fritz Czerwenka, Wien; Alfons Dalma, Wien; Fritz Diwok, Wien; Wissenschaftsminister Klaus von Dohnanyi, Bonn; Felix Ermacora, Wien; Maximilian Fink, Hernstein; Wissenschaftsminister Hertha Firnberg, Wien; Nationalrat Heinz Fischer, Wien; Peter Fischer-Appelt, Hamburg; Ernest Gellner, London; Horst Geschka, Frankfurt / M.; Hans Grümm, Wien; Theo Herrmann, Marburg / Lahn; Hans Hinterhuber, Graz; Urs Hochstrasser, Bern; Kurt Hübner, Kiel; Peter Judge, Paris; Peter Keckeis, Zürich; Thomas Kempas, Berlin; Peter Graf Kielmansegg, Köln; Kardinal Franz König, Wien; Herbert Kraus, Graz; Wolfgang Kraus, Wien; Bundeskanzler Bruno Kreisky, Wien; Imre Lakatos, London; Friedrich Lang, Wien; Hans Joachim Lange, Österreich; Bürgermeister Alois Lugger, Innsbruck; Fritz Machlup, USA; Francois Mathey, Paris; Manfred Mautner Markhof, Wien; Johann Millendorfer, Wien; Fritz Molden, Wien; Otto Molden, Wien; Mario Mondello, Rom; Simon Moser, Karlsruhe; Fritz Neeb, Wien; A. W. Pearson, Manchester; Camillo Pellizzi, Florenz; Gerard Radnitzky, Bochum; Robert Reichardt, Wien; Roy Reierson, New York;Jean-Dominique Rey, Paris; Klaus-Peter Sattler, Wien; Erhard Scheibe, Göttingen; Nationalbank-Präsident Wolfgang Schmitz, Wien; Jürgen Seetzen, Mailand; Wilfried Skreiner, Graz; Manès Sperber, Paris; Kurt Stapf, Marburg / Lahn; Hans O. Staub, Zürich; Herman Swart, Amsterdam; Ernst Topitsch, Graz; Friedrich Torberg, Wien; Finanzminister André Vlerick, Brüssel; Landeshauptmann Eduard Wallnöfer, Innsbruck; Ota Weinberger, Graz; Peter Weingart, Bielefeld; Karl Wenger, Wien; Präsident Otto Wolff von Amerongen, Bonn; Georg Zimmer-Lehmann, Wien.

Die Plenarveranstaltung über die „Bildungsfunktion der Massenmedien" war ein Höhepunkt des Europäischen Forum Alpbach 1973.
unten v.l.n.r: Kardinal König, der Tiroler Landeshauptmann Eduard Wallnöfer und Otto Molden lauschen den Ausführungen der Referenten.
oben v.l.n.r: Der Schriftsteller, Philosoph und Psychologe Manès Sperber.(Paris), ORF-Generalintendant Gerd Bacher (Wien) und G.Brook-Shepherd, Chefredakteur des „Sunday Telegraph" (London).
(Photos: Habermüller)

1974 IDEE UND WIRKLICHKEIT - 30 JAHRE EUROPÄISCHES GEISTESLEBEN

Arbeitsgemeinschaften: *Grundlagen der Erkenntnis und Moral.* Realismus, Idealismus, Materialismus / Freiheit und Gerechtigkeit / Theologie und Wirklichkeit / Theorie und Praxis. - *Strukturen und Modelle.* Möglichkeiten und Grenzen formaler Modelle / Zielstrukturen und Zielpräferenzen / Bedeutung technischer Systeme im Sozialzusammenhang. - *Verhalten, Handeln, Wertung.* Vererbung und Lernfähigkeit / Menschliches Verhalten und soziale Mechanismen. - *Recht, Politik, Wirtschaft.* Kapitalismus - Sozialismus / Europäische Integration - Idee und Wirklichkeit / Internationaler Kapitalverkehr und Währungssystem im Wandel. - *Musik und Literatur.* Musikalische Esoterik und Publikumsgeschmack / 30 Jahre nachher - Die Haupt- und Nebenströmungen der Literatur sei 1945.

Plenarveranstaltungen: Neue Musik und ihre Erlebbarkeit. Information und Redundanz in der Musik. - Options for Mankind. Zukunftspolitik zur Zukunftssicherung / Kapitalismus und Sozialismus. - *Europäisches Gespräch über wirtschaftliche Fragen:* Die währungs- und finanzpolitische Rolle Europas. Die wirtschafts- und finanzpolitische Lage Europas aus österreichischer Sicht / Die währungs- und finazpolitische Lage Europas. - Round-Table-Gespräche: Die Rolle der Europäischen Währungsunion in einem internationalen Währungssystem/ Europa, der Dollar und die internationalen Kapitalmärkte / Gegenwarts- und Zukunftsaufgaben der europäischen Banken.

30-Jahr-Feier: *30 Jahre Alpbach - Vorstellung und Ziel Europa.* Vorträge:30 Jahre Wissenschaft in Alpbach / Der Zukunft verpflichtet - Alpbachs dreißigjähriges Ringen um die Gestaltung Europas / Wissenschafts- und Forschungspolitik seit 1945/30 Jahre kulturelle Entwicklung in Europa - Vorschläge zu einer europäischen Kulturpolitik / Wissenschaft und Kritik / Europas Wirtschaft im Strudel der weltwirtschaftlichen Veränderungen / Die Zeit als Faktor in der Politik.

Kulturelle Veranstaltungen: *Dichterlesung:* Friedrich Torberg liest Herzmanovsky-Orlando. - *Ballettaufführung*: Alpbacher Tanzserenade "Glück, Tod und Traum". Musik: Gottfried von Einem. Text: Peter Bamm. Choreographie: Gerlinde Dill. - *Konzert* des "Ensemble I". Leitung: Thomas Pinschof. - *Konzert* Heinrich Schiff, Violoncello. - *Orgelkonzert* Rudolf Scholz. - *Kabarett*; "3000 Jahre Alpbach - Das College-Jubiläums-Kabarett". Text: Fritz Molden, unter Mitarbeit von Willfried Gredler.

Ausstellung: *30 Jahre Europäische Politische Karikatur.* Zusammengestellt von Architekt Gustav Peichl und dem holländischen Karikaturisten Fritz Behrendt.

Mitwirkende: Finanzminister Hannes Androsch, Wien; Karl-Otto Apel, Frankfurt/M.; Peter Atteslander, Augsburg; Boris Blacher, Berlin; Gerhart Bruckmann, Wien; Vincenzo Cappelletti, Rom; Nello Celio, Bern; Axel Corti, Wien; Fritz Czerwenka, Wien; Harald Delius, Mannheim; Fritz Diwok, Wien; Irenäus Eibl-Eibesfeldt, München; Gottfried von Einem, Wien; Hellmut Federhofer, Mainz; Wissenschaftsminister Hertha Firnberg, Wien; Klaus Foppa, Bern; Gérard Gäfgen, Konstanz; Antoine Golea, Paris; Anton Grabner-Haider, Graz; Botschafter Willfried Gredler, Bonn; Gernot Gruber, Wien; Helmut Haschek, Wien; Guy Héraud, Pau; Bernulf Kanitscheider, Gießen; Bundespräsident Rudolf Kirchschläger, Wien; Rudolf Klein, Wien; Kardinal Franz König, Wien; Herbert Kraus, Graz; Bundeskanzler Bruno Kreisky, Wien; Jean-Francois Larribau, Pau; Peter H. Mettler, Konstanz; Fritz Molden, Wien; Otto Molden, Wien; Carlo Mongardini, Rom; Simon Moser, Karlsruhe; Janko von Musulin, Frankfurt/M.; Fritz Neeb, Wien; Claude Nigoul, Nizza; Karl-Dieter Opp, Hamburg; Günther Patzig, Göttingen; Aurelio Peccei, Rom; Eduard Pestel, Hannover; Robert Piloy, Brüssel; Jürgen Ponto, Frankfurt/M.; Sir Karl Popper, London; Landeshauptmannstellvertreter Fritz Prior, Innsbruck; Kurt Rothschild, Linz; Denis de Rougemont, Genf; Gerhard Sauter, Bonn; Adam Schaff, Warschau; Ota Sik, St. Gallen; Nationalbank-Präsident Wolfgang Schmitz, Wien; Manès Sperber, Paris; Walter Tausch, Mannheim; Werner Tessmar-Pfohl, Wien; Günther Theuring, Wien; Felix Trappeniers, Brüssel; Franz-Josef Trouvain, Frankfurt/M.; Staatssekretär Eugen Veselsky, Wien; Landeshauptmann Eduard Wallnöfer, Innsbruck; Christian Watrin, Köln; Paul A. Weiss, New York; Präsident Otto Wolff von Amerongen, Bonn; Heinz Zemanek, Wien; Rolf Ziegler, Kiel; Georg Zimmer-Lehmann, Wien.

„30 Jahre Europäische Politische Karikatur".
Helmut Haschek eröffnet die internationale Karikaturen-Ausstellung.
v. l.n.r.: Otto Reisinger, Fritz Behrendt, Gustav Peichl und Helmut Haschek.

(Photo: Alpenland)

Zum 30. Jubiläum wurde auch über „Zukunftspolitik" diskutiert. v.l.n.r.: Gerhart Bruckmann, Kurt Rothschild, Ernst Veselsky und Paul Weiss.

Europäisches Juristengespräch über Gesetzgebung im sozialen Wandel.
v.l.n.r.: Justizminister Christian Broda, Senator Roland Riz (Bozen-Rom), Fritz Czerwenka.

Nationalbankpräsident Stephan Koren beim Wirtschaftsgespräch. (Photos: Alpenbild)

Wirtschaftsgespräch 1974: „Europas Wirtschaft im Strudel der weltpolitischen Veränderungen". v.l.n.r: Otto Molden, Hannes Androsch (damals Finanzminister), Heinrich Treichl (CA-Generaldirektor) und Hans Igler (damals Präsident der Industriellenvereinigung). Alle folgen gespannt der Rede von Otto Wolff von Amerongen. Auch Horst Knapp (4. Reihe Mitte) verfolgt aufmerksam das Geschehen. (Photo: Alpenbild)

Bild oben:
v.l.n.r. Peter Atteslander, Aurelio Peccei und Eduard Pestel bei der in Zusammenarbeit mit dem Club of Rome durchgeführten Veranstaltung mit dem Generalthema „Options for Mankind".

Bild links: v.l.n.r.:
Josef Fürst Schwarzenberg und Manès Sperber mit seiner Frau bei der Literaturveranstaltung zum 30. Alpbach-Jubiläum.
(Photos: Alpenbild)

„3000 Jahre Alpbach“,

Schlußfest- Kabarett zum 30. Jubiläum.
v.l.n.r.: Jürg Bär, Andrea und Sascha Molden, Hans Kapeller, Christina Wesemann, Hanna Molden, Helmut Haschek, Paula und Peter Molden, Peter Jungk und Erwin Bail.

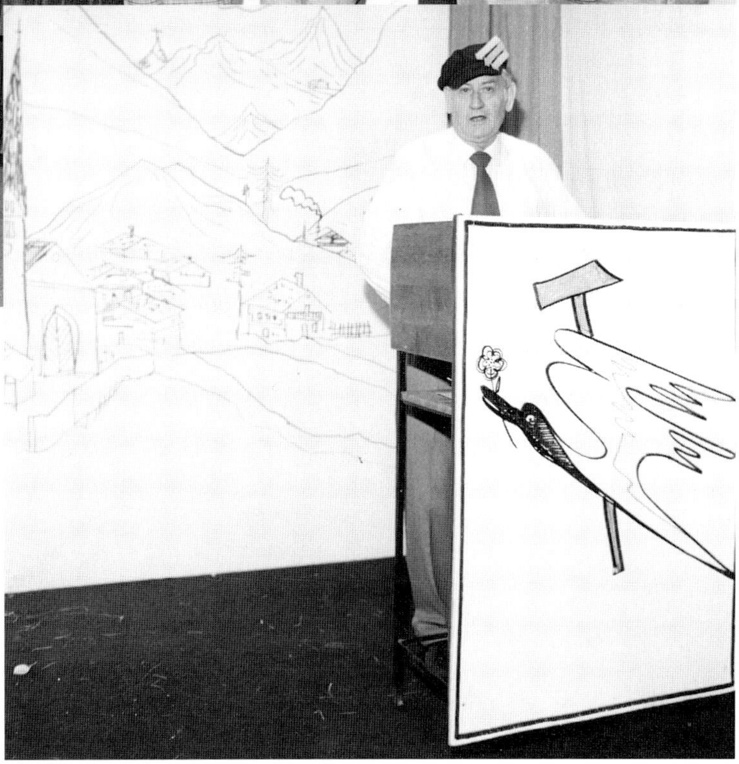

Bild rechts:
Wilfried Gredler, ständiger Star der Schlußfeste.
(Photos: Alpenbild)

1975 RATIONALITÄT UND ENTSCHEIDUNG

Arbeitsgemeinschaften: *Erkennen, Entscheiden, Handeln.* Das Rationalitätsproblem in der Erkenntnis / Das Rationalitätsproblem in der Ethik: Entscheiden und Handeln / Ideologie: Möglichkeiten, Grenzen und Ziele. - *Rationalitätskriterien in den Humanwissenschaften.* Rechtsnorm und gesellschaftliche Wirklichkeit / Grenzen rationaler Entscheidbarkeit im biologisch-medizinischen Bereich / Denken und Handeln in psychologischer Sicht. - *Zum Problem einer rationalen Gestaltung der Gesellschaft.* Information und Entscheidung: Orientierungsprobleme bei Nachrichteninflation / Individuum und Organisation / Aufgaben der europäischen Banken heute und morgen. - *Rationalität und Irrationalität im künstlerischen Prozeß.* Entscheidung zwischen Einfall und Maschine im Kompositionsprozeß / Inspirierte Schöpfung, willensbestimmte Schöpfung oder automatische Hervorbringung in der Literatur.

Plenarveranstaltungen: Gedanken zur Problematik von Rationalität und Entscheidung / Ideologie und Geschichte / Die Bedeutung der Rationalität in der Entwicklung zur modernen Gesellschaft / Frankreich und die europäische Kultur / Rationalität und Engagement / Rationale Rechtspolitik: Gesetzgebung und sozialer Wandel / Die Rechtsübereinstimmung in Europa / Rationalität und Irrationalität in der modernen Gesellschaft / Das Europa der Regionen / Die grenzüberschreitenden Regionen.

Europäische Gespräche: *Wirtschaftsgespräch:* Die Krisenfaktoren in der Weltwirtschaft. Rationale Überlegungen und notwendige Entscheidungen. Strukturpolitik als wirtschaftspolitischer Schwerpunkt in einer veränderten Welt / Die Europäische Wirtschaftsgemeinschaft aus der Sicht der internationalen Wirtschaftslage. - Panel I: Finanz-, Währungs- und Bankpolitik. - Panel II: Die Strukturkrise der Industrie. - Panel III: Der gesellschaftspolitische Wandel. *Kunstgespräch:* Ratio und Emotion im künstlerischen Prozeß. Ratio und Emotion bei Brecht und Beckett. *Politisches Gespräch:* Europas Demokratie im Entscheidungszwang. Alternative Formen der Demokratie - Repräsentative Demokratie und kommunistische Parteien. Hat die Liberalität noch Chancen? Verfallskrise oder Entwicklungskrise der westlichen Demokratie. Repräsentative Demokratie und die italienische Kommunistische Partei. Funktion und Tätigkeit kommunistischer Parteien in der offenen pluralistischen Gesellschaft.

Kulturelle Veranstaltungen: *Autorenlesungen* Peter Daniel Wolfkind, Humbert Fink, Plinio Martini, Ota Filip. - *Konzert:* Les Menestrels. Wiener Ensemble für alte Musik. - *Violinkonzert* Peter Lefor. - Die Geschichte der elektronischen Musik in akustischen Beispielen. - *Theaterabend:* Johannes Urzidil: „Das letzte Ringelspiel". Erzählt von Herbert Lederer. - Vortrag und Film: „Tai Ki - Reise zum Ort ohne Wiederkehr" von Kuno Knöbl, Wien.

Ausstellung: Tiroler Maler und Graphiker der Gegenwart. Zusammengestellt von Krista Hauser, Innsbruck.

Mitwirkende: Hans Albert, Mannheim; Umberto Agnelli, Turin; Finanzminister Hannes Androsch, Wien; Peter Atteslander, Augsburg; William W. Bartley, USA; Erhard Blankenburg, Berlin; H. W. Bosman, Tilburg; Justizminister Christian Broda, Wien; Louis Camu, Brüssel; Vincenzo Cappelletti, Rom; Fritz Czerwenka, Wien; Fritz Diwok, Wien, Felix Ermacora, Wien; Martin Esslin, London; Wissenschaftsminister Hertha Firnberg, Wien; Carl-Friedrich Graumann, Heidelberg; Victor Gruen, Wien; Kulturminister Michel Guy, Paris; Krista Hauser, Innsbruck; Guy Héraud, Paris; Koschka Hetzer, Wien; Philippe Heymann, Paris; Hans Ulrich Humpert, Köln; Assistant Secretary of the Treasury Sidney L. Jones, Washington; Franz Karasek, Wien; Hans Köchler, Innsbruck; Noretta Koertge, USA; Wolfram Krömer, Innsbruck; Hannes an der Lan, Innsbruck; Hans Lenk, Karlsruhe; Richard Löwenthal, Berlin; Egon Matzner, Wien; Fritz P. Molden, Wien; Otto Molden, Wien; Carlo Mongardini, Rom; Jean Montet, Paris; Alfred Mozer, Niederlande; Alan Musgrave, Neuseeland; Fritz Neeb, Wien; Michael Neider, Wien; Friedrich Nowakowski, Innsbruck; E. Olbrich, Innsbruck; Landeshauptmannstellvertreter Fritz Prior, Innsbruck; Heinz Prokop, Innsbruck; Harry Pross, Berlin; Vizepräsident Carlo Scarascia-Mugnozza, Brüssel; Wolfgang Schluchter, Düsseldorf; Hans Schröcksnadel, Innsbruck; Senator Werner Stein, Berlin; Karl Steinbuch, Karlsruhe; Werner R. Svoboda, Wien; Josef Taus, Wien; Günther Theuring, Wien; Aldo Tortorella, Rom; Generalanwalt Alberto Trabucchi, Padua-Brüssel; Heinrich Treichl, Wien; Robert Weinlich, Innsbruck; Sepp Wille, Wien; Günther Winkler, Wien; Otto Wolff von Amerongen, Bonn; Georg Zimmer-Lehmann.

Bild oben links: Martin Esslin, London (links) und Ota Filip, tschechischer Dichter- Dissident (München).
Bild oben rechts: Der Tiroler ORF-Intendant Hannes Hauser unterhält sich mit einem langjährigen Alpbach-Freund, dem Rechtsanwalt und Innsbrucker Stadtrat Willy Steidl.

Bild unten: v.l.n.r. Botschafter Schober, Abgeordneter Sixtus Lanner, Peter Molden und Staatssekretär im Außenministerium a. D. Bobleter interessieren sich für „Alternative Formen der Demokratie". (Photos: Alpenbild)

1976 GRENZEN DER FREIHEIT

Arbeitsgemeinschaften: *Grundlagen der Freiheit.* Freiheit der Person und moralisches Gesetz / Freiheit und soziale Ordnung / Das Menschenbild als Grundlage der Freiheitsauffassung / Schutz der Grundfreiheiten durch internationale Organisationen und Vereinbarungen. - *Sicherung der Freiheit.* Kriterien politischer Freiheit / Eigentumsrechte, Freiheit und ökonomische Effizienz / Grenzen der Freiheit in Wissenschaft und Forschung / Freiheit als Regulativ der Planung von Erziehungswesen. - *Freiheit und Wirtschaft.* Grenzen des Wachstums - Grenzen der Freiheit / Demokratisierung im Unternehmen: Anspruch, Formen, Grenzen / Konjunktur und Krise. - *Freiheit und Kunst.* Freiheit und ihre Grenzen in der Literatur / Freie Musik - gebundene Musik / Theater-Workshop / Nachvollzug des literarischen Schaffensprozesses / Video - Metasprache der Wirklichkeit.

Plenarveranstaltungen: Freiheit der Wissenschaft und Demokratie /Der Europarat als Garant der Menschenrechte / Überlegungen zum Thema Freiheit der Wissenschaft / Politisierte und freie Wissenschaft / Gleichheit als Bedingung und Grenze der Freiheit/Zwischen Markt- und Planwirtschaft / Die Frage des Freiheitsbegriffes / Video - Metasprache der Wirklichkeit/Die amerikanische Revolution als Quelle demokratischer Freiheiten. 200 Jahre USA und Europa/Freiheit und Gesellschaftsordnung/Alpbacher Gespräche/Körperschaften und Grundfreiheiten.

Europäische Gespräche: *Kulturgespräch:* Die Bedrohung der Freiheit des Wortes. Vorträge: Die Bedrohung des Schriftstellers / Die Bedrohung der Literatur / Bedrohung durch sozio-ökonomische Verhältnisse? - *Nachtgespräch:* Zur geistigen Situation in Osteuropa und Rußland. Vorträge: Zur geistespolitischen und literarischen Situation in Osteuropa / Zur literarischen Situation in der Sowjetunion / Zur geistespolitischen Situation in der Sowjetunion / Protestlieder. - *Wirtschaftsgespräch*: Banken und Industrien im Spiegel der öffentlichen Meinung. Vorträge: Wirtschaft und Information/Banken in der öffentlichen Meinung / Wirtschaftliche Macht im Urteil der Öffentlichkeit / Unternehmen und öffentliche Meinung. *Round-Table-Gespräche:* Die Banken im Spiegel der öffentlichen Meinung / Die Stellung der Multinationals in der heutigen Wirtschaftsordnung. -*Politisches Gespräch:* Freiheit zwischen Diktatur und Anarchie. Vorträge: Chancen und Bedrohung der Freiheit im Westen / Die Verfassung der Freiheit heute - Die politische Demokratie in einem neuen sozialökonomischen Klima/Freiheit und Anarchie / Freiheit und Diktatur.

Kulturelle Veranstaltungen: *Autorenlesungen:* Zbigniew Herbert, Warschau; Barbara Frischmuth, Österreich. - *Konzert* des Wiener Bläserquintetts. - *Konzert:* Convivium Musicum Vindobonense. Burgund und die Niederlande. Leitung: Gerhard Kramer. - *Hl. Messe mit dem Kammerchor* Walther von der Vogelweide, Innsbruck. Dirigent: Othmar Costa. -*Jazz bis Free Music.* - *Spontane Musik.* - *Theaterabende:* 1. Vienna´s English Theatre. Spoon River von Edgar Lee Masters. Regie: Franz Schafranek. 2. Josef II - Grenzen der Freiheit. Leitung: Hans Gratzer.

Ausstellung: *Die Skizze* - Zeitgenössische Handzeichnungen. Zusammenstellung: Christian Brandstätter, Wien; Gustav Peichl, Wien.

Mitwirkende: Hermann J. Abs, Frankfurt/M.; Hans Albert, Mannheim; Finanzminister Hannes Androsch, Wien; Hans Baehring, Frankfurt/M.; Hans J. Bär, Zürich; Horst Bienek, München; Emil Breisach, Graz; Ruth Brinkmann, Wien; Justizminister Christian Broda, Wien; James M. Buchanan, USA; Vincenzo Cappelletti, Rom, Karl Czernetz, Wien; Fritz Czerwenka, Wien; Ralf Dahrendorf, London; Michel Drancourt, Paris; Jürgen Eick, Frankfurt/M.; Herbert Eisenreich, Tamsweg; Jack Embling, London; Ota Filip, Prag-München; Wissenschaftsminister Hertha Firnberg, Wien; Diogo Freitas do Amaral, Lissabon; Irene Frowen, London; Alexander Galitch, Moskau-München; Natalja Gorbanevskaja, Moskau-Paris; Karl Graber, Wien; Hans Gratzer, Wien; Martin Greiffenhagen, Stuttgart; Horst Georg Haberl, Wien; Helmut Haschek, Wien; Ottfried Höffe, München; Georg Kahn-Ackermann, Straßburg; Joachim Kaiser, München; Andreas Khol, Wien; Hans Klecatsky, Innsbruck; Horst Knapp, Wien; Herbert Koller, Linz; Wolfgang Kraus, Wien; Bundeskanzler Bruno Kreisky, Wien; Sixtus Lanner, Tirol; Heinz Maier-Leibnitz, Bonn; Norbert Leser, Salzburg; Michael Malzacher, Wien; Wladimir Maximow, Moskau-Paris; Fritz P. Molden, Wien, Otto Molden, Wien; Hans Georg Monissen, Münster; Roger Morgan, England; Fritz Neeb, Wien; Fritz Nowotny, Wien; Willibald Pahr, Wien; Jürgen Ponto, Frankfurt/M.; Landeshauptmannstellvertreter Fritz Prior, Innsbruck; David Pryce-Jones, London; Ludwig Poullin; Eugen Pusic´, Zagreb; Gerard Radnitzky, Bochum; Marcel Reich-Ranicki, Frankfurt/M.; Gerd Roellecke, Mannheim; Peter Saladin, Basel; Guido Schmidt-Chiari, Wien; Manfred Siebker, Brüssel; Krista Stadler, Wien; Svetozar Stojanovic´, Belgrad; Josef Taus, Wien; Anthony Tuke; Jens Tschebull, Wien; Siegfried Unseld, Frankfurt/M.; John W. Watkins, London; Ernest Wistrich, London; Joachim Zahn, Stuttgart; Georg Zimmer-Lehmann, Wien.

Bild oben:
Wirtschaftsgespräch 1976:
„Banken und Industrien im Spiegel der öffentlichen Meinung".
v.l.n.r.: Jürgen Ponto, Ludwig Poullain, Anthony F. Tuke und Guido Schmidt-Chiari.

Bild rechts:
Der portugiesische Außenminister Diogo Freitas do Amaral beim Politischen Gespräch.

Bild ganz rechts:
Der Herausgeber der „Enciclopedia Italiana", Vincenzo Cappelletti, spricht zur „Frage des Freiheitsbegriffes".
(Photos: Alpenbild)

Bild oben:
ORF-Kulturredakteurin Koschka Hetzer leitet eine Autorenlesung ein.

Bild rechts oben:
Ota Filip (links) und Wolfgang Kraus sprechen zur „Bedrohung der Freiheit des Wortes".

Bild rechts:
Kulturgespräch 1976.
Karin Struck und Suhrkampverleger Siegfried Unseld (erste Reihe), Franz Josef Mayer-Gunthof und Janko Musulin (zweite Reihe).

Auf der gegenüberliegenden Seite einige Teilnehmer am „Nachtgespräch" zur „geistigen Situation in Osteuropa und Rußland":
Der BRD-Schriftsteller Horst Bienek (München).
Andrej Amalrik, prominenter Dichter und Dissident aus der Sowjetunion.
Natalja Gorbanevskaya und Wladimir Maximow, Dichter und Dissident aus Moskau (beide Paris).
Deutschlands damaliger Literatur-Starkritiker M. Reich-Ranicki bei seinem Vortrag über „Die Bedrohung der Literatur".
(Photos: Alpenbild)

Horst Bienek

Andrej Amalrik

Marcel Reich-Ranicki

Natalja Gorbanevskaya und Wladimir Maximow

1977 KONFLIKT UND ORDNUNG

Arbeitsgemeinschaften: Soziale Konflikte und das Problem der sozialen Ordnung / Theoriekonflikt und die Steuerung der Erkenntnis / Forschung zwischen Konflikt und Konsens / Steuerungsmechanismen in alternativen sozialen Strukturen / Konflikt und Konfliktbewältigung / Gesetz und Zufall in der Evolution / Konflikt im Spiegel der Institutionen / Verwirklichung der Grundfreiheiten und Menschenrechte in der Gesellschaft / Finanzierungsquellen und Finanzierungsprobleme - Theoretische und praktische Analyse / Privatwirtschaft - Gemeinwirtschaft: Partnerschaft und Konfliktpunkte / Internationale und innerstaatliche Konflikte / Überforderung des Staates als Folge ungelöster Zielkonflikte / Technische Innovation und sozialer Konflikt / Kontinuität und Konflikt in der Literatur / Widerspruch und Einordnung - Die Position des Künstlers im 20. Jahrhundert / Ballett-Workshop / Autoren und Texte aus dem Dreieck Wien-Prag-Czernowitz in der ersten Hälfte des 20. Jahrhunderts.

Plenarveranstaltungen: Struktur und Fortschritt. Die Grenzen der Fruchtbarkeit sozialer Konflikte / Konflikt und Ordnung - Spannungsfeld der Politik / Konflikt und Ordnung in der Weltwirtschaft. Vergangenheit, Gegenwart und Zukunft / Konflikt als Voraussetzung - Ordnung als Ergebnis/Glaube und Rationalität. Zur Glaubenskrise der Gegenwart/Die Rationalität des Glauben / Das praktische Fundament der Glaubenssätze / Glaube hat nichts mit Rationalität zu tun / Das rationale Denken und die Transzendenz der Religion / Alpbacher Gespräche/Die Zukunft der Forschung. - Konflikt im Betrieb. Konfliktverhalten in Organisationen / Konfliktbewältigung als Aufgabe der Unternehmensführung/Konflikt konkurrierender Grundrechte. Pressefreiheit - Schutz und Bedrohung der Menschenwürde / Recht auf Arbeit, Erwerb und Koalitionsfreiheit - konkurrenzierende Grundrechte.

Europäische Gespräche: *Kulturgespräch:* Das Phänomen der literarischen Kreativität. Der unauffindbare Sinn - Konflikt und Ordnung im Dreieck Wien-Prag-Czernowitz / Das Phänomen der literarischen Kreativität in Kärnten / Das Erwachen zur Wirklichkeit - Die neue Literatur in der Steiermark. - *Wirtschaftsgespräch:* Wirtschaft zwischen Staatsmacht und Sozialoffensive. Freie Wirtschaft und Planifikation in Frankreich / Die Bedrohung der Marktwirtschaft / Planwirtschaft - Utopie oder Realität / Belastungsgrenzen der Wirtschaft / Wohlstand als Problem / Gewerkschaftsauftrag - Gewerkschaftspolitik: Die Angst vor den Gewerkschaften. - *Politisches Gespräch:* Strategien zur internationalen Konfliktregelung. Der Konflikt um das geteilte Europa / Die Möglichkeit für eine politische Lösung des arabisch-israelischen Konflikts.

Kulturelle Veranstaltungen: *Autorenlesungen*: Gregor von Rezzori, Florenz; Wolfgang Bauer, Graz; Gert Jonke, Klagenfurt. - *Kammermusikabend:* Streichterzett - Ernst Kovacic, Gerhard Schulz, Thomas Kakuska. - *Gitarrenkonzert* Melitta Heinzmann, Hans Hein. - *K & K Experimentalstudio* präsentiert Musiktheater. - Gottesdienst mit dem Kammerchor Wörgl. Leitung: Peter Gruber. - *Ballett* Moshe Efrati, Israel. Musik: Noam Sharif, Zohar Levi. - *Video-Film-*In*stallation-Show* "Konflikt und Ordnung" von Horst Gerhard Haberl und Hartmut Skerbisch. - *"Alpbacher Lebensuhr* - Hochzeit und Totenfeier in Tirol". Film von Wolfgang Pfaundler. - *Das Wesen des Films.* Peter Kubelka gibt eine Analyse des Mediums Film an Hand eigener Filme.

Ausstellung: Konflikt und Ordnung.

Mitwirkende: Joseph Agassi, Tel Aviv; Hans Albert, Mannheim; Clemens-August Andreae, Innsbruck; Finanzminister Hannes Androsch, Wien; Jacques Attali, Paris; Alexander Auer, Wien; Giorgio Benvenuto, Rom; Peter Bernholz, Basel; Branko Bosnjak, Zagreb; Justizminister Christian Broda, Wien; Erhard Busek, Wien; Vezio Crisafulli, Rom; Fritz Czerwenka, Wien; Ralf Dahrendorf, London; Wilhelm Dantine, Wien; Wolfgang Erndl, Wien; Wolfgang Feuchtmüller, Wien; Wissenschaftsminister Hertha Firnberg, Wien; Peter Fischer-Appelt, Hamburg, Walter Fremuth, Wien; Bruno S. Frey, Konstanz; Stephen Frowen, Surrey/GB; Franz Geist, Wien; Ernest Gellner, London; Heribert Golsong, Straßburg; Willfried Gredler, Bonn; Wilhelm Grimburg, Wien; Emanuel Gutmann, Jerusalem; Friedrich Hacker, Wien; Fritz Heiss, Tirol; Hansjörg Hirnigel, Wien; Michael Hoffmann, Wien; Werner Hofmann, Hamburg; Peter R. Hofstätter, Hamburg; Herbert Hunger, Wien; Bundesrat Hans Hürlimann, Bern; Hans Igler, Wien; Otto Kaspar, Innsbruck; Fritz Klenner, Wien; Horst Knapp, Wien; Stephan Koren, Wien; Herbert Kraus, Graz; Eva Kreisky, Wien; Bernd Küppers, Göttingen; Hans Kreitler, Tel Aviv; Francois Luchaire, Paris; Claudio Magris, Triest; Nicholas Matsaniotis, Athen; Otto Molden, Wien; Gerhart Lehner, Wien; Franz Nemschak, Wien; Außenminister Willibald Pahr, Wien; Richard Plaschka, Wien; Wolfhart Pannenberg, München; Fritz Paschke, Wien; Landeshauptmannstellvertreter Fritz Prior, Innsbruck; Ministerpräsident Yitzhak Rabin, Tel Aviv; Minister George Rallis, Athen; Gregor von Rezzori, Florenz; Geoffrey Rippon, London; Rupert Riedl, Wien; Nathan Rotenstreich, Jerusalem; Staatssekretär Antoine Rufenacht, Paris; Leopold Schmetterer, Wien; Wendelin Schmidt-Dengler, Wien; Wolfgang Schmitz, Wien; Franz Seitelberger, Wien; Hans Swoboda, Wien; Klaus-Heinrich Standke, New York; Peter Stern, London; Svetozar Stojanović, Belgrad; Gerhard Stummvoll, Wien; Josef Taus, Wien; Ministerpräsident Gaston Thorn, Luxemburg; Heinrich Treichl, Wien; Hans Tuppy, Wien; Franz Vranitzky, Wien; Landeshauptmann Leopold Wagner, Klagenfurt; Philippe de Weck, Zürich; Sepp Wille, Wien; Rudolf Wohlgenannt, Linz; Otto Wolff von Amerongen, Bonn; Peter Daniel Wolfkind, Graz; Eli Zahar, London.

Beim Politischen Gespräch 1977 wurde in Alpbach „Internationale Konfliktregelung“ ganz groß geschrieben.
Zwei Ministerpräsidenten: Gaston Thorn, Luxemburg (Bild oben links) und Yitzhak Rabin, Israel (oben rechts).

Staatssekretär Constantin Stavropoulos, Athen (Bild links)
und Sir Geoffrey Rippon, England (rechts) als Referenten beim Politischen Gespräch. *(Photos: Alpenbild)*

Otto Molden ehrt Mitarbeiter, Freunde und Förderer für

Friso Heyt

Fritz Markwitz

Klaus Zapotoczky

Dieter Bökemann

ihre Verdienste um das „Europäische Forum Alpbach“

Christiane Polsterer

Franz Vranitzky

Michael Neider

Gusti Neider

1978 WISSEN UND MACHT: LEGITIMITÄTSPROBLEME IN KULTUR U. GESELLSCHAFT

Arbeitsgemeinschaften: Das Problem einer legitimen sozialen Ordnung/Wissenschaft im Wandel: Die Legitimation der Erkenntnis/Ideologien, Modelle, Utopien/Zum gegenwärtigen Stand der Kosmologie/Das menschliche Denken / Elemente der Verhaltenssteuerung / Macht und Recht: Funktion und Wirkung sozialer Normen / Verwirklichung der Grundfreiheiten in der Welt von heute - Rechtfertigung supranationaler Macht? / Ökonomische Analyse sozialer Prozesse / Theorie und Praxis der Verschuldung / Grund und Boden im ländlichen Raum / Modelle der Zusammenarbeit: Zur Gestaltung einzelwirtschaftlicher Gebilde / Erneuerungstendenzen in der Geschichtswissenschaft / Engagement und Analyse in der Literatur des 20. Jahrhunderts / Grenzüberschreitungen in der Kunst der Gegenwart.

Plenarveranstaltungen: Die kulturellen Beziehungen zwischen Persien und Europa / Entwicklung durch Wissen / Das Recht der Macht und die Macht des Rechts. - Strategien zur internationalen Konfliktregelung/Die Macht des Geistes - eine neue Lösung des Leib-Seele-Problems / Die modulare Tätigkeit des Gehirns bei der bewußten Wahrnehmung/Weltpolitik und Macht/Möglichkeiten eines neutralen Staates im machtpolitischen Spannungsfeld / Die Vereinten Nationen im internationalen Kräftespiel. - Problem der Wissenschaft: Expansion des Wissens. Expansion des Wissens - die japanische Erfahrung / Einige Aspekte der Beziehung zwischen Wissenschaftler und Gesellschaft / Erkenntnisfortschritt - wissenschaftstheoretische Reflexionen.

Europäische Gespräche: *Politisches Gespräch:* Die Legitimität der politischen Macht in der Gegenwart . - *Wirtschaftsgespräch:* Grenzen der Verschuldung. Aspekte der nationalen und internationalen Verschuldung in einer Phase abgeschwächten Wirtschaftswachstums / Das Problem der Verschuldung / Der gesellschaftspolitische Preis der Verschuldung. - *Kulturgespräch:* Wer oder was legitimiert die Massenmedien? Zwischen pädagogischer Anstalt, Manipulationsvehikel und Politinstrument.

Dialogkongreß „Westeuropa - Schwarzafrika"

Kulturelle Veranstaltungen: *Verleihung des "Paula von Preradovic-Preises* für junge Österreichische Literatur" an Roswitha Hamadani, Graz. - *Autorenlesungen:* Friederike Mayröcker, Wien; Ernst Jandl, Wien; Horst Bienek, BRD. - *Konzert* mit dem Wiener Nonett. - *Norman Shetlers* musikalisches Puppencabaret. - *Konzert* des Kammerchors Leonhard Lechner, Bozen. Leitung: Willi Seebacher. - *Arbeitsgruppe Volksmusik.* Leitung: Walter Deutsch, Wien. - *Arbeitsgruppe Jazz.* Leitung: Fritz Novotny, Wien. - *Pantomimenabend* Rolf Scharre. - *Workshop Körpersprache.* Leitung: Rolf Scharre, Salzburg. - *Grenzüberschreitungen.* Ernst Jandl, Peter Weibel und Otto M. Zykan präsentieren Beispiele grenzüberschreitender Kunst.

Ausstellung: Die veruntreute Landschaft. Zusammenstellung: Gustav Peichl, Wien; Christian Brandstätter, Wien.

Mitwirkende: Joseph Agassi, Boston-Tel Aviv; Arduino Agnelli, Triest;Außenminister Siméon Aké, Elfenbeinküste; Hans Albert, Mannheim; Vizekanzler Hannes Androsch, Wien; Junichi Aomi, Tokio; Peter Atteslander, Augsburg; Shlomo Avineri, Jerusalem; Werner Becker, Frankfurt/M.; Sadok Belaid, Tunis; Norbert Bischof, Zürich;Staatspräsident El Hadji Omar Bongo, Togo; Luis Boon, Utrecht; Karl Brunner, Rochester-Bern; James M. Buchanan, USA; Erhard Busek, Wien; Vincenzo Cappelletti, Rom; Michel Cullin, Orléans; Fritz Czerwenka, Wien; Kulturminister Bernard Dadié, Elfenbeinküste; Ralf Dahrendorf, London; Heinz Dehnen, Konstanz; Jacques Diouf, Senegal; Fritz Diwok, Wien; Nobelpreisträger Sir John Eccles, Schweiz; Janos Fekete, Budapest; Franz Fliri, Innsbruck; Hans Friderichs, Frankfurt/M.; Irving S. Friedman, New York; Helmut Frisch, Wien; Justizminister Kurt Furgler, Bern; Hans-Peter Furrer, Straßburg; Ernst Gehmacher, Wien; Bildungsminister Manouchehr Ganji, Teheran; Helmut Geiger, Bonn;Konrad Ginther, Graz; Willfried Gredler, Peking; Landwirtschaftsminister Günter Haiden, Wien; Alfred Herrhausen, Frankfurt/M.; Waldemar Hummer, Linz; Wolf In der Maur, Wien; Abdul-Razzak Kaddoura, Paris; Peter Graf Kielmansegg, Köln; Karl Kohlegger, Innsbruck; Stephan Koren, Wien;Bundeskanzler Bruno Kreisky, Wien; Sixtus Lanner, Wien; Richard Löwenthal, Mannheim; Wolf In der Maur, Wien; John Maynard-Smith, Sussex/-GB; Peter Mieling, Wien; Fritz Molden, Wien; Otto Molden, Wien; Carlo Mongardini, Rom; Gerhard Moser, Innsbruck;Hans Mukarovsky, Wien; Fritz Neeb, Wien; Erwin Nießlein, Freiburg/Breisgau; Elisabeth Noelle-Neumann, BRD; Kurt Nösslinger, Wien; Karl-Dieter Opp, Hamburg; Heinrich Orsini-Rosenberg, Wien; Außenminister Willibald Pahr, Wien; Etienne Perret, Zürich; Svetozar Pejovich, Dallas/USA; Wolfgang Pollack, Wien; Sir Karl Popper, Penn/GB; Gerard Radnitzky, Trier; Carlos Rischbieter, Brasilia; Lord Eric Roll of Ipsden, London; Erwin Roth, Salzburg; Präsident Rudolf Sallinger, Wien; Wolfgang Schmitz, Wien;Kulturminister Assane Seck, Senegal; Rudolf Seidl, Wien; Franz Seitelberger, Wien; Mümtaz Soysal, Ankara; Klaus-Heinrich Standke, New York; Anton Stanzel, Wien; Finanzminister Max Streibl, München; Gunther Tichy, Graz; Erziehungsminister Taaitta Toweett, Kenia; Franz Vranitzky, Wien; York; Josef Taus, Wien; Kardinal Thiandoum, Senegal; Günther Tichy, Graz; Heinrich Treichl, Wien; Ernst Topitsch, Graz; Karl Vak, Wien;Anton Vorbichler, Wien; Bischof Alois Wagner, Linz; Generalsekretär Kurt Waldheim, New York; Paula Wessely, Wien; Luzius Wildhaber, Basel; Staatssekretär Hans de With, Bonn; Otto Wolff von Amerongen, Bonn; Klaus Zapotoczky,Linz; Wolfgang Zehetner, Wien; Georg Zimmer-Lehmann, Wien;Otto M. Zykan, Wien.

Burgschauspielerin Paula Wessely (Bild links oben) beim „Open-House" im Paula von Preradović-Haus. (Photo: Alpenbild) *Sir Karl Popper ist auch 1978 in Alpbach wieder herzlich willkommen.* (Photo: Murauer) *In der Fugerstube des Böglerhofs treffen sich „Uralpbacher" auf ein Glas Wein (Bild unten v.l.n.r.): Volkmar Parschalk, Simon Hausberger, Carin Duftner, Erika Cremer, Hannes Kar und Otto Molden.* (Photo: Alpenbild)

Otto Molden begrüßt den britischen Banker Lord Roll of Ipsden.

UN- Generalsekretär Kurt Waldheim (links) diskutiert mit
Ralf Dahrendorf (London School of Economics) und Österreichs Außenminister Willibald Pahr (rechts). *(Photos: Murauer)*

Der deutsche Filmemacher Hans-Jürgen Syberberg leitet 1979 einen Cineasten - Arbeitskreis.

Politiker, Wissenschafter und Publizisten diskutieren beim Politischen Gespräch „Österreich an der Schwelle der 80er Jahre".
v.l.n.r.: Tassilo Broesigke, Heinz Fischer, Alexander Götz, Franz Kreuzer, Fritz Molden, Sixtus Lanner, Norbert Leser, Ernst W. Marboe, Peter Rabl und Otto Schulmeister. *(Photos: Murauer)*

1979 DER MENSCH IN DER UNVOLLKOMMENEN GESELLSCHAFT

Arbeitsgemeinschaften: Die unvollkommene Gesellschaft: Alternative sozial-philosophische Auffassungen / Die unvollkommene Wissenschaft: Zur Problematik der Geltung menschlichen Wissens / Gott, Mensch und Gesellschaft - menschliche Fehlbarkeit und religiöser Glaube / Übernationales Recht als Mittel von politischen Zusammenschlüssen am Beispiel der Europäischen Gemeinschaften / Unvollkommenes Recht und die Chancen größerer Bürgernähe - Mittler und Möglichkeiten / Zwischen Etatismus und Anarchie: Die Krise der politischen Systeme in Ost und West / Der Mensch als Problemlöser: Psychologische Theorienbildung und erziehungswissenschaftliche Transformation / Der Mensch, das unvollkommene Wesen - biologische und anthropologische Perspektiven / Der Mensch im Spannungsfeld technologischer Alternativen: Technische Großsysteme und mittlere Technologien / Markt und Bürokratie: Alternative Methoden der Verhaltenssteuerung / Wirtschaftswachstum und menschlicher Wohlstand: Gefahren und Chancen / Das Europäische Währungssystem - Theorie und Praxis / Die historischen Wurzeln heutiger unvollkommener Gesellschaften / Dichtung als Utopie und Spiegel einer unvollkommenen Welt / Wege und Irrwege in der Kunst: Konzeption - Struktur - Emotion.
Symposien: Die vollkommene Gesellschaft - eine Utopie? / Schrumpft der politische Handlungsspielraum? / Überlegungen zum Gewicht der institutionellen und technischen Randbedingungen bei der Entwicklung unserer Gesellschaft /Ist die Sprache des Rechts verständlich? / Wissenschaft und Handeln. Verändert die Wissenschaft das Denken und Handeln von Erziehern und Lehrern.
Plenarveranstaltungen: Zu den gruppendynamischen Aufgaben und Möglichkeiten Alpbachs / Der Mensch in der unvollkommenen Gesellschaft / Unvollkommenheit als Chance. - Österreich an der Schwelle der 80er Jahre / Mensch und Politik in der unvollkommenen Gesellschaft / Gleichheit und Gesetz / Recht - Politik - Information / Die unvollkommene Vernunft.
Europäische Gespräche: *Kulturgespräch:* Das Problem der verwalteten Kultur. Kulturverwaltung - Instrument der Förderung oder der Lenkung? / Der Künstler zwischen Souveränität und Vereinnahmung / Kulturpolitik muß mehr sein als Kunstförderung. - *Wirtschaftsgespräch:* Europäisches Währungssystem. Neue europäische Währungsordnung oder europäischer Währungsprotektionismus. - *Politisches Gespräch:* Europa - die unvollkommene Nation. Europa - eine ethnische und geistige Entwicklung / Die kulturelle Einheit Europas / Europas Minderheiten - ein Symbol der unvollkommenen Nation
Dialogkongreß „Westeuropa - Lateinamerika“
Kulturelle Veranstaltungen: *Theaterabend:* "Pchenz" von Abraham Terz (Andreij Sinjawskij), gespielt und inszeniert von Heribert Sasse, Wien. - *Dichterlesung* Andreij Sinjawskij. - *Lesung polnischer Literatur* der Gegenwart. - *Konzert* Rita Medjimorec, Klavier; Johannes Auersperg, Kontrabaß. - *Konzert* Käte Wittlich, Klavier; Ernst Kovacic, Violine.
Ausstellung: *Menschen und Menschenrechte.* Zeichner zur unvollkommenen Gesellschaft. Zusammenstellung: Fritz Behrendt, Amsterdam. - *Wege und Irrwege in der Kunst.* "Artopia", eine Präsentation der Arbeitsgemeinschaft 15. - *Workshop:* Körpersprache - Animatione - Kinästhetik.: Gertraud Auer, Wien.
itwirkende: Hans Albert, Mannheim; Ferdinand Anders, Wien; Vizekanzler Hannes Androsch, Wien; Alexander Auer, Paris; Shlomo Avineri, Jerusalem; Fritz Behrendt, Amsterdam; Dieter Bökemann, Wien; Tassilo Broesigke, Wien; Justizminister Christian Broda, Wien; Karl Brunner, New York-Bern; Hermann Burgard, Brüssel; Robert S. Cohen, Boston; Michael F. Cullis, London; Fritz Czerwenka, Wien; Sir John Eccles, Schweiz; Claus-Dieter Ehlermann, Brüssel; Klaus Emmerich, Wien; Wissenschaftsminister Hertha Firnberg, Wien; Heinz Fischer, Wien; Gerd Fleischmann, Frankfurt/M.; Minister a. D. Jean-Pierre Fourcade, Paris; Bruno S. Frey, Zürich; Helmut Frisch, Wien; Friedrich Gleissner, Wien; Willfried Gredler, Peking; Minister a. D. Karl Gruber, Wien; Horst Gerhard Haberl, Wien; Ferdinand Hain, Wien; Helmuth Haschek, Wien; Hans Haumer, Wien; André Heller, Wien; Alfred Herrhausen, Frankfurt/M.; Werner Hinterauer, Wien; Joachim Illies, BRD; Hubert Klingan, Innsbruck; Vizepräsident Francisco Kramer, Guatemala; Bundeskanzler Bruno Kreisky, Wien; Hans Kreitler, Tel Aviv; Franz Kreuzer, Wien; Norbert Leser, Salzburg; Shirley Robin Letwin, London; Minister Alberto Machado, Venezuela; Ernst W. Marboe, Wien; Fritz Molden, Wien; Otto Molden, Wien; Fritz Neeb, Wien; Staatssekretär Adolf Nussbaumer, Wien; Erziehungsminister Valente de Oliveira, Lissabon; Außenminister Willibald Pahr, Wien; Karl Pale, Wien; Gustav Peichl, Wien; Staatssekretär Carlos R. Piquea, Madrid; Karl Otto Pöhl, Frankfurt/M.;Kulturminister Eduardo M. Portella, Brasilien; Arnulf Rainer, Wien; Wolfdietrich Rasch, München; Leo Ritter-Santini, Münster; Lord Eric Roll of Ipsden, London; Dieter Ronte, Wien; Erwin Roth, Salzburg; Kurt W. Rothschild, Linz; Denis de Rougemont, Genf; Adam Schaff, Warschau-Wien; Günther Schlenck, Innsbruck; Otto Schulmeister, Wien; Planungsminister Mario Simonsen, Brasilien; Andrej Sinjawskij, Moskau-Paris; Unterrichtsminister Fred Sinowatz, Wien; Staatssekretär Anthony Solomon, Washington; Rainer Sprung, Innsbruck; Minister a. D. Jacques Soustelle, Paris; Günther Theuring, Wien; Außenminister Gaston Thorn, Luxemburg; Heinrich Treichl, Wien; Peter Turrini, Wien; Landeshauptmann Eduard Wallnöfer, Innsbruck; Justizminister Hans Jochen Vogel, Bonn; Franz Vranitzky, Wien; Otto Wolff von Amerongen, Bonn; Kabinettschef Jacques van Ypersele, Brüssel; Elie Zahar, London; Klaus Zapotoczky, Linz; Georg Zimmer-Lehmann, Wien.

Bild oben rechts:
André Heller erklärt die Republik Artopia und ihre Ziele.

„Artopia" führt auch zu Diskussionen mit der Forumsleitung;, hier debattieren Gustav Peichl und André Heller erregt mit Otto Molden

André Heller und Gustav Peichl waren mit die geistigen Väter der „Republik Artopia", die 1979 mit eigenen Medien und Staatsfahne (oben) im Rahmen des Alpbacher Forums ausgerufen wurde.

(Photos: Murauer)

1980 - 1989
Konservative Realpolitik und soziale Marktwirtschaft bringen das Imperium des erstarrten Sozialismus zu Fall.

Wieder einmal bewies das Gemeinwesen USA seine unvergleichliche Regenerationsfähigkeit, sobald einmal der Tiefpunkt erreicht war. Ein neuer Präsident, Ronald Reagan, kein Mann großer Geistigkeit, jedoch energisch und konservativem Gedankengut verpflichtet, reaktiviert alte Ideen in neuem Gewande: Der Vorrang des Individuums in Wirtschaft und Staat (Deregulierung und Abbau der allgegenwärtigen Verantwortung des Staates für den einzelnen), eine starke gesunde Währung und ein starker Staat nach außen. Diese Ideen lösen neue Energien in einem großen Volke aus. Innerhalb kurzer Zeit setzte von der Börse bis zur Industrie und Landwirtschaft ein neuer Aufschwung ein. Ein Programm beispiellosen Aufrüstens und einige gezielte, wenn auch begrenzte Aktionen der Machtentfaltung (Luftangriffe auf das Libyen Ghadaffis, eine Intervention in Grenada) ließen die USA wieder als das erscheinen, was sie auch weiterhin geblieben waren, nämlich die geballteste wirtschaftliche, politische und vor allem militärische Macht der Erde. Ohne ihre logistische Unterstützung vermochte kein Staat entfernt von seinen unmittelbaren Grenzen Krieg zu führen. (Großbritannien auf den Falklandinseln, Frankreich im Tschad oder Belgien im Kongo mußten diese Erfahrung machen.) Keine friedenssichernde oder erhaltende Mission der Vereinten Nationen konnte ohne die Mitwirkung der USA initiiert werden.

Der Meinungswandel in den USA ergriff daher bald auch Europa: In Großbritannien durch Margaret Thatcher, die konservativen Werten verpflichtet war und die Macht eines veralteten und verkrusteten Gewerkschaftssystems brach. Die BRD kehrt zu einer christlich sozialliberalen Koalitionsregierung unter Kanzler Helmut Kohl zurück und selbst das jahrzehntelange europäische Vorbild für den Sozialstaat, Schweden, wandte sich angesichts einer alle Eigeninitiativen erstickenden Besteuerung von zuviel Staat und weitgehender Sozialisierung und Reglementierung ab. Kapitalismus ist nicht mehr ein Schimpfwort und der jahrzehntelang zunächst übersehene und dann totgeschwiegene F. A. von Hayek („Der Weg in die Knechtschaft") konnte plötzlich zu öffentlichem Ansehen und Ehren gelangen (Nobelpreis 1974 gemeinsam mit G. Myrdal). Die Wende ist total, und schon beginnt auch der Einfluß der Sowjetunion in der Dritten Welt zu schwinden. Auch dort dominieren von nun an die Differenzen der Interessen und politischen Traditionen; die Gründer der Bandung-Bewegung sterben wie Tito und diese selbst fällt auseinander.

In der Sowjetunion folgt ein älterer und kränklicherer Generalsekretär dem anderen , die Zügel entgleiten der greisen Oligarchie mehr und mehr. In den Satellitenstaaten wird der Widerstand zunehmend stärker: Ungarn hat sich im sogenannten Gulyaskommunismus schon längst von der Ideologie des Marxismus-Leninismus verabschiedet. In Rumänien errichtet Ceausescu mit Hilfe nationaler Parolen und Distanz zu Moskau eine sehr persönliche, immer unerbittlichere Diktatur. In der CSSR entsteht eine von der Helsinki-Akte genährte Widerstandsbewegung mit stark literarischem Charakter (Vaclav Havel), durch die die geistigen Grundlagen des Regimes untergraben werden. In Polen erhält die katholische Kirche seit der 1978 erfolgten Wahl von Kardinal Woytila zum ersten seit Jahrhunderten nichtitalienischen Papst Johannes Paul II. einen ungeheuren Aufschwung. Die Gewerkschaftsbewegung Solidarnosc mit Lech Walesa an der Spitze ist der weltliche, politische Arm des Widerstandes. Ein immer schwächer werdendes Militärregime hält das Land mit Mühe im Warschauer Militärpakt.

Nur in der DDR funktioniert das Herrschaftssystem noch. Ein für den Osten relativ hoher Lebensstandard, gepaart mit deutscher Gründlichkeit im Verwalten und einem überdimensionierten Staatssicherheitsapparat, erhalten es im Gleichgewicht. So blieben nach dem Verlust der einstigen marxistischen Ideale im ganzen Imperium nur mehr die Sicherheitsdienste und die Versorgung der kommunistischen Herrschaftsschichte (Nomenklatura) wirklich funktionsfähig. Die ökonomische Zusammenarbeit (COMECON) der planwirtschaftlichen Volkswirtschaften ist gering und nur auf die Unterstützung der Sowjetunion ausgerichtet; damit blieb sie selbst bei den Mitgliedsregierungen suspekt und stagnierte auf niederem Niveau.

Die einst so mächtige Sowjetarmee beginnt so wie jene der USA seinerzeit durch Vietnam in einem ufer- und endlosen Interventionsabenteuer in Afghanistan die Motivation und damit den Willen zur Erhaltung der Staatsmacht zu verlieren.

Europa, gemeint ist jenes der einst sechs, inzwischen auf zwölf angewachsenen Staaten der EG, wird sich in diesen Jahren bewußt, daß die Integration auf handelspolitischer Basis an ihre Grenzen gelangt ist: Im Wettlauf um die neuesten Techniken fällt es hinter Japan und die USA zurück, nach außen ist es zu keiner gemeinsamen Außenpolitik fähig, und nach innen erfordern kontinuierlich zunehmende Mobilität und das Eindringen von Arbeitssuchenden aus der Dritten Welt ein Neuüberdenken der alten Systeme von Grenzkontrollen und zwischenstaatlichen Beziehungen. Immer neue Wellen von Spekulation und unterschiedlichen Währungspolitiken gefährden das Funktionieren des Gemeinsamen Marktes. Ein neuer Anlauf zu weiterer und vertiefter Integration ist daher nötig: mit der Einheitlichen Europäischen Akte (1986) setzt dieser Prozeß ein, der im Abschluß des Vertrages von Maastricht über eine Europäische Union (1991) seinen Höhepunkt erreicht. Die USA und Europa haben wieder an Gestalt gewonnen.

Alles scheint für eine Fortsetzung des Ost-West-Gegensatzes auf einer günstigeren Verhältnisebene bereit zu sein, als im Jahre 1989 plötzlich - und in dem Augenblick unerwartet - das sowjetische Imperium nach verzweifelten Versuchen des reformwilligen Präsidenten und KP-Generalsekretärs Gorbatschow, ideologische und politische Korrekturen zu seiner Rettung anzubringen, zusammenbricht und in kürzester Zeit einschließlich der Sowjetunion in seine Teile zerfällt. (h.p.h.)

Auch für Alpbach geht eine Ära zu Ende.
Bundeskanzler Bruno Kreisky, der 1983 als Regierungschef und Parteiobmann zurücktrat, im Gespräch mit dem ihm stets treu verbundenen Herbert Salcher, seinem letzten Finanzminister...

1980 KONSEQUENZEN DES FORTSCHRITTS

Arbeitsgemeinschaften: Die Problematik des Fortschritts in Philosophie und Geschichte / Wertwandel und das Problem des moralischen Fortschritts / Erkenntnisfortschritt und Wissenschaftsentwicklung / Der Historismus und das Problem des Fortschritts in der Geschichte / Die kognitive Wende im psychologischen Denken - ein Fortschritt? / Die Entwicklung des Kosmos und der gegenwärtige Stand der Kosmologie / Entfremdungsphänomene als Entwicklungskonstanten und Fortschrittskonsequenzen / Das Dilemma politischer Ordnung - Entwicklungsprobleme westlicher Demokratien / Souveränität und Subsidiarität - Probleme des Nationalismus heute / Alternativen zur Überwindung der Knappheit / Wissenschaft und Technik für die Entwicklung - Konsequenzen der UN-Konferenz 1979 in Wien für Österreich / Rechtsprobleme der modernen Technik / Stabilität - Instabilität in der modernen Gesellschaft - Elemente einer Wirtschaftskrise - Bankenseminar / Musikalische Tendenzen im 20. Jahrhundert: von der Atonalität zur neuen Einfachheit.
Kurzveranstaltungen: Die Genossenschaften - dynamisches Element des Fortschritts in Wirtschaft und Gesellschaft/ Unternehmensführung in Privatwirtschaft und Gemeinwirtschaft in Relation zu Gesellschaft und Fortschritt. Eigentumsverhältnisse und Entscheidungsstrukturen im Wandel. Unternehmensziel und Bedarfsentwicklung. Management zwischen Motivation, Kontrolle und Mitbestimmung.Gesellschaft und Management: Bildung, Auslese, Integration.
Symposien: Die Fortschrittsidee (Historische und philosophische Perspektiven). / Fortschritt und politische Ordnung. / Der technische Fortschritt und seine sozialen Aspekte.
Plenarveranstaltungen: Konsequenzen des Fortschritts / Technik und Wissenschaft in einer sinnlos werdenden Welt / Wissenschaft und Technik für die Entwicklung / Programmierte Freiheit? Rechtliche Begrenzung des technischen Fortschritts / Zur Problematik des Erkenntnisfortschritts.

Europäische Gespräche: *Politisches Gespräch:* Das Bewußtwerden der Menschenrechte als neuer Faktor in der Weltpolitik. - *Wirtschaftsgespräch:* Wirtschaftskrise in den achtziger Jahren? Analyse und Überlegungen der wirtschaftlichen Ausgangssituation im Jahre 1980. Vorträge: Weltwirtschaftskrise aus der Sicht der USA / Die Meinung Europas / Monetäre Probleme der Achtziger Jahre / Weltwirtschaftskrise und Dritte Welt. Round-Table-Gespräche: 1. Weltwirtschaftskrise und wirtschaftliche Probleme. 2. Weltwirtschaftskrise und monetäre Probleme. - *Kulturgespräch*: Fortschritt als Illusion? Zwischen Fortschrittsglauben und Kulturpessimismus.
Dialogkongreß "Westeuropa - Japan"

Kulturelle Veranstaltungen: *Verleihung des "Paula von Preradovic-Preises* für junge Österreichische Literatur 1980" an Maria A. Druckenthaner, Bad Ischl. - *Kammermusikabend*. Aufführung von Werken Ernst Krenek´s anläßlich seines 80. Geburtstages. - *Klavierabend* Käte Wittlich. - Einführung in die Musik Dieter Schnebels. - *Anestis Logothetis:* Daidalia oder Das Leben einer Theorie. Kleine Fassung der Oper für Bilder, Bänder und Spieler. - *Slawomir Mrozek:* Das Martyrium des Piotr O´Hey. Serapions-Theater, Wien. Leitung: Erwin Piplits.
Ausstellung: *Fritz Wotruba*. "Gedächtnisausstellung zum 5. Todestag am 28. August 1980"
Mitwirkende: Ludwig Adamovich, Wien; Vizekanzler Hannes Androsch, Wien; Alexander Auer, Paris-Wien; William W. Bartley, USA; Alain de Benoist, Paris; Peter Bernholz, Basel; Gerhart Bruckmann, Wien; Undersecretary Richard Cooper, Washington; Ministerpräsident Francesco Cossiga, Rom; Fritz Czerwenka, Wien; General Moshe Dayan, Tel Aviv; Yoram Dinstein, Tel Aviv; Staatssekretär Jacques Diouf, Dakar; Fritz Diwok, Wien; Efim Etkind, Moskau-Paris; Karl-Georg Faber, Münster; Ota Filip, München; Wissenschaftsminister Hertha Firnberg, Wien; Walter Flöttl, Wien; Michael Fogarty, London; Viktor E. Frankl, Wien;Außenminister Diogo Pinto de Freitas do Amaral, Lissabon; Walter Fremuth, Wien; Jean Frère, Brüssel; Vittorio Frosini, Rom; Bernd Funk, Graz;Friedrich Fürstenberg, Linz; Hans Götschl, Graz; Willfried Gredler, Wien; Wilhelm Haferkamp, Brüssel; Fritz Hartlmayr, Wien; Alfred Herrhausen, Düsseldorf; Shinsaku Hogen, Tokio; Max Jammer, Zürich; Peter Jankowitsch, Paris; Karl Kehrer, Wien; Hellmuth Klauhs, Wien; Außenminister C. A. van der Klaauw, Niederlande; Kardinal Franz König, Wien; Wolfgang Kraus, Wien; Ernst Krenek, USA; Fritz Leutwiler, Zürich; Sepp Linhart, Wien; Geoffrey Maynard, London; Erwin Melichar, Wien; Staatssekretär Mambillikalathil G. Menon, New Delhi; Otto Molden, Wien; Roger Morgan, London; Edgar Morin, Paris; Alan E. Musgrave, Neuseeland; Peter Oberndorfer, Linz; Elisabeth Orth, Wien; Außenminister Willibald Pahr, Wien; Schatzminister Filippo Maria Pandolfi, Rom; Peter Pantzer, Wien; Anton Pelinka, Innsbruck; Derek L. Philips, Amsterdam; Sir Brandon Rhys Williams, London; Kurt Richebächer, Frankfurt / M.; Sir Geoffrey Rippon, London; Pietro Rossi, Turin; Guido Schmidt-Chiari, Wien; Gerhard Schwödiauer, Bielefeld; Forschungsminister Luis Gonzales Seara, Madrid; Hans Seidel, Wien;Rudolf Seidl, Wien; Franz Seitelberger, Wien; Patrick Sergeant, London; Theo Sommer, Hamburg; Günther Theuring, Wien; Heinrich Treichl, Wien; Nobuhiko Ushiba, Tokio; Michael Voslensky, BRD; Franz Willnauer, Leverkusen; Otto Wolff von Amerongen, Köln; Klaus Zapotoczky, Linz; Georg Zimmer-Lehmann, Wien.

Der in einem Kibbuz aufgewachsene General und israelische Außenminister Mosche Dajan besichtigt mit großem Interesse, und begleitet von seiner Frau Esther, eine Alm im hintersten Alpbachtal. (Photos: Murauer)

Bild oben links
Der große Psychologe Viktor Frankl spricht 1980 bei einer Plenarveranstaltung.

Bild oben rechts:
Der Rektor der Universität Innsbruck, Herbert Braunsteiner eröffnet 1980 das Alpbacher Forum.

Israels Außenminister Moshe Dayan im Gespräch mit dem Sowjetologen Michael Voslensky und dem Schriftsteller Efim Etkind (rechts).
(Photos Murauer)

*Bild oben:
Hertha Firnberg
und der senegalesische
Staatssekretär
Jacques Diouf.*

*Bild oben rechts:
Der große österreichische
Komponist Ernst Krenek feiert in
diesem Jahr seinen 80. Geburtstag.
Aus diesem Anlaß
wurde eines der Auditorien im
Paula von Preradović Haus
nach ihm benannt.*

*EG-Kommissar
Peter Schmidhuber läßt sich vom
Nationalratsabgeordneten
Sixtus Lanner (im Bild links)
die österreichische Agrarpolitik
erklären.
(Photo: Murauer)*

1981 STRUKTUREN IM UMBRUCH

Arbeitsgemeinschaften: Genese und Stabilität von Strukturen / Die biologische Evolution und die Zukunft des Menschen / Menschliches Denken und künstliche Intelligenz / Verfall der Ordnung? Zur Problematik der sozialen Ordnung heute / Krise und Neuentdeckung des Begriffs Ordnung im neueren philosophischen, historischen und politischen Denken / Historische Erklärungen sozialen Wandels / Glaubensrenaissance und religiöse Institutionen / Der Verschleiß politischer Ideologien / Logik der Sozialwissenschaften: Theorien und Erkenntnisprogramme / Dezentralisierung - Mikroprozessoren: Veränderung von Führung und Mitarbeit durch technologische Entwicklung / Wirtschaftswachstum und Umwelt / Probleme gesellschaftsverändernder Gesetzgebung / Verfall und Erneuerung der Baustruktur: politische und soziale Probleme der Siedlungsentwicklung / Die Banken: volkswirtschaftliche Voraussetzungen und bankpolitische Grundlagen für die achtziger Jahre - Bankenseminar / Strukturwandel in den literarischen Formen / Von der strukturellen Musik zur "neuen Einfachheit": Neubewertung oder Umbruch.

Kurzveranstaltung: Marktwirtschaft als System geordneten sozialen Wandels.

Symposien: Diskussion gemeinsamer Probleme einzelner Arbeitsgemeinschaften.

Plenarveranstaltungen: Strukturen im Umbruch / Bedrohung des Rechtsstaates: politische Handlungsspielräume bei sich ausbreitender Bürokratie / "Erwin Schrödinger - Physiker und Philosoph". Zur 20. Wiederkehr seines Todestages / Gesetzgebung und Gesellschaftsstruktur / Technik und Gesellschaft: technische Erfindungen als gesellschaftsändernde Faktoren / Einheit der Wissenschaft als Programm.

Europäische Gespräche: *Politisches Gespräch:* Das Zusammenleben der Völker: Anarchie, Hegemonie oder Kooperation? Die Schwäche der freien Welt angesichts des sowjetischen Imperialismus / Die Notwendigkeit der Kooperation zwischen den USA und Westeuropa.- *Wirtschaftsgespräch:* Brauchen wir eine neue Wirtschaftsordnung? Wirtschaftsrealismus und Wirtschaftsutopie an der Schwelle des 21. Jahrhunderts. Realität und Utopie in der Beurteilung der Wirtschaftsstrukturen der Gegenwart und der Zukunft / *Kulturgespräch:* Symptome kulturellen Umbruchs: Kulturverdrossenheit, Gegenkulturen und Alternativbewegungen. / Untergrundkultur in den osteuropäischen Satellitenstaaten der Sowjetunion

Dialogkongress "Westeuropa - USA"

Kulturelle Veranstaltungen: *Dichterlesungen:* Jutta Schutting, Wien; Hannelies Taschau, Hameln; *Konzertabend* mit dem Stuttgarter Klaviertrio. - *Kammermusikabend:* Aufführung von Werken von Wolfgang Rihm. - *Cello-Konzert* Florian Kitt, Wien. - Konzert mit neuer Musik. Österreichisches Ensemble für Neue Musik. Leitung: Klaus Ager, Salzburg. - *"Die Geschichte - eine Operette".* Collage von Witold Gombrowicz. Leitung: Bernd Palma, Wien.

Ausstellungen: *Werner Scholz:* Ein bedeutender Maler in Alpbach (sein Werk von 1940-1981). - *Fachausstellung* Mikroprozessoren.

Mitwirkende: Joseph Agassi, Tel Aviv; Francesco d´Agostino, Catania; Michel Albert, Paris; Hans Albert, Mannheim; Leonetto Amadei, Rom; Hannes Androsch, Wien; Mohammed Arkoun, Paris;Alexander Auer, Wien; Aram Bakshian, Washington; Brian M. Barry, Chicago; Jan Berting, Rotterdam; Margaret A. Boden, Sussex/GB; Dieter Bökemann, Wien; Samuel Brittan, London; Justizminister Christian Broda, Wien; Gerhart Bruckmann, Wien;William P. Clark, Washington; Fritz Czerwenka, Wien; Fritz Diwok, Wien; Lawrence Eagleburger, Washington; Lord Frederick Elwyn-Jones, London; Wolfram Engels, Frankfurt/M.; Hubert Feichtbauer, Wien; Wissenschaftsminister Hertha Firnberg, Wien; Ota Filip, München-Prag; Helmut Frisch, Wien; Bruno S. Frey, Zürich; Stephen Frowen, Surrey/GB; Carl Gershman, New York; Orio Giarini, Genf; Johan Goudsblom, Amsterdam; Alkis Grecos, Brüssel; Johannes Gross, Köln; Victor Halberstadt, Leiden; Heinz Handler, Wien; Helmut Haschek, Wien; Hans Haumer, Wien; Hans Hass, Starnberg; Timothy Healy, Washington; Elan Hertzler, Washington; Assistant Secretary Robert D. Hormats, Washington; Tom L. Hughes, Washington; Hans Igler, Wien; Peter Jankowitsch, Paris; Justizminister Karl Hillermeier, München; Bernulf Kanitscheider, Gießen; Robert Kaspar, Wien; Hans-Dieter Klein, Wien; Rolf Kloepfer, Mannheim; Noretta Koertge, USA; Nationalbank-Präsident Stephan Koren, Wien; Siegfried Korninger, Wien; Herbert Krejci, Wien; Henrik Kreutz, Erlangen; Hans Lenk, Karlsruhe; Marc E. Leland, Washington; Christian Loesch, Wien; Rainer Mackensen, Berlin; Wolfgang Mommsen, London; Fritz Molden, Wien; Otto Molden, Wien; Außenminister Moustapha Niasse, Dakar;Michael Neider, Wien; Peter Oberndorfer, Linz; Herbert Ostleitner, Wien; Fritz Paschke, Wien; Außenminister Willibald Pahr, Wien; Svetozar Pejovich, Texas; Außenminister P. V. Narasimha Rao, New Delhi; Wolfgang Rihm, Karlsruhe; Geoffrey Rippon, London; Lord Eric Roll of Ipsden, London; Kurt Salamun, Graz; Justizminister José Manuel Sampaio Pimentel, Lissabon; Bundespräsident a. D. Walter Scheel, Köln; Helmut Schlesinger, Frankfurt / M.; Guido Schmidt-Chiari, Wien; Wolfgang Schmitz, Wien; Philipp Schoeller, Wien; Staatssekretär Hans Seidel, Wien; Rainer Sprung, Innsbruck; William Lloyd Stearman, Washington; Gerald Stourzh, Wien; Gaston Thorn, Brüssel; Róza Thun-Wozniakowska, Krakau; Jens Tschebull, Wien; Patrick Wajsman, Paris;Helmut Wintersberger, Wien; Wladimir Woinowitsch, München-Moskau; Otto Wolff von Amerongen, Bonn; Georg Zimmer-Lehmann, Wien; Klaus Zapotoczky, Linz.

Rolf Liebermann,
Komponist und langjähriger
Direktor der Pariser Oper,
als Referent beim Alpbacher
Kulturgespräch.

Verleihung des
„Paula von Preradović - Preises
für junge österreichische Lyrik“
1982
an Peter Hagenah (Mitte)
aus Vorarlberg.
v.l.n.r: Schauspielerin
Krista Stadler,
Peter Hagenah
und PEN-Club Präsident
Erik Wickenburg mit Frau.
(Photos: Murauer)

1982 ERKENNTNIS UND GESTALTUNG DER WIRKLICHKEIT

Arbeitsgemeinschaften: Ziele und Methoden wissenschaftlicher Erkenntnis / Biologische Grundlagen der Moral / Die soziale Dynamik der Weltreligionen / Ideologien als Grundlage und Mittel der Politik / Zwischen Anarchie und Totalitarismus: Alternative Ordnungsmodelle und ihre Verwirklichung / Reine Rechtslehre und Naturrecht: Rechtswirklichkeit - Normativismus / Das Recht - Garantie oder Einschränkung der Freiheit / Theorie und Praxis der Friedenssicherung / Rationale Wirtschaftspolitik im Spannungsfeld politischer Sachzwänge / Österreichische Forschungspolitik für die 80er Jahre / Unternehmensführung und Organisationsgestaltung / Rationalität und Wirtschaftspraxis: Computergestützte Wirtschaftspolitik / Kapitalströme und Kapitalmärkte unter besonderer Berücksichtigung der Euromärkte -Bankenseminar / Wahrnehmung und künstlerische Gestaltung / Musiktheater - Theatermusik.
Kurzveranstaltung: Ökonomische Werte und Wirklichkeit - "Neue Wirtschaftstheorien"
Plenarveranstaltungen: Erkenntnis und Gestaltung der Wirklichkeit / Zukunft der Forschung: Kriterien, Methoden und Risiken der Forschungspolitik / Karl Poppers kritischer Rationalismus / Der moderne Rechtsstaat als Schutz vor politischer und gesellschaftlicher Manipulation / Halbzeit für Österreich: Politische Erkenntnis und Gestaltung der politischen Wirklichkeit in der zweiten Hälfte der Legislaturperiode / Das Weltbild der Naturwissenschaften.
Europäische Gespräche: *Kulturgespräch:* Massenkultur und Elitekultur. Jeder muß Klopstock sagen können - Losung für die Massen? Losung für die Elite? / Der Dunst der Kunst und das dumme Publikum - Avantgarde und Publikum am Beispiel des Steirischen Herbstes / Zur Tradierung kultureller Werte - *Politisches Gespräch:* Die Sicherung des Friedens. Soviet-American Relations and World Peace / Die Erhaltung des Friedens und der internationalen Sicherheit - Haben wir eine Chance? / The NATO - a guarantee of peace in Europe. - *Wirtschaftsgespräch:* Der große Zusammenbruch? Können die finanziellen Probleme der Zukunft gemeistert werden? 6 Workshops zum Thema des Wirtschaftsgesprächs. - *Wirtschaftspolitisches Gespräch:* Trilaterales Gespräch zwischen den drei industriellen Vormächten der Welt: Japan - USA - Westeuropa.
Dialogkongress "Westeuropa - ASEAN-Staaten"
Kulturelle Veranstaltungen: Verleihung des *"Paula von Preradovic-Preises* für junge Österreichische Lyrik 1982" an Peter Hagenah, Vorarlberg. - *Schweizer Dichtung der Gegenwart:* Lesung von Jürg Amann und Gerold Späth. - *Lesung Friedrich Torberg*. Aus dem Briefband "In diesem Sinne". - Kammermusikabend der *Kammermusikvereinigung* Lukas David. - *Welturaufführung* der Kirchenoper "Der Weg nach Emmaus" von Thomas David. Text: Herbert Vogg. - *Videoübertragung:* "Lulu" Oper von Alban Berg / Friedrich Cerha. Text: Frank Wedekind.

Ausstellung: *Portraits der Friedensnobelpreisträger* von 1901 bis 1981. Bilder von Erich Tschinkel, Kirchdorf/Tirol.
Mitwirkende: Francesco d´Agostino, Rom; Hans Albert, Mannheim; Clemens-August Andreae, Innsbruck; Hannes Androsch, Wien; Junichi Aomi, Tokio; William W. Bartley, USA; Luis Bassetti, Innsbruck; Peter Bernholz, Basel; Samuel Brittan, London; Justizminister Christian Broda, Wien;Richard Burke, Brüssel; Roderick A. Chamberlain, London; Jean-Paul Charnay, Paris; Bildungsminister Vitor Crespo, Lissabon; Justizminister Clelio Darida, Rom; Manfred Drennig, Wien; Paul Feyerabend, Zürich/Berkeley; Wissenschaftsminister Hertha Firnberg, Wien; Heinz Fischer, Wien; Stellv. Ministerpräsident Diogo Freitas do Amaral, Lissabon; Helmut Frisch, Wien; Hermann Glaser, Nürnberg; Friedrich Gleißner, Wien; Sir Ernst H. Gombrich, London; Scott Gordon, USA; Michael Graff, Wien; Willfried Gredler, Wien; Rupert Gmoser, Graz; Wilhelm Grimburg, Wien; Erwin Grochla, Köln; Arnim Gutowski, Hamburg; Hermann Haken, Stuttgart; Helmut Haschek, Wien; Hans Haumer, Wien; Nobelpreisträger Friedrich A. Hayek, Freiburg / Breisgau; Michael Heltau, Wien; Alfred Herrhausen, Düsseldorf; Shinsaku Hogen, Tokio; Kurt Horwitz, Wien; Gerhard Huber, Zürich; Herbert Hunger, Wien; Außenhandelsminister Michel Jobert, Paris; Kurt Jungwirth, Graz; Bernulf Kanitschneider, Gießen; Hellmuth Klauhs, Wien; Justizsenator Ulrich Klug, Köln; Wladyslaw Krajewski, Warschau; Franz Kreuzer, Wien;Wilhelm Kuntner, Wien; Außenminister Mochtar Kusumaatmadja, Indonesien; Innenminister Erwin Lanc, Wien; Ferdinand Lazina, Wien; Rolf Liebermann, Paris; Wilhelm Linder, Zürich; Hans Manndorff, Wien; Senator Julián Marias, Madrid; Fritz Molden, Wien; Otto Molden, Wien; Carlo Mongardini, Mailand; Kurt Nösslinger, Wien; Daniel O´Donohue, Washington; Außenminister Willibald Pahr, Wien; Karl Pale, Wien; Jose de A. Perdigao, Lissabon; Sir Karl Popper, Penn/ GB; Emile Poulat, Paris;Landeshauptmannstellvertreter Fritz Prior, Innsbruck; Martin Purtscher, Bludenz; Finanzminister Herbert Salcher, Wien; Entwicklungsminister Emil Salim, Indonesien; Jean-Jacques Salomon, Paris; Staatssekretär Miguel de Aldosoro Sandberg, Madrid;Patrick Sergeant, London; Außenminister Siddhi Savetsila, Thailand; Guido Schmidt-Chiari, Wien; Otto Spitz, Wien; Christa Stadler, Wien; Norbert Steger, Wien; Heribert Steinbauer, Wien; Unterrichtsminister Kasem Suwanagul, Thailand; Präsident Gaston Thorn, Brüssel; Bildungsminister Th. M. von Trier, Niederlande;Ernest Troger, Wien; Robert C. Tucker, USA; Hans Tuppy, Wien; George Vest, Washington-Brüssel; Generalsekretär a. D. Kurt Waldheim, Wien; Albrecht Wellmer, Konstanz; Wolfgang Wickler, Starnberg / BRD; Sepp Wille, Wien; Otto Wolff von Amerongen, Bonn; Bunroku Yoshino, Tokio; Klaus Zapotoczky, Linz; Georg Zimmer-Lehmann, Wien; Albert H. Zlabinger, Florida.

Zum 80. Geburtstag von Sir Karl Popper überreicht Otto Molden dem Jubilar (oben links) und dem Nobelpreisträger Friedrich von Hayek (Mitte), der die Laudatio auf Popper hielt, Ehrenurkunden des „Österreichischen College". Als Hauptgeschenk erhält Karl Popper eine original Alpbacher Kuhglocke. (Bild rechts)

Arbeitsgemeinschaften: Wissenschaft und Skepsis / Moral zwischen Glaube, Vernunft und Skepsis / Krise der Religionen? Glaube und Religionskritik / Geschichtswissenschaft nach dem Historismus / Das Erkenntnisproblem in der Biologie / Aufbau der Materie: Zur dynamischen Theorie der Quarks / Information: Nutzen - Mißbrauch - Überfluß / Information und Wahrnehmung / Politische Diagnose und Information / Bürokratie und politische Entscheidung / Ökonomische Erklärungsversuche menschlichen Verhaltens / Die Zukunft des internationalen Bankwesens - Bankenseminar / Verfügungsrechte in der pluralistischen Gesellschaft / Das Motiv der Skepsis im modernen Roman / Neue Musik und Publikum - Selbstverständnis der Komponisten im Wandel? / Mensch und Lebensraum - Wert und Bewertung des ländlichen Raumes / Anspruchsinflation im Sozialstaat am Beispiel der Gesundheitspolitik.
Kurzveranstaltungen: Gesundheit als Wert und Anspruch / Scenarios und neue Perspektiven der gemischten Wirtschaft / Entzauberung der Wissenschaft - Modelle ohne Wert(e)?
Plenarveranstaltungen: Die geistigen Beziehungen Südostasiens zu Westeuropa / Evolutionäre Erkenntnistheorie / Berechenbarkeit der Welt / Wissen-Glaube-Skepsis in der modernen bildenden Kunst/Monopol oder Wettbewerb bei den Massenmedien / Der Wandel des Rechts - Rechtskontinuität und Rechtsreform/Politische Diagnose der achtziger Jahre.
Europäische Gespräche: *Politisches Gespräch:* Krise der politischen Ideologien.- Entideologisierung oder Re-ideologisierung? Alte und neue Ideologien / Der Nationalsozialismus als Ideologie / Gegenwärtiger Idealismus und die ideologische Grundlage des Faschismus / Krise des Marxismus und der 100. Todestag von Karl Marx / Krise des Marxismus oder der Marxisten / Die Dritte Welt-Ideologie. - *Kulturgespräch:* Das Theater als Zeitkünder. Vorträge: Theater in der Krise / Gedanken über das Theater nach Brecht. - *Wirtschaftsgespräch:* Wege aus der Krise - Aufgaben, Richtungen, Ziele. - Aktuelle Fragen der Wirtschaftspolitik / Der Weg aus der Krise: Aus europäischer Sicht / Der Weg aus der Krise: Aus amerikanischer Sicht. Gegenseitige Abhängigkeit - Krise oder Chance / 3 Workshops zum Thema des Wirtschaftsgesprächs. - *Wirtschaftspolitisches Gespräch*: Offener Markt oder Verteilungsprotektionismus - das Problem der Vermehrung der Industrienationen. - Verschuldungsprobleme der Dritten Welt - Gefahr für den Welthandel / Der Welthandel im Licht einer veränderten Konkurrenzsituation / Internationale Handelsbeziehungen: Die dringende Forderung nach einer neuen Politik / Gegen den Strom - die Wirtschaft der Entwicklungsländer in einer feindlichen Welt. - *Alpbacher Weltwirtschaftsprognose.*
Dialogkongress "Westeuropa - Indien"
Kulturelle Veranstaltungen: *Konzert* des Artis-Quartetts, Wien. - *Komponistenporträts:* Rainer Bischof, Ivan Eröd, Kurt Rapf, Erich Urbanner. - *Theaterwerkstatt*: Conny-Hannes Meyer liest aus seinem neuen Schauspiel "Soliman".
Ausstellung: Werke von *Joseph Beuys.*
Mitwirkende: Clemens-August Andreae, Innsbruck; Hans Albert, Mannheim; Hannes Androsch, Wien; Gerd Bacher, Wien; Justizminister Robert Badinter, Paris; Norman Bailey, Washington; Bettina Bäumer, Wien; Informationsminister H. K. L. Bhagat, New Delhi; Rainer Bischof, Wien; Augusto Boal, Paris; Karl Dietrich Bracher, Bonn; Rudolf Bretschneider, Wien; Christian Broda, Wien; Erhard Busek, Wien; Gaetano Calabrò, Neapel; Hans Czermak, Wien; Fritz Czerwenka, Wien; Pierre Daix, Paris; Fritz Diwok, Wien; Wissenschaftsminister Heinz Fischer, Wien; Walter Fremuth, Wien; Bruno S. Frey, Zürich; Helmut Frisch, Wien; Ministerpräsident Indira Gandhi, New Delhi; Thomas Gannon S.J., Washington; Willfried Gredler, Wien, Wilfried Guth, Frankfurt/M.; Thomas Hammarberg, London; Hermann Häring, Nijmegen; Klaus Heinloth, Bonn; Jan Hoet, Gent; Josef Isensee, Bonn; L. K. Jha, New Delhi; Bernulf Kanitscheider, Gießen; Hellmuth Karasek, Hamburg; Karl Kehrer, Wien; Heinz Kienzl, Wien; Nationalbank-Präsident Stephan Koren, Wien; Helmut Kramer, Wien; Bruno Kreisky, Wien; Herbert Krejci, Wien; Michael Kubovy, USA; Bernd-Olaf Küppers, Göttingen; Staatssekretär Ferdinand Lacina, Wien; Aussenminister Erwin Lanc, Wien; Wissenschaftsminister Damrong Lathapipat, Bangkok; Rolf Liebermann, Salzburg-Paris; Nobelpreisträger Konrad Lorenz, Altenberg; Ernst G. Loudon, Wien; Zürich; Hans Mayer, Tübingen; Geoffrey M. Maynard, London; F. J. Meyer zu Schlochtern, Paris; Jürgen Mittelstraß, Konstanz; Hans Mohr, Freiburg/Breisgau; Fritz Molden, Wien; Otto Molden, Wien; Heiner Müller, Ostberlin; R. McNamar, Washington; Gerhard Oberhammer, Wien; Erhard Oeser, Wien; Justizminister Harald Ofner, Wien; G. Parthasarathi, New Delhi; Pichard Piaty, Wien; Sir Karl Popper, Penn/GB; Außenminister Narasimha Rao, New Delhi; Anton E. Rauter, Wien-Lüttich; Finanzminister a. D. Carlos Rischbieter, Brasilien; Lord Eric Roll of Ipsden, London; Norbert Roszenich, Wien; Finanzminister Herbert Salcher, Wien; Staatsminister Emil Salim, Jakarta; Wolfgang Schallenberg, Wien; Burghart Schmidt, Wien; Staatssekretär Erich Schmidt, Wien; Guido Schmidt-Chiari, Wien; Hans Seidel, Wien; Roman Sexl, Wien; Roger N. Shepard, USA; Bundeskanzler Fred Sinowatz, Wien; Helmuth Sonnenfeldt, Washington; Ministerpräsident a.D.Giovanni Spadolini, Rom; Karl Steinbuch, BRD; Gesundheitsminister Kurt Steyrer, Wien; Elisabeth Ströker, Köln; Präsident Gaston Thorn, Brüssel; Franz Vranitzky, Wien; Georg Wailand, Wien; Bundesminister Jürgen Warnke, Bonn; Sepp Wille, Wien; Otto Wolff von Amerongen, Bonn; Georg Zimmer-Lehmann, Wien; Klaus Woltron, Graz; Klaus Zapotoczky, Linz.

Indira Gandhi besuchte auf ihrer letzten großen Europareise den Alpbach-Dialogkongreß 1983 „Westeuropa-Indien". (Photo: Gattinger)

Der indische Außenminister Rao - Begleiter und später Nachfolger Indira Gandhis als Premieminister Indiens, bei seiner Alpbacher Rede.

Bild unten links: Bruno Kreisky kommt 1983, dem Jahr seines Rücktrittes als Bundeskanzler, mit Indira Gandhi zum letzten Mal nach Alpbach zum Dialogkongreß Westeuropa - Indien. Im Bild mit Außenminister Erwin Lanc (rechts).

Bild unten rechts: Indira Gandhi und Otto Molden stoßen mit einem Glas Wein auf die gelungene Veranstaltung an (Photos: Gattinger)

Zwei der österreichischen Geistesriesen, die dem Alpbacher Forum durch Jahrzehnte die Treue hielten:
v.l.n.r. Sir Karl Popper
feiert mit seinem Freund Konrad Lorenz
dessen 80. Geburtstag
in der Fuggerstube des Bögler-Hofes (Bild oben).
Otto Molden (Bild unten rechts im Bild)
überreicht dem Nobelpreisträger eine symbolische Graugans als Geschenk.
(Photos: Gattinger)

1984 DER BEITRAG EUROPAS - ERBE UND AUFTRAG

Arbeitsgemeinschaften: Freiheit und Ordnung. Zur gegenwärtigen Problemsituation im politischen Denken / Die griechische Idee der Wissenschaft - Erkenntnis durch methodische Forschung / Geschichte als Forschung - Der europäische Beitrag zum historischen Denken / Die klassische Tradition in der europäischen Kultur / Die Kunsttheorien Europas - Zur Frage ihres Geltungsbereiches / Utopie und Gegenutopie in der europäischen Literatur / Christentum und moderne Kultur: Herausforderung des europäischen Christentums durch andere Kulturen / Das Leib-Seele-Problem / Erbe und Umwelt - biologische und soziale Wurzeln der menschlichen Existenz / Das Ende der Ideologien? Zur Krise der politischen Parteien / Probleme einer humanen Leistungsgesellschaft / Die Zukunft des geistigen Eigentums - Schutz und Verpflichtung / Rechtsordnung und Wirtschaftsgeschehen - Die Ordnung der Wirtschaft als institutionelles Problem / Die Bank in einer sich verändernden Umwelt - Bankenseminar / Japanische Betriebsführung und Organisation in Industrie und Handel - Japans Antwort auf Europas Beitrag - Industrie- und Handelsseminar.
Kurzveranstaltungen: Technologie und Wirtschaft - Der europäische Beitrag / Ideologie und Ökonomie des Gesundheitswesens/Sozialpartnerschaft und gemischtes Wirtschaftssystem - Der Beitrag Österreichs zu Europa.
Plenarveranstaltungen: Europa und die außereuropäischen Kulturen - der wechselseitige Einfluß / Selbstdarstellung der Demokratie / Die gegenwärtige geistige und religiöse Situation in der Sowjetunion / Umverteilung geistigen Eigentums? / Wechselwirkung zwischen Welt 1 (Ereignissen im Gehirn) und Welt 2 (Bewußtseinsvorgängen) im Liaison Gehirn. Gespräch zwischen Sir John Eccles und Sir Karl Popper / "Der andere Zauberberg". Veranstaltung anläßlich des 40. "Europäischen Forum Alpbach" / Geschichte und gegenwärtige Situation der Physik / Physik - erfüllte und enttäuschte Erwartungen.
Europäische Gespräche: *Kulturgespräch:* Das Gesamtkunstwerk als europäisches Phänomen. - *Politisches Gespräch:* Europa: Modelle politischer Zukunft. Zur gegenwärtigen politischen Situation Westeuropas / Wege zur Selbstbehauptung Europas / Die politische und wirtschaftliche Integration Europas - die Perspektive der christlichen Demokraten -*Alpbacher Weltwirtschaftsprognose.- Wirtschaftsgespräch:* Europas Wirtschaft: Ende oder neuer Anfang. Europas Wirtschaft - Herausforderung für Österreich - *Wirtschaftspolitisches Gespräch:* Freie Marktwirtschaft oder Kurswechsel - Bilanz nach 40 Jahren Wirtschaftspolitik in Westeuropa.
Dialogkongreß "Westeuropa - USA - Japan"
Kulturelle Veranstaltungen: *Verleihung des "Paula von Preradovic-Preises* für Junge Österreichische Lyrik" 1984 an Elisabeth Rosenmayr, Wien. - *"Brennpunkt Alpbach".* Filmdokumentation über 40 Jahre "Europäisches Forum Alpbach" von Hannes Kar, Wien. - *Kammermusik des Barock.* Telemann-Ensemble Leipzig. - *Musik für Alpbach:* Hans-Erich Apostel: "Alpbacher Miniaturen"; Gottfried von Einem: "Alpbacher Tanzserenade"; Ernst Krenek: "Alpbach-Quintett". - *Konzert* des Philharmonischen Duos Berlin. - *Lesung* Raissa Orlowa-Kopelew. - *Uraufführung* des Theaterstückes "Die Witwe des Dichters" von Iva Procházková.
Alpbacher Portraits: Ernst Bloch, Peter Handke.
Ausstellung: *Paul Flora* - Zeichnungen und Radierungen.
Mitwirkende: Hans Albert, Mannheim; Hannes Androsch, Wien; Eduardo de Arantes e Oliveira, Lissabon; Luis Bassetti, Innsbruck; Carlo De Benedetti, Italien; Finanzminister Miguel Boyer, Madrid; Erhard Busek, Wien; Vincenzo Cappelletti, Rom; Handelminister Paul Channon, London; Jean Clair, Paris; Fritz Czerwenka, Wien; Helmut Detter, Wien; Robert Dittrich, Wien; Fritz Diwok, Wien; Nobelpreisträger Sir John Eccles, Schweiz; Walter Ertl, Wien; Wissenschaftsminister Heinz Fischer, Wien; Außenminister a. D. Colette Flesch, Luxemburg; Herbert Foltinek, Wien; Helmut Frisch, Wien; Willfried Gredler, Wien; Helmut Haschek, Wien; Bundesminister Volker Hauff, Bonn; Hans Haumer, Wien; Robert Heller, San Francisco; Alfred Herrhausen, Frankfurt / M.; Fritz Hoess, Wien; Shinsaku Hogen, Tokio; Heinz Kessler, Wien; Helmut Kramer, Wien; Bundespräsident Rudolf Kirchschläger, Wien; Horst Knapp, Wien; Leopold Kohr, Salzburg; Lew Kopelew, Köln; Stephan Koren, Wien; Peter Koss, Wien; Herbert Krejci, Wien; Helmut Leherb, Wien; Lord Harold Lever of Manchester, London; Sepp Linhart, Wien; Fritz Molden, Wien; Otto Molden, Wien; Edgar Morscher, Salzburg; Vize-Außenminister Toshijiro Nakajima, Tokio; Stellv.-Finanzminister Tim McNamar, Washington; Michael Neider, Wien; Eva Nowotny, Wien; Justizminister Harald Ofner, Wien; Geoffrey W. Maynard, London; Fritz Molden, Wien; Otto Molden, Wien; Mario Monti, Mailand; Thomas Nowotny, Wien; Sir Karl Popper, Penn / GB; Karl Heinz Ritschel, Salzburg; Lord Eric Roll of Ipsden, London; Landwirtschaftsminister Michel Rocard, Paris; Norbert Rozsenich, Wien; Finanzminister Herbert Salcher, Wien; Wolfgang Schüssel, Wien; Gesundheitsminister Kurt Steyrer, Wien; Walter Scheel, Köln; Staatsminister Peter M. Schmidhuber, München; Burghart Schmidt, Wien; Staatssekretär Erich Schmidt, Wien; William Schneider, Washington; Wolfgang Schüssel, Wien; Bautenminister Karl Sekanina, Wien, Helmut Sonnenfeldt, Washington; Vizekanzler Norbert Steger, Wien; Harald Szeemann, Zürich; Josef Taus, Wien; Präsident Gaston Thorn, Brüssel; Karl Vak, Wien, Ministerpräsident Bernhard Vogel, Mainz; Heinz Vogler, Wien; Bischof Alois Wagner, Vatikan; Landeshauptmann Eduard Wallnöfer, Innsbruck; Sepp Wille, Wien; Otto Wolff von Amerongen, Bonn; Elie Zahar, London; Valerio Zanone, Rom; Klaus Zapotoczky, Linz; Georg Zimmer -Lehmann, Wien.

Bild ganz links:
Bundespräsident
Rudolf Kirchschläger
gratuliert zum
40. Alpbach Jubiläum

Bild links:
Finanzminister Herbert Salcher
beim Wirtschaftsgespräch.

Bild unten:
Jetzt sind gleich zwei österreichische
Justizminister
in Alpbach: Christian Broda,
der mit Kreisky zurückgetreten war,
und sein Nachfolger im Amte
Harald Ofner.
(Photos: Gattinger)

Das Österreichische College und die Gemeinde Alpbach ehren einander im Jubiläumsjahr 1984.

Collegepräsident Otto Molden erhält anläßlich des 40. Forumsjubiläums einen Alpbacher Trachtenjanker als Geschenk der Gemeinde und revanchiert sich mit der College-Ehrennadel für Bürgermeister Oswald Moser (Bild links) und seine Stellvertreter Bastl Moser (Bild links unten) und Hans-Jörg Lederer. (Bild rechts unten).

Vizepräsident Fritz Czerwenka erhält eine Ehrenurkunde der Gemeinde Alpbach (Bild gegenüberliegende Seite oben), Bundespräsident Rudolf Kirchschläger sieht huldvoll zu.

Der Alpbacher Fremdenverkehrs-Verbandsobmann Hans Jennewein (gegenüberliegende Seite unten, Mitte) und „Club Alpbach“ Präsident Hans Duftner (im gleichen Bild links neben Jennewein) stoßen mit Otto Molden und anderen College-Honoratioren an. (Photos: Gattinger).

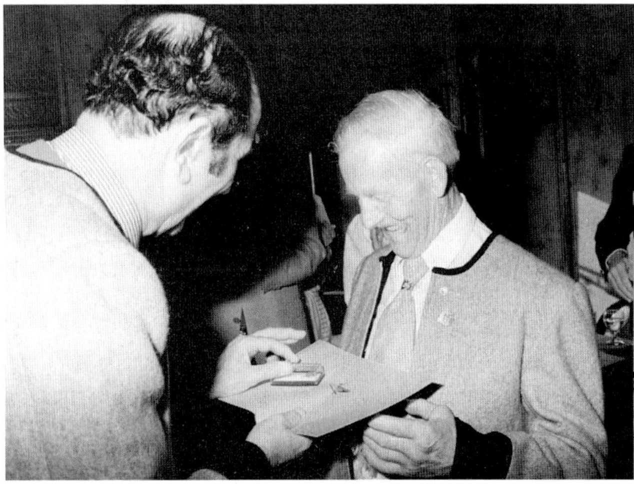

1985 EVOLUTION UND DIE ZUKUNFT DER MENSCHHEIT

Arbeitsgemeinschaften: Die Soziobiologie des Menschen / Wie gefährdet ist unsere Erdatmosphäre? / Zum Problem einer evolutionären Erkenntnistheorie / Die ökonomische Krise und die Zukunft des Wohlfahrtsstaates / Menschliches Denken und künstliche Intelligenz - zum Problem einer "cognitive science" / Christliche Religion und säkularistische Gesellschaft/Zur Evolution sozialer Strukturen/ Massenmedien in der modernen Gesellschaft/Tradition und Fortschritt in der Kunst/Die Evolution im philosophischen Denken/Persönlichkeitsrechte und Entwicklung rechtlicher Sanktionen/Technologiebewertung - Technologiefolgenabschätzung/Kreditinstiute auf den Finanzmärkten der 90er Jahre. Produktinnovation - eine Abhilfe gegen Disintermediation? (Bankenseminar)/Anforderungen an das Management der Zukunft. Automation - Innovation - Menschlichkeit (Industrie- und Handelsseminar).
Kurzveranstaltungen: Die postindustrielle Gesellschaft - flexible Arbeitswelt/ Patient - Arzt - Spital. Zukünftige Aufgabenteilung zwischen ambulanter und stationärer Medizin/Die Zukunft der Sicherheit/Technologie und Wirtschaft - Wechselwirkung zwischen neuen Technologien und bestehenden Strukturen.
Plenarveranstaltungen: Justiz und Menschenrechte: Schutz - Hindernis - Überforderung? / Kosmologie und Elementarteilchenphysik - eine neue Symbiose / Der Aufbau und die Entwicklung der Welt im Großen / Medizin und Ethik - Neubestimmung oder Neuorientierung / Die Lebensgrenzen in neuer Sicht / Ethische Probleme der Fortpflanzungsmedizin / Zukunftsorientierte Genetik und Gen-Ethik.
Europäische Gespräche: *Politisches Gespräch:* Westeuropas Zukunft im Kräftefeld der Supermächte. Die zukünftige Rolle Europas in der Welt aus amerikanischer Sicht / Westeuropas Zukunft im Kräftefeld der Supermächte / Was hat die Sowjetunion mit Europa vor? - *Kulturgespräch:* Zur Zukunft der großen Kulturen. Aufstieg und Verfall - Integration und Differenzierung. Europas Interesse an einer Standortbestimmung der großen Kulturen / Begegnung des Westens mit der indischen Kultur / Kultur als Phänomen einer zukünftigen integriertenWelt / Aufstieg und Niedergang der Nationen: nachträgliche Gedanken / Die Verantwortung der Intellektuellen für Aufstieg und Niedergang der Kulturen. - *Alpbacher Weltwirtschaftsprognose.* - *Wirtschaftsgespräch*: Wirtschaft und Umwelt. Die österreichische Wirtschaftspolitik in einer veränderten Welt / Wirtschaftswachstum und Umweltschutz / Markt oder Intervention im Umweltschutz / Unternehmenserfolg und Umweltschutz / Wertewandel in Wirtschaft und Politik / Die gesellschaftliche und wirtschaftliche Umwelt bis zur Jahrtausendwende.
Dialogkongreß "Westeuropa - Nord- und Südwestpazifik"
Kulturelle Veranstaltungen: *Eröffnungskonzert* des Ensemble Lukas David. - *Filmabend* "Lenin in Zürich". - *"Der Streit zwischen Phoebus und Pan"* , Dramma per musica von Johann S. Bach. - *Autorenlesungen:* Ulla Hahn, Bremen; Georg J. Morava, Innsbruck; Francois Bondy, Zürich. - *Russische Untergrundlieder.* Interpretin: Larisa Gerstein-Kuznetsov. - Jazzabend mit Elly Wright und Albert Mair.
Alpbacher Portraits: Alexander Solschenizyn, Elias Canetti, Manès Sperber.
Ausstellungen: 1. *"Federn für die Freiheit* - 40 Jahre europäische politische Karikatur". - 2. *Computerkultur.*
Mitwirkende: Jürgen Audretsch, Konstanz; Justizminister Robert Badinter, Paris; Chaturvedi Badrinath, Indien; William W. Bartley, USA;Luis Bassetti, Innsbruck; Werner Becker, Frankfurt/M.; Jamshed Bhabha, Bombay; Hans C. Binswanger, St. Gallen; Rainer Bischof, Wien; John Block, Washington; Christian Broda, Wien; E.-M. Claassen, Paris; Don R. Conlan, Los Angeles; Fritz Czerwenka, Wien; Alexander Demandt, Berlin;Joseph Dennin, Washington; Fritz Diwok, Wien; Michel Drancourt, Paris; Jürgen Ehlers, BRD; Wolfram Engels, Düsseldorf; Walter Ertl, Wien; Ota Filip, München; Wissenschaftsminister Heinz Fischer, Wien; Erhard Fürst, Wien; Volker Gadenne, Mannheim; Ernst Gehmacher, Wien; Friedrich Gleissner, Wien; Michael Grant, Lucca; Außenminister Leopold Gratz, Wien; Diane McGuinness, USA; Staatssekretär H. Haunschild, Bonn; Nobelpreisträger Friedrich A. Hayek, Freiburg/Br.; Elisabeth Herz-Kremenak, Washington; Hans C. Hittmair, Washington;Shinsaku Hogen, Tokio; Bernulf Kanitscheider, Gießen; Karl Kehrer, Wien; D. Kessler, Paris; Botschafter Thomas Klestil, Washington; Ulrich Klug, Köln; Hans Köchler, Innsbruck; Herbert Krejci, Wien; Verkehrsminister Ferdinand Lacina, Wien; Michael Lafferty, London; Sepp Linhart, Wien; Geoffrey W. Maynard, London; Minister Alejandro Melchor, Manila; George Melloan, New York; F. J. Meyer zu Schlochtern, Paris; Otto Molden, Wien; Justizminister Harald Ofner, Wien; Mancur Olson, USA; Karl-Dieter Opp, Hamburg; Hisashi Owada, Tokio; Giuliano Pancaldi, Bologna; Fritz Paschke, Wien; Richard Piaty, Wien; Sir Karl Popper, Penn/GB; Karl Pribram, USA; Claus Raidl, Wien; Roland Riz, Bozen; Paolo Rossi, Florenz; Staatsminister Peter M. Schmidhuber, München; Staatssekretär Erich Schmidt, Wien; William Schneider, Washington; Wolfgang Schüssel, Wien; Franz Seitelberger, Wien; Sergio Siglienti, Mailand; Theo Sommer, Hamburg; Helmut Sonnenfeldt, Washington; Vizekanzler Norbert Steger, Wien; Karl Steinbuch, BRD; Gesundheitsminister Kurt Steyrer, Wien; Präsident Gaston Thorn, Brüssel; Hans Tuppy, Wien; Franz Verzetnitsch, Wien; Michael Voslensky, München; Finanzminister Franz Vranitzky, Wien; Bischof Alois Wagner, Vatikan; Peter Weibel, Wien; Premierminister a. D. Gough Whitlam, Canberra; Klaus Zapotoczky, Linz.

Bild rechts:
Verkehrsminister Ferdinand Lacina war einer der Referenten des Wirtschaftsgespräches 1985.

Bild unten:
v.l.n.r.: Finanzminister Franz Vranitzky,
Otto Molden
und ganz rechts der
damalige österreichische Botschafter in Washington, Thomas Klestil.
(Photos: Gattinger)

1986 AUTONOMIE UND KONTROLLE. STEUERUNGSKRISEN DER MODERNEN WELT

Arbeitsgemeinschaften: Individuelle Freiheit und soziale Kontrolle / Zum Problem der Steuerung des Erkenntnisgeschehens / Europäische Naturphilosophie und indische Metaphysik / Die Krise der modernen Bürokratie - Politische Entscheidungsgewalt und die Eigendynamik sozialer Gebilde / Staatliche Autonomie und internationale Anarchie / Autonomie und Kontrolle im Spannungsfeld juristischer Verantwortung / Verhaltenssteuerung und ihre theoretischen Grundlagen / Krisenphänomene der Biosphäre und ihre sozialen Auswirkungen / Organisation und Zufall im Kunstwerk / Schattenwirtschaft / Feminismus / Manipulation der Fruchtbarkeit - ein ethisches Problem / Mittelaufkommen und höherwertige Veranlagung. Die Rolle der Banken in der Vermögensbildung (Bankenseminar) / Unternehmungsstruktur, Unternehmungsstrategie, Unternehmungskultur (Industrie- und Handelsseminar) / Steuerungskrisen in der Stadtentwicklung / Rüstungsautonomie und äußere Sicherheit.

Plenarveranstaltungen: Die schöpferische Neugier und die Kraft der Verwandlung - die euro-indische Begegnung oder Autonomie und Kontrolle der Kultur/ Funktion, Steuerung und Störungen des menschlichen Gehirns. Das Organisationsprinzip des Neuralen / Höhere Hirnleistungen und ihre Störungen / Das Altern des Gehirns und die Altersdemenzen / Autononie und Kontrolle - Die Rechtsstellung von Minderheiten. Minderheiten und das Gesetz / Autonomie und Minderheitenschutz / Asylrecht - Menschenrecht / Wer ist Flüchtling? / Das Realismusproblem in der modernen Physik. Wirklichkeit und Objektivierbarkeit in der modernen Physik / Die Quantenmechanik als umfassende Theorie der materiellen Realität/ Gedanken zum Yoga und zur indischen Meditation/ Interdisziplinäres Gespräch zum Generalthema/ Das Verdrängungssyndrom - Wahrheit, Lügen und Legenden über Demokratie, Faschismus und Nationalsozialismus. Die Verbrechen von Nationalsozialismus und Faschismus / Immanente Geschichtsbetrachtung als Voraussetzung objektiver Urteile / Bewältigung oder Verdrängung der jüngsten Vergangenheit / Die Gefahr bewußter und unbewußter Geschichtsfälschung.

Europäische Gespräche: *Kulturgespräch:* Der Autor im Widerstreit der Medien. Der Autor - die Person ohne Mitbestimmungsrecht / 'Ratschläge einer Raupe' oder die Relativitätstheorie des Erfolges / Der Autor und die elektronischen Medien / Literatur im Fernsehen / Der Autor - ein Opfer? - *Politisches Gespräch:* Eurosklerose - Das Ende unserer Zukunft? Eurosklerose und die Zukunft Europas aus amerikanischer Sicht / Die technologische Herausforderung Europas durch die USA und Japan / Die industriellen Möglichkeiten Europas auf dem Gebiet der Hochtechnologie und ihre Weiterentwicklung / Wie kann Europa wirtschaftlich gegenüber den USA und Japan aufholen? / Österreich- Absage an den Pessimismus. - *Alpbacher Weltwirtschaftsprognose.* - *Wirtschaftsgespräch:* Die veränderte Arbeitswelt - Es geht um Europa. Staat und Wirtschaft / Das Management einer neuen Arbeitswelt / Hat Arbeit eine Zukunft / Die Arbeitswelt in Europa aus amerikanischer Sicht / Strukturverschiebungen im Arbeitsplatzangebot / Neue Technologien und Arbeitsplätze.

Kulturelle Veranstaltungen: *Verleihung des "Paula von Preradovic-Preises* für Junge Österreichische Lyrik" 1986 an Barbara Wiener, Wien und Norbert Huber, Lustenau. - *Konzert* des "Wiener Blechbläserquintett Oculus". - *Kammermusik des Barock.* Interpreten: Telemann-Ensemble Leipzig. - *Lesung* Martin Walser. - *Vienna's English Theatre:* "Dear Liar" von Jerome Kilty. - *Kirchenkonzert:* Chor der Basilika Maria Treu.

Alpbacher Portraits: Paula von Preradovic, Theodor W. Adorno, Erwin Schrödinger, Sigmund Freud.

Ausstellung: *"Alpbach-Photographien* von Wolfgang Pfaundler"

Mitwirkende: Karl Acham, Graz; Hans Albert, Mannheim; Clemens A. Andreae, Innsbruck; Sven W. Arndt, Washington; Dieter Bökemann, Wien; Louis Boon, Limburg; Christian Broda, Wien; Fürst Hans Brunhart, Vaduz; Pierre de Calan, Paris; Francesco Capriglione, Rom; Hertha Firnberg, Wien; Lord Francis A. Cockfield, Brüssel; Axel Corti, Wien; Otto Creutzfeldt, Göttingen; Fritz Czerwenka, Wien; Fritz Diwok, Wien; John Dorrington, London;Johann Farnleitner, Wien; Lord Frederick Elwyn-Jones, London; Ruth Engel-Wodak, Wien;Helmut Frisch, Wien; Felice Gianani, Rom; Manfred Haider, Wien; Elisabeth Herz-Kremenak, Washington; Rolf Hochhuth, Basel; Johannes Huber, Wien; Lotte Ingrisch, Wien; Max Jammer, Israel; Bernulf Kanitscheider, Gießen; Arnold Keyserling, Wien; Ulrich Klug, Köln; Helmut Kramer, Wien; Hans-Jürgen Krupp, Berlin; Finanzminister Ferdinand Lacina, Wien; Maestro Leherb, Wien, Harald Leupold-Löwenthal, Wien; Heinz Löffler, Wien; Gerhard Luf, Wien; Fritz Molden, Wien; Otto Molden, Wien; Fritz Neeb, Wien; Ernst Nolte, Berlin; Thomas Nowotny, Wien; Justizminister Harald Ofner, Wien;Theo Öhlinger, Wien; Anton Pelinka, Innsbruck; Hellmuth Petsche, Wien; Dorothea Pfersmann, Wien, Hans Primas, Zürich;Landeshauptmann-Stellv. Fritz Prior, Innsbruck; Marcel Reich-Ranicki, Frankfurt/M.;Erich Reiter, Wien; Roland Riz, Bozen; Minister Peter Schmidhuber, München; Franz Seitelberger, Wien; Konrad Seitz, Bonn; Helmut Sonnenfeldt, Washington; Janos Szentagothai, Budapest; Josef Taus, Wien; Helmut Thoma, Luxemburg; Präsident Gaston Thorn, Luxemburg; Staatssekretär Manfred Timmermann, Bonn; Ernst Topitsch, Graz; Prälat Leopold Ungar, Wien; Peter Weibel, Wien; Bundeskanzler Franz Vranitzky, Wien; Bischof Alois Wagner, Vatikan; Erik G. Wickenburg, Wien; Stefan Zapotocky, Wien; Georg Zimmer-Lehmann, Wien; Stanislas M. Yassukovich, London.

Wolfgang Pfaundler,
das wahre Auge Alpbachs,
zeigt einer Teilnehmerin
die Ausstellung seiner Bilder
über Dorf und Forum.
Auch in dieser Dokumentation
sind viele seiner hervorragenden
Bilder enthalten.

Bild rechts:
Der Wiener Surrealist
Maestro Leherb kommt wieder
einmal nach Alpbach.

Bild links:
Lotte Ingrisch beim
Literaturgespräch, das sich im
Jahre 1986 vor allem mit den
Autoren, ihren Rechten, Risken
und Herausforderungen
befaßte.
(Photos: Gattinger)

Arbeitsgemeinschaften:Grundlagen der Moral (Ethik) / Erkenntnis und Entscheidung in der Forschung / Normative Grundlagen der Ordnungspolitik / Kunstwerke zwischen Ästhetik und Ökonomik / Social Policy Research: Zur Problematik der Evaluationsforschung / Geschichte im Widerstreit der Wertungen / Opfer und Täter - Neue Wege im Strafrecht / Moralische Werte und die Natur des Menschen / Glaubensentscheidung und wissenschaftliche Erkenntnis / Zur Subjektivität im Kunsturteil / Mikroelektronik und die Zukunft menschlicher Arbeit / Wiederentdeckung der Land- und Forstwirtschaft als Lebensgrundlage der postindustriellen Gesellschaft / Aktien und aktienähnliche Instrumente als Mittel zur Eigenkapitalaufbringung / Offensive oder defensive Bewältigung des technischen Fortschritts durch die Unternehmensführung / Die Sicherheitspolitik in Europa im Spannungsfeld sich ändernder Wertvorstellungen / Die Rolle der Entscheidung in der Erfahrung.
Plenarveranstaltungen: Portugal entdeckt die Welt für Europa. Der entscheidende geistige und wirtschaftliche Einfluß Portugals auf Europa durch die Vermittlung der außereuropäischen Kulturen und die Geburt des Welthandels / Erkenntnisse und Entscheidungen im Dienste neuer Initiativen für kulturelle Aufgaben in Europa - Visionen und Herausforderungen für die Europäischen Stiftungen / Österreichs neue Große Koalition/Kann Österreich Mitglied der Europäischen Gemeinschaften werden? / Die großen Enzyklopädien - signifikantes Kennzeichen universalen europäischen Denkens / Zwischen Gleichheit und Gerechtigkeit/Gentechnik und Reproduktionsmedizin - Politische Konsequenzen biologischer Erkenntnisse / 7.300 Jahre Principia - Das Weltbild Isaac Newtons und seine Auswirkungen.
Europäische Gespräche: *Kulturgespräch:* Kunst und Kommerz. - *Politisches Gespräch:* Entscheidung für eine gemeinsame europäische Außenpolitik. - *Wirtschaftsgespräch:* Für eine dynamische europäische Wirtschaft (Budgetkonsolidierung - Deregulierung). *Alpbacher Weltwirtschaftsprognose.*
Kurzveranstaltungen: Portugal und Brasilien - Eine Brücke von Westeuropa über den Atlantik/Der Kranke in der Gesellschaft/Technologie und Wirtschaft. Revolution in Wirtschaft, Wissenschaft und Gesellschaft/Altersvorsorge im Lebenseinkommenszyklus - Die Zukunft sichern.
Dialogkongress "Westeuropa - USA"
Kulturelle Veranstaltungen: *Konzert* "Trio Capela", Lissabon. - *Konzert* "Tripp-Trio", Wien. -*Dichterlesungen:* Barbara Frischmuth, Wien; Arthur Schnitzler (Heribert Sasse, Berlin); Paula von Preradovic (Sonja Sutter, Wien); Conny H. Meyer. - *Vienna´s English Theatre:* "Autodafé" von Tennessee Williams; "Whatever happened to Betty Lemon" von Arnold Wesker. - *Konzert* "Wiener Hornquartett".
Alpbacher Porträts: Fernando Pessoa, Werner Heisenberg, Thomas Mann, Ingeborg Bachmann.
Ausstellung: *"Aktuelle Österreichische Malerei".*

Mitwirkende: Bundesminister Irmgard Adam-Schwaetzer, Bonn; Hans Albert, Mannheim; Clemens-August Andreae, Innsbruck; Ronald Barazon, Wien; William J. Bennett, Washington; Christian Beurle, Wien; Winfried Blum, Wien; Vizekanzler a. D. Fritz Bock, Wien; Knut Boeser, Berlin; Bazon Brock, BRD; James Buchanan, USA; Vincenzo Cappelletti, Rom; Paolo Casavola, Rom; Thomas Chorherr, Wien; Henning Christophersen, Brüssel; Innenminister William P. Clark, Washington; Axel Corti, Wien; Alexander von Cube, Washington; Fritz Czerwenka, Wien; Helmut Detter, Wien; Ernest Dichter, New York; Fritz Diwok, Wien; Jacob Dreyer, Washington; Walter Ertl, Wien; Klaus Ewig, Brüssel; Herbert Foltinek, Wien; Justizminister Egmont Foregger, Wien; Peter Frank, Kalifornien; Außenminister Diogo Freitas do Amaral, Lissabon; Gerhard Frey, Innsbruck; Helmut Frisch, Wien; Erhard Fürst, Wien; Raymond Georis, Amsterdam; Friedrich Gleissner, Wien; Premierminister a. D. Edward Heath, London; H. Robert Heller, Washington; Wilhelm Hendricks, Wien; Jan Hoet, Gent; Otfried Höffe, Schweiz; Peter Jankowitsch, Wien; Udo Jesionek, Wien; Robert Jungbluth, Wien; Bernulf Kanitscheider, Gießen; Harry Kaufmann, New York; Guido Klestil, Wien; Generalsekretär Thomas Klestil, Wien; Peter Koss, Wien; Helmut Kramer, Wien; Jane Kramer, New York; Herbert Krejci, Wien; Wilhelm Kuntner, Wien; Finanzminister Ferdinand Lacina, Wien;Botschafter Ronald S. Lauder, Wien; Minister Franz Löschnak, Wien; Thomas Messer, New York; Jürgen Mittelstraß, Konstanz; Außenminister Alois Mock, Wien; Fritz P. Molden, Wien; Otto Molden, Wien; Rolf Möller, Hannover; Edgar Morscher, Salzburg; Alan Musgrave, Neuseeland; Karl-Heinz Narjes, Brüssel; Michael Neider, Wien;Minister Heinrich Neisser, Wien; Paul Neurath, Wien/New York; Manuel J. Nunes, Lissabon; B. Robert Okun, Washington; Karl Pale, Wien; W. Petrak, Wien; Andrew J. Pierre, Paris; Sir Karl Popper, Penn/GB; Wolf Rauch, Graz; Lord Eric Roll of Ipsden, London; Norbert Rozsenich, Wien; Serge Sabarsky, New York; Botschafter Manfred Scheich, Wien; Minister Peter Schmidhuber, München; Wolfgang Schüssel, Wien; Franz Seitelberger, Wien; Finanzminister Palle Simonsen, Kopenhagen; Kurt Skalnik, Wien; Helmut Sonnenfeldt, Washington; Erich Staska, Wien; Staatsminister Lutz G. Stavenhagen, Bonn; Peter Swoboda, Graz; Angelo Tantazzi, Bologna; Wissenschaftsminister Hans Tuppy, Wien; Bischof Alois Wagner, Vatikan; G. Wailand, Wien; John Watkins, London; Gerhard Weber, Wien; Heinrich Wohlmeyer, Wien; Gottfried A. Wolf, Wien; Stefan Zapotocky, Wien; Klaus Zapotoczky, Linz.

Zwei Arbeitskreisleiter, John Watkins (London School of Economics) und Alan Musgrave (Otago University, Neuseeland), die sich in ihrem Seminar „Erkenntnis und Entscheidung in der Forschung“ gut zu vertragen scheinen.

Bild unten: Aufmerksame Zuhörer bei einer Plenarveranstaltung 1987 v.l.n.r.: Alexander Auer, Heinz Apenzeller und Fritz Neeb.

Arbeitsgemeinschaften: Der europäische Sonderweg als Ursprung der Moderne / Das Rationalitätsproblem in Kulturanthropologie und postmoderner Philosophie / Neuer Mystizismus und die Realität der Physik / Die Biosphäre und der Raubbau an der Zukunft / Zur Krise im ökonomischen Denken / Der Wohlfahrtsstaat in der Krise / Krisen in der Bevölkerungsentwicklung: Ursachen und Konsequenzen / Soziale Chancen und Risiken der modernen Techniken / Veränderungen im Rollenverständnis der Geschlechter / Der Aufstand der ethnischen Minderheiten / Die Wiederkehr der Erfolgshaftung / Führungserfolg in schwierigen Situationen (Industrie- und Handelsseminar) / Integration in die Europäischen Gemeinschaften - Auswirkungen auf die Bankwirtschaft der Nicht-Mitgliedstaaten / Moderne und Postmoderne in Literatur und Dichtung / Die Krise als Notwendigkeit lebendiger Kunst (Musikseminar) / Ökologisches Bewußtsein und Unternehmensführung.

Plenarveranstaltungen: Diskussionsabend zur gegenwärtigen Situation in Südafrika. Der Befreiungskampf der Schwarzen und die Aussichten auf eine friedliche Lösung für Südafrika / Grundzüge einer demokratischen Verfasssung in Südafrika / Möglichkeiten und Gefahren der Gentechnologie / Diskussion über die Bedeutung des postmodernen Städtebaus/ Vom Anfang und Ende des Universums/ Ehe und Familie als Rechtssubjekte/ Interdisziplinäres Gespräch zum Generalthema / Vergil - Der Prophet Europas.

Europäische Gespräche: *Kulturgespräch:* Die verordnete Sprachlosigkeit - Zur Dynamik des literarischen Untergrundes. Die ukrainische Literatur zwischen Gestern und Morgen / Eine gespaltene Literatur - Die tschechische Literatur 20 Jahre nach dem Prager Frühling / Hat die rumänische Literatur noch eine Zukunft?. - *Politisches Gespräch:* Die Erosion der Supermächte - Zur Krise der internationalen Nachkriegsordnung. Die Rolle der Europäischen Gemeinschaften / Die Erosion der Supermächte durch den Wiederaufstieg Europas / Die derzeitige Position der USA als eine der beiden Supermächte - *Wirtschaftsgespräch*: Für einen einheitlichen europäischen Wirtschaftsraum - Die Schaffung des EG-Binnenmarktes als Herausforderung für die EFTA-Staaten. - *Alpbacher Weltwirtschaftsprognose.*

Kurzveranstaltungen: 1. Medizin im Wandel. 2. Technologie und Wirtschaft. Technik in Funktion und Form - Neue Chancen am Markt.

Dialogkongress "Europäische Gemeinschaften-EFTA-Staaten"

Kulturelle Veranstaltungen: *Verleihung des "Paula von Preradovic-Preises* für Junge Österreichische Lyrik" 1988 an Romana Weilguni. - *Konzert* des "Tiroler Ensemble für Neue Musik". - *Dichterlesungen:* Ivan Divis, München; Gyula Kurucz, Budapest. - *Konzert* "Wiener Saxophonquartett". - *Theater:* "Stalin" von Gaston Salvatore. Regie: Heribert Sasse. - *Konzert* des "Ensemble Collegium Musicum Budapest".

Alpbacher Porträts: Sir Karl Popper, Fritz Wotruba, Joseph Schumpeter.

Ausstellung: 1.*Ausstellung zum postmodernen Städtebau* - Beiträge zur internationalen Bauausstellung in Berlin. 2. *Sonderschau "Graphische Satire* zum ´Europäischen Forum Alpbach`".

Mitwirkende: Karl Acham, Graz; Ludwig Adamovich, Wien; Hans Albert, Mannheim; Sven W. Arndt, USA; Alfons Benedikter, Südtirol; Barbara Barthelmes, Berlin; Dieter Bökemann, Wien; Chief Minister Managosuthu G. Buthelezi, Ulundi / Südafrika; Günter Burghardt, Brüssel; Vincenzo Cappelletti, Rom; Thomas Chorherr, Wien; Willy de Clercq, Brüssel; Magdalena Constantinescu, München; Vitor A. da Costa Martins, Lissabon; Fritz Czerwenka, Wien; Francesco Della Corte, Genua; Th. Detter, Wien; Fritz Diwok, Wien; H. Dopplinger, Wien; Klaus Draxler, Wien; Gaute Egeberg, Brüssel; Walter Ertl, Wien; Fried Esterbauer, Innsbruck; Hanns Peter Euler, Linz; Ota Filip, München; Umweltminister Marilies Flemming, Wien, Justizminister Egmont Foregger, Wien; Erhard Fürst, Wien; Helmut A. Gansterer, Wien; Ernest Gellner, Cambridge/GB; Walter Geppert, Wien; Minister Maire Geoghegan-Quinn, Dublin; Helmut Giesecke, Bonn; Friedrich Gleissner, Wien; John A. Hall, USA;Heinz Handler, Wien; Rupert Hatschek, Wien;Otto Hittmair, Wien; Heinrich Honsell, Salzburg; Terence Hutchison, England; Jean-Francois Jenewein, Wien;Patrick Keatinge, Dublin; Heinz Kessler, Wien; Generalsekretär Thomas Klestil, Wien; Noretta Koerge, USA; Peter Koss, Wien; Herbert Krejci, Wien; Finanzminister Ferdinand Lacina, Wien; Peter Ludlow, Brüssel; Geoffrey W. Maynard, London; F. J. Meyer zu Schlochtern, Paris; Außenminister Alois Mock, Wien; Fritz Molden, Wien; Otto Molden, Wien; Kurt Mosbakk, Oslo; Diether de la Motte, Wien; Minister Heinrich Neisser, Wien; Per Nyborg, Oslo; Minister La Pergola, Rom; Arhi Palosuo, Helsinki; Herbert Pietschmann, Wien; Landeshauptmann-Stellv. Fritz Prior, Innsbruck; Georg Reisch, Genf; Handelsminister Albert Reynolds, Dublin; Christopher Roberts, London; Hans-Eckart Scharrer, Hamburg;Winfried Schenk, Seibersdorf; Peter Schmidhuber, Brüssel; Burghart Schmidt, Wien; Guido Schmidt-Chiari, Wien; Hans Seidel, Wien; Franz Seitelberger, Wien; Helmut Sonnenfeldt, Washington; Roland Spant, Stockholm; Wilfried Stadler, Wien; Carlo Trojan, Brüssel; Wissenschaftsminister Hans Tuppy, Wien; Eugenio Viola, New York; Michael Voslensky, Bonn; Gerhard Wagner, Wien; Max Weisglas, Amsterdam; Klaus Woltron, Wien; Gregor Woschnagg, Wien; Frederick van Zyl Slabbert, Kapstadt; Stefan Zapotocky, Wien; Klaus Zapotoczky, Linz.

Der Befreiungskampf der Schwarzen und die Aussichten auf eine friedliche Lösung für Südafrika. *(Plenarveranstaltung)*

Inkatha- Präsident und Zuluführer Managosuthu Gatsha Buthelezi, seit 1994 Innenminister in Nelson Mandelas erster frei gewählter Regierung Südafrikas, im Gespräch mit dem weißen liberalen Oppositionsführer Frederick van Zyl Slabbert (Kapstadt).
Die beiden Gäste, die sich in ihren Alpbacher Vorträgen mit großer Schärfe gegen die damals noch an der Macht befindliche weiße Apartheitregierung und ihre Politik der Rassentrennung wandten, sahen sich zu ihrem grenzenlosen Erstaunen in Alpbach wilden Demonstrationen von weither angereisten österreichischen linken Studentengruppen ausgesetzt.
Frederick van Zyl Slabbert zu seiner Meinung über die Chaoten-Demos auf den Alpbacher Bergwiesen befragt, meinte lächelnd: „Vielleicht könnten die jungen Leute ein bißchen Geschichte oder Politologie studieren. Oder noch besser mit Buthelezi und mir nach Südafrika reisen, um die Realitäten kennen zu lernen."
(Photos: Gattinger)

Dialogkongreß Westeuropa-USA.

Als persönlicher Vertreter des damaligen US-Präsidenten Ronald Reagan kam dessen Sicherheitsberater und spätere Innenminister Bill Clark mit seiner Frau zur politischen Debatte des Dialogkongresses nach Alpbach. Er diskutierte unter anderem ausführlich mit Außenminister Alois Mock.
Im Bild v.l.n.r.: Otto Molden (mit dem Rücken zur Kamera), vor ihm Bill Clark mit seiner Frau im getupften Kleid, dazwischen Karin Duftner, rechts Chefredakteur Manfred Nayer (Innsbruck) im Gespräch mit Koschka Molden-Hetzer.

Einer der Referenten war Helmut Sonnenfeldt, der ebenfalls Sicherheitsberater eines anderen amerikanischen Präsidenten, nämlich Gerald Fords gewesen war, während seines Vortrages über die Position Amerikas als Supermacht.
(Photos: Gattinger)

Bild oben:
Für Außenminister Alois Mock ,
der seinen alten Freund Bill Clark
nicht versäumen wollte, spielt Josef Bletzacher
mit seinen Söhnen gerne auf,
um dem in Alpbach besonders populären Politiker
eine Freude zu machen.

Bild rechts:
Marsha Ard, die Präsidentin
der „American Alpbach Foundation“,
ist ebenfalls aus dem fernen Dallas (Texas),
zum Dialogkongreß angereist und wird von
Fritz Czerwenka begrüßt,
rechts im Bild Monika Baeyens.
(Photos: Gattinger)

Bild oben:
Der schweizerische Dichter Friedrich Dürrenmatt (links) und der legendäre langjährige Chef der österreichischen Caritas Monsignore Leopold Ungar freuen sich offensichtlich, einander in Alpbach näher kennen zu lernen.

Der in Wien geborene weltbekannte, 1938 als Zwölfjähriger von den Nazis vertriebene und schließlich in Amerika ansässig gewordene Dichter Frederick Morton hat es durch seine Biographien und Romane zu Weltruhm gebracht. In Alpbach liest er aus seinem neuen teils autobiographischen Buch, das im Wien der Jahrhundertwende spielt. (Photos: Gattinger)

1989 und danach.
Unterwegs zum Jahrtausendwechsel.

Das Jahr 1989 hatte unerwartet und mit atemberaubender Geschwindigkeit den totalen Zusammenbruch des sowjetischen Imperiums gebracht. Nicht nur die Ideologie mit ihren Emblemen und Ikonen war über Nacht verschwunden, sondern auch die alles dominierende Position der stärksten, nämlich der russischen Nation. Alle Völker und Nationen des einstigen Reiches versuchten nun mit mehr oder weniger gutem Geschick an ihre vorkommunistischen Traditionen anzuknüpfen und ihren Einflußbereich notfalls mit Gewalt abzustekken. Die inneren Reformversuche ergaben ein noch verworreneres Bild.

Unbeirrt davon bemühten sich die in den Europäischen Gemeinschaften vereinten Staaten ihre Integration weiterzutreiben. In mühsamen Verhandlungen wurde Ende 1991 in Maastricht ein Vertrag zur Bildung einer Europäischen Union geschlossen und in den folgenden Monaten ratifiziert. In dieser Zeit wurde auch mit den EFTA-Staaten ein Europäischer Wirtschaftsraum (EWR) geschaffen. Österreich, Finnland, Norwegen und Schweden verstärkten ihr Bemühen, in die Europäische Union als Vollmitglieder aufgenommen zu werden, lediglich das Schweizer Volk schloß sich zunächst durch ein Referendum von diesem Prozeß aus. Alle diese letztlich widersprüchlichen Entwicklungen haben eine Situation geschaffen, die am besten als offen zu bezeichnen ist. Sowohl die militärisch-strategische als auch die politische Lage verfügt über keine festen Konturen. Welche Kräfte in welchen Staaten schließlich die Oberhand gewinnen werden ist im Osten fast überall ungewiß. Auch der Westen muß erst beweisen, ob die innere Kohäsion stark genug ist, um in einer Welt ohne direkt bedrohendes Feindbild zu bestehen. Es wird vieler gemeinsamer Anstrengungen bedürfen, um Frieden und Zusammenarbeit bis hinein in den Alltag der Völker zu gewährleisten. Die unendlichen Schwierigkeiten solcher Bemühungen zeigen die nach dreijährigen blutigen Fehden immer wieder aufbrechenden Kämpfe am Balkan, denen der Rest der Welt offenbar hilflos gegenübersteht.

So befindet sich auch Alpbach im 50. Jahr seines Bestehens wieder in der Nähe seines Anfangs vor nun einem halben Jahrhundert: wie damals hat es auch heute nach Wegen zu suchen, die Orientierung und klare Sicht in unsere labile Welt zu bringen vermögen. Es ist dies eine geistige, eine emotionale und die Kräfte des Willens und der Verantwortung herausfordernde Aufgabe.

(h.p.h.)

1989 und danach: Der Nobelpreisträger für Wirtschaftswissenschaften James Buchanan sprach 1989 über „Alpbach, Markt der Ideen – Treffpunkt der Menschen" zum 45. Jubiläum des Forums. 1994 hält der große Nationalökonom anläßlich des 50. Alpbacher Forums erneut die Laudatio.

1989 GESCHICHTE UND GESETZ

Arbeitsgemeinschaften: Politischer Prozeß, kulturelle Evolution und konstitutioneller Konsens / Das Erklärungsproblem in den Realwissenschaften / Heilsgeschehen und realistische Historie / Autorität und Freiheit in Geschichte und Zukunft von Verfassungen / Ökonomisches Denken zwischen Gesetz und Geschichte / Die Rolle der Naturwissenschaften beim Aufbau des wissenschaftlichen Weltbildes / Homizid im interkulturellen Vergleich: eine evolutionsbiologische Perspektive / Modernisierung - sozialer Wandel - Familie / Leonardo da Vinci: Die Gesetze des Sehens und der Natur / Vergleichende Geschichtswissenschaft / Bankenstrategien und Finanzierungsinstrumente zur industriellen Erneuerung / Herausforderungen des technischen Strukturwandels / Sicherheits- und Wehrpolitik Europas im Umbruch - Konsequenzen für die Österreichische Verteidigungspolitik?

Plenarveranstaltungen: Freiheitsdrang und Bindungssuche/ Ordnung aus dem Chaos - Die Selbstorganisation des Universums. - Schutz und Nutzung der Umwelt - Rechtsanspruch oder Ideologie/ Staat und Sicherheit/ Interdisziplinäres Gespräch zum Generalthema/ Möglichkeiten für eine Politik nach dem Sozialismus.

Europäische Gespräche: *Kulturgespräch:* Die neue Freiheit in der europäischen Kultur - Gesellschaftliche, weltanschauliche und politische Veränderungen schaffen eine neue kulturelle Situation in Europa. *Politisches Gespräch:* Widerstand gegen die Staatsgewalt. Zur Widerstandsproblematik in Rechtsdiktaturen./ Die Medien als Vermittler und Faktor des Widerstandes / Der Widerstand in den kommunistischen totalitären Despotien. - *Wirtschaftsgespräch:* Ökonomie und Demographie - Chancen und Risiken der Bevölkerungsentwicklung. Bevölkerungentwicklung und Wohlstand in den Industriestaaten. / Langfristige demographische Trends und deren Einfluß auf den EG-Arbeitsmarkt. - *Alpbacher Weltwirtschaftsprognose.*

Kurzveranstaltungen: Technologie und Wirtschaft. "Forschungsmanagement und neues Unternehmertum für den großen Markt/Langfristige Vorsorge für das menschliche Leben.

Dialogkongress "Westeuropa - Sowjetunion"

Alpbacher Porträts: L. Boltzmann, L. Wittgenstein.

Kulturelle Veranstaltungen: *Friedrich Dürrenmatt* und Charlotte Kerr lesen aus dem Werk von F. D. - *Lesungen:* "Ein Waldspaziergang" von Lee Blessing. "Der letzte Ritt des Jockey Matteo" aus dem Nachlaß von Friedrich Torberg. - *Vienna's English Theatre:* Ruth Brinkmann in "Lillian" von William Luce. - *Französische Pantomime* aus Paris. - *Swinging Jazz* International aus Schwabing. - *Pour Mamam.* Chansons francaises.

Ausstellung: *"Raum annehmen II* - Aspekte der Bildhauerzeichnungen österreichischer Künstler". Einführung und Konzept: Grita Insam, Wien:

Mitwirkende: Gunnar Andersson, Trier; Hans Albert, Mannheim; Sven W. Arndt, USA; Peter Atteslander, Augsburg; Alexander Auer, Wien; Ronald Barazon, Wien; Dieter Bökemann, Wien; Gerhard Börner, München; Karl Dietrich Bracher, Bonn; James M. Buchanan, USA; Pawel G. Bunitsch, Moskau; Wissenschaftsminister Erhard Busek, Wien; Luciano Cafagna, Pisa; Jurij M. Chiltschewskij, Moskau; Alexander Demandt, Berlin; Sergej I. Dolgow, Moskau; Klaus Draxler, Wien;Manfred Drennig, Wien; Friedrich Dürrenmatt, Schweiz; Walter Ertl, Wien; Bernd Felderer, Köln; Hartmut Fest, Paris; Justizminister Egmont Foregger, Wien; Helmut Frisch, Wien; Erhard Fürst, Wien; Volker Gadenne, Mannheim; Sozialminister Walter Geppert, Wien; Alfred Gierer, Tübingen; Friedrich Gleissner, Wien; Peter Gommers, Brüssel; Helmut Gunst, Wien; Robert Hansen, Wien; Robert Heller, USA;Friso Heyt, Amsterdam; Gerhart Holzinger, Wien; Robert Holzmann, Washington; Grita Insam, Wien; Iwan D. Iwanow, Moskau; Allan Janik, Innsbruck; Hans Jorda, Wien; Bernulf Kanitscheider, Gießen; Paul Kapteyn, Amsterdam; Jurij B. Kaschljew, Moskau; Charlotte Kerr, Neuchatel; Heinz Kessler, Wien; Generalsekretär Thomas Klestil, Wien; Horst Knapp, Wien; Raoul F. Kneucker, Wien; Kurt L. Komarek, Wien; Peter Koss, Seibersdorf; Max Kothbauer, Wien; Helmut Kramer, Wien; Karl Kraus, Wien; Herbert Krejci, Wien; Walerij Kuschlin, Moskau; Harald Leupold-Löwenthal, Wien; Verteidigungsminister Robert Lichal, Wien; Hermann Lübbe, Zürich; Radomir Luza, USA; Fritz Markwitz, München; Thomas Mayr-Harting, Moskau; Außenminister Alois Mock, Wien; F.J.Meyer zu Schlochtern, Paris; Koschka Molden-Hetzer, Wien; Fritz Molden, Wien; Otto Molden, Wien; Claus Mühlfeld, Bamberg; Fritz Neeb, Wien; Gusti Neider, Wien; Michael Neider, Wien; Heinrich Neisser, Wien; Umweltminister E. H. Nijpels, Den Haag; Heinrich Orsini-Rosenberg, Wien; Michail S. Pankin, Moskau; Fritz Paschke, Wien; Ursula Pasterk, Wien; Walter Petrak, Wien; Metropolit Pitirin, Moskau; Sir Karl Popper, Penn/GB; Gajrat Rachimbajew, Moskau; Erich Reiter, Wien; Pietro Rossi, Turin; Norbert Rozsenich, Wien; Aleksej N. Ruschin, Moskau; Nafis Sadik, New York; Heribert Sasse, Wien; Winfried Schenk, Seibersdorf; Peter Schmidhuber, Brüssel; Heinrich Schneider, Wien; Peter Schuster, Wien; Viktor Segalla, Wien; Hugo Michael Sekyra, Wien; Dieter Senghaas, Bremen; Kurt Sontheimer, München; Wilfried Stadler, Wien; Melanie Sully, GB; Wladislaw Starkow, Moskau; Josef Taus, Wien; Gunther Tichy, Graz; Viktor Vanberg, USA; Kim Veltman, Toronto; Heinz Vogler, Wien; Gerhard Vollmer, Gießen; Bischof Alois Wagner, Vatikan; Gerhard Wagner, Wien; Norbert Walter, Frankfurt / M.; Alexander Wanke, Wien; Manfred Wegner, München; Erwin Wenzl, Linz; Wolfgang Wickler, BRD; Norbert Wimmer, Innsbruck; Klaus Woltron, Wien; Klaus Zapotoczky, Wien. Stefan Zapotocky, Wien.

Dialogkongreß „Westeuropa-Sowjetunion".
Außenminister Alois Mock vergißt nicht auf die noch immer existierende österreichische Neutralität und kommt daher, so wie er zwei Jahre vorher die Amerikaner treffen wollte, auch gerne zum Gespräch mit damals noch sowjetischen Kollegen. Im Bild oben: Alois Mock mit dem Chef der Sowjetischen Delegation, Ivan D.Ivanov, Vorsitzender der Außenwirtschaftskommisson des Ministerrates der Sowjetunion, im Gespräch.

Bilder rechts:
Zwei Kirchenfürsten: Seine Eminenz von Wolokolamsk und Jurewsk Metropolit Pitirim und Erzbischof Alois Wagner(ganz rechts), im Vatikan tätig, diskutieren „Gemeinsame kulturelle und religiöse Weltverantwortung.

1990 FREIHEIT - ORDNUNG - VERANTWORTUNG

Arbeitsgemeinschaften: Der moderne Verfassungsstaat als Experiment der Freiheit / Freiheit des Denkens oder Zwang der Methode? / Zentralverwaltungswirtschaft oder Marktwirtschaft / Der "europäische Sonderweg" zur offenen Gesellschaft / Die moderne Wissenschaft und die "Entzauberung der Welt" / Gesetze und Strukturen des Sprachgeschehens / Die Ablehnung des Fremden / Die Steuerung menschlicher Reproduktion / Die Zukunft des europäischen Verkehrssystems / Die Menschenrechte - Eine historische Perspektive / Forwards, Futures, Options, Swaps. Derivative Instrumente (Bankenseminar) / Effektivität und Betriebskultur - Zukunftsorientierte Verantwortung für ein kreatives Management (Industrie- und Handelsseminar) / Freiheit und Norm im künstlerischen Schaffen / Die Internationalisierung des Universitätsstudiums als ökonomische und politische Herausforderung / Das Ende der Blöcke. Ende oder Renaissance der dauernden Neutralität? / Ökologisch-soziale Marktwirtschaft auf dem Prüfstand.

Plenarveranstaltungen: Zum Problem der Grenzen der Naturwissenschafte/Begrenzte Freiheit. Territoriale Differenzierung von Freiheitsrechten/Die Gefährdung des Alpenraumes. Unsere Verantwortung für die Umwelt/Zum Stellenwert der militärischen Neutralität heute/Interdisziplinäres Gespräch zum Generalthema/ Wohin geht Europa? - Praktische Fragen zu den weltpolitischen Veränderungen in der Gegenwart und der jüngsten Vergangenheit/ Die Intensivierung der Wirtschaftsbeziehungen zwischen Europa und Indien.

Europäische Gespräche: *Kulturgespräch:* Chancen für kulturelle Vielfalt in Europa / Mehrsprachigkeit und Kulturpluralität als Vorbedingungen der Freiheit in Europa / Italien und die europäische Tradition / Die baltische Kultur als eine der Nuancen der europäischen Kultur. - *Politisches Gespräch:* Vom real existierenden Sozialismus zur offenen Gesellschaft / Von der Diktatur zur Freiheit, vom Sozialismus zum Liberalismus / Quo vadis, Osteuropa - Die institutionellen Alternativen / Die Perestrojka in der UdSSR - eine Wendeetappe.

Alpbacher Weltwirtschaftssymposium: Die Probleme der Oststaaten bei der Umwandlung ihrer Wirtschaftssysteme in Richtung Marktwirtschaft.

Kurzveranstaltungen: Recht und Anspruch des Patienten/ Die baskische Kultur im Europa der Gegenwart/ Europa im Wandel - Der gesamteuropäische Medienmarkt der Zukunft/ Alpbacher Technologiegespräche: Technologiemanagement - Von der Forschung zum Markterfolg.

Dialogkongreß "Westeuropa - Osteuropa"

Alpbacher Porträts: Hans Kelsen, Bertrand Russell, Konrad Lorenz.

Kulturelle Veranstaltungen: *Verleihung d. "Paula von Preradovic-Preises* für junge österreichische Lyrik" an Sabine Scholl. - *Rumänische Volkskultur* - Lieder aus der Walachei. - *Musik aus dem Baskenland.* - *Literatur aus Tirol:* Helene Flöss, Brixen; Alois Hotschnig, Innsbruck. - *Polnische Pantomime.*

Ausstellung: *"Glasnost und Perestrojka"* Karikaturen aus der Sowjetunion. Einleitung: Fritz Behrendt, Amsterdam.

Mitwirkende: Antal Adam, Budapest; Joseba Aguirre, Bilbao; Kulturminister Bertalan Andrasfalvi, Budapest; Ministerpräsident Jose A. Ardanza, Baskenland; Kulturminister Joseba Arregi, Baskenland; Jürgen Audretsch, Konstanz; Rainer Bauböck, Wien; Werner Becker, Gießen; Josef Bernecker, Wien; Winfried Blum, Wien; Dieter Bökemann, Wien; Günter Burghardt, Brüssel; Wissenschaftsminister Erhard Busek, Wien; Vincenzo Cappelletti, Rom; Außenminister Jiri Dienstbier, Prag; Landeshauptmann Luis Durnwalder, Innsbruck; Gabriel Eichler, USA; Fred Eidlin, Ontario; Walter Ertl, Wien; Antal Festetics, Göttingen; Wolfgang Feuchtmüller, Wien; Heinz Fischer, Wien; Landwirtschaftsminister Franz Fischler, Wien; Justizminister Egmont Foregger, Wien; Mitja Gaspari, Belgrad; Ernest Gellner, GB; Konrad Ginther, Graz; Evelyn Gröbl-Steinbach, Linz; Andreas Grünbichler, Graz; Otto J. Grüsser, Berlin; Minister a. D. Paul Hatry, Brüssel; Hans Haumer, Wien; Wirtschaftsminister Helmut Haussmann, Bonn; Lorand Hegyi, Wien; Robert Heller, Washington; Horst W. Herke, Brüssel; Friso Heyt, Amsterdam; Elisabeth Herz-Kremenak, Washington, Josef Höchtl, Wien; Bo Huldt, Stockholm; Giovanni Jannuzzi, Brüssel; Bernulf Kanitscheider, Gießen; Staatssekretär Tamas Katona, Budapest; Heinz Kessler, Wien; Finanzminister Vaclav Klaus, Prag; Thomas Kleininger, Bukarest; Botschafter Thomas Klestil, Wien; Raoul Kneucker, Wien; Friedrich Koja, Salzburg; Heinrich Koller, Bern; Jonas Kubilius, Vilnius; Axel Lebahn, Frankfurt/M.; Walter Leitsch, Wien; Peter Leuprecht, Straßburg; Verteidigungsminister Robert Lichal, Wien; Klaus Mainzer, Augsburg; Hans Peter Manz, Wien; Peter Marboe, New York; Vizeministerpräsident Joze Mencinger, Laibach; Koschka Molden-Hetzer, Wien; Fritz Molden, Wien; Otto Molden, Wien; Fritz Neeb, Wien; Wirtschaftsminister Shri Arun Nehru, New Delhi; Michael Neider, Wien; Michael Neumann, Wien; Karl-Dieter Opp, Hamburg; Elizabeth Ortner-Chopin, Wien; Giorgio Pasquali, Bozen; Svetozar Pejovich, USA; Kulturminister Andrei Plesu, Bukarest; Vizeministerpräsident Zivko Kazimir Pregl, Belgrad; Wolfgang Priester, Bonn; Manfried Rauchensteiner, Wien; Handelsminister Tim Sainsbury, London; Manfred Scheich, Wien; Peter Schmidhuber, Brüssel; Guido Schmidt-Chiari,Wien; Wirtschaftsminister Wolfgang Schüssel, Wien; Franz Seitelberger, Wien; Hugo Michael Sekyra, Wien; Svetozar Stojanovic, Belgrad; Erich Streissler, Wien; Ernst Sucharipa, Wien; Josef Taus, Wien; W. C. Ultee, Nijmegen; Christian Vogel,Göttingen, Bischof Alois Wagner, Vatikan; Gerhard Wagner, Wien; Alexander Wanke, Wien; Christian Watrin, Köln; Ian C. Watson, USA; Heinrich Wohlmeyer, Wien; Elie G.Zahar, London; Klaus Zapotoczky, Linz; Tatiana Zaslavskaya, Moskau.

Bild oben:
Alle Jahre wieder - also auch 1990 zieht der Zug der Gladiatoren vom Ständchen der Schützenkapelle am Dorfplatz zur Eröffnung in das Paula von Preradovic -Haus:
Einige Vorstandsmitglieder des Österreichischen College (v.l.n.r.): Rainer Schrems (ganz links) Michael Neider (Mitte) Peter Piller (ganz rechts)

Bild ganz rechts:
Vorstandsmitglied Thomas Mayr-Harting der Experte für die internationalen Beziehungen des Alpbacher Forums
Bild rechts:
Wissenschaftsprogrammexperte im Vorstand, ist Dieter Bökemann, Professor an der TU-Wien.

1991 ZEITENWENDE - VISION UND WIRKLICHKEIT

Arbeitsgemeinschaften: Visionen einer gerechten Ordnung und die soziale Wirklichkeit / Theorie und Realität: Modelle des Erkenntnisfortschritts in den Wissenschaften / Weltbild und moderne Wissenschaft / Bewußtsein und Wirklichkeit - Die Kognition in psychologischer Sicht / Wege Europas zur Demokratie: Revolution und Reform / Die Transformation von Wirtschaftsordnungen als theoretische Herausforderungen / Das Wort als Waffe: Visionen in der zeitgenössischen Literatur und Publizistik / Zur aktuellen EG-Reformdebatte: Lösungsmodelle für eine politische Wirtschafts- und Währungsunion / Gleichberechtigung und Ungleichheit der Geschlechter in der Gesellschaft / Rechtliche Voraussetzungen für einen wirksamen Erfinderschutz und Technologietransfer im Rahmen der europäischen Integration (Industrieseminar) / Die Restrukturierung Osteuropas und die Rolle der Banken (Bankenseminar) / Die Bilder der Zukunft: Utopien, Prophezeiungen, Voraussagen / Die Rückkehr Osteuropas in die freie Welt.
Plenarveranstaltungen: Nationalismus und Regionalismus in Europa / Ein föderatives Europa der Völker und Regionen / Nationalismus und Nationalgefühl in Europa - Die Entstehung einer Europäischen Nation/Denken nach Menschenart - Zur Physik und Biologie der Kognition / Physik neuronaler Netzwerke: Kollektive Informationsverarbeitung mit einfachen Mechanismen / Wie kann man ´Denken` messen? - Die Objektivierung von Denkvorgängen/ Gleiche Grundrechte für alle Europäer./ Interdisziplinäres Gespräch zum Generalthema.
Alpbacher Weltwirtschaftssymposium: *Alpbacher Weltwirtschaftsprognose.* - *Wirtschaftsgespräch:* Der Westen und der Neuaufbau der Wirtschaft im Osten. Wie kann der Westen den Wirtschaftsreformen im Osten konkret helfen? / Der Beitrag der Europäischen Gemeinschaft zur Restrukturierung Osteuropas. Workshop: Mühsal und Chance im Ostgeschäft.
Europäische Gespräche: *Kulturgespräch:* Zeitenwende in Europa - Der Schriftsteller als Homo Politicus. - *Politisches Gespräch:* Die Vision eines Neuen Europa. Die Reform der Europäischen Gemeinschaft: Auf dem Weg zur Europäischen Union.
Kurzveranstaltungen: Alter und Gesellschaft/ Alpbacher Technologiegespräche: Technologie als Wettbewerbsfaktor.
Dialogkongress "Europa - ASEAN-Staaten"
Alpbacher Porträts: Ludwig von Bertalanffy, Friedrich A. von Hayek.
Kulturelle Veranstaltungen: *Dichterlesungen:* György Dalos, Wien / Budapest; Charlotte Kerr-Dürrenmatt liest Friedrich Dürrenmatt. - Hermann Schmid liest aus den *Reisetagebüchern* von *Franz Grillparzer.* - *Gedichte* von Bertold Brecht. Ein Liebesgesang mit Krista Posch und Peter Ludwig. -Pantomime (Jörg Lemke, Hamburg) .
Ausstellung: "Zeitgenössische ungarische Kunst in österreichischen Privatsammlungen". Zusammenstellung: Lóránd Hegyi - Museum Moderner Kunst, Wien.
Mitwirkende: Ludwig Adamovich, Wien; Hans Albert, Mannheim; Thomas Andersson, Stockholm; Fritz Astl, Innsbruck; Karl Graf Ballestrem, Eichstätt; Jan Th. Bank, Leiden; Jack Birner, Limburg; Jacek Brzezinski, Wien; Vizekanzler Erhard Busek, Wien; Werner Clement, Wien; Lajos Csepi, Budapest; Präsident Jacques Delors, Brüssel; Hans-Jürgen Drescher, Mannheim; Rolf Eckmiller, Düsseldorf; Claus-Dieter Ehlermann, Brüssel; Michael Erbe, Mannheim; Walter Ertl, Wien; Gesundheitsminister Harald Ettl, Wien; Ota Filip, München/ Prag; Norbert Frömmer, Budapest; Volker Gadenne, München; Dorothea Gaudart, Wien; Andreas Hacker, München; Lóránd Hegyi, Wien;Franz Gerstenbrand, Innsbruck; Robert Heller, USA; Guy Heraud, Pau; Meinhard Hilf, Bielefeld; Jürgen Hillig, Jakarta; Gerald Hinteregger, Genf; Rolf Hochhuth, Basel; Herwig Hutterer, Wien; Ralph R. Johnson, Washington; Bernulf Kanitscheider, Gießen; Botschafter Thomas Klestil, Wien; Horst Knapp, Wien; Wolfgang Kinzel, Gießen; Raoul Kneukker, Wien; Peter Koss, Seibersdorf; Max Kothbauer, Wien; Herbert Krejci, Wien; Helmut Krünes, Wien; Axel Lebahn, Frankfurt/M.; Helmut Leipold, Marburg; Leo Leitner, Wien; Wolfgang Lohnert, Reutte; Alexander Maculan, Wien; David W. Martin, Straßburg; Anke Martiny, Berlin; Justizminister Nikolaus Michalek, Wien; Außenminister Alois Mock, Wien; Fritz Molden, Wien; Otto Molden, Wien; Béla Németh, Budapest; Alexandr Ort, Prag; Jörgen Örström-Möller, Kopenhagen; Fritz Paschke, Wien; Walter Petrak, Wien; Angelo Petroni, Turin; Hellmuth Petsche, Wien; Peter Piller, Wien; Kulturminister Andrei Plesu, Bukarest;Rudolf Poeschl, Wien; Manfred Pohl, Hamburg; Juan Prat, Brüssel; Georg Reisch, Genf; Rupert Riedl, Wien; Erwin Ringel, Wien; Leopold Rosenmayr, Wien; Pietro Rossi, Turin; Hans-Eckart Scharrer, Hamburg; Hartmut Scheible, Frankfurt/M.; Manfred Scheich, Wien; Peter Schmidhuber, Brüssel; Josef Schurz, Graz; Gerhard Schwarz, Zürich; Hans Seidel, Wien; Franz Seitelberger, Wien; Peter Skalicky, Wien; Lau Taik Soon; Kurt Spallinger, Wien; Manfred Straube, Wien; Erich Streissler, Wien; Peter Sturm, Paris; Michael Stürmer, BRD; Makoto Taniguchi, Paris; Präsident Franjo Tudjman, Zagreb; Henn-Jüri Uibopuu, Salzburg; Amnuay Viravon, Bangkok; Bundeskanzler Franz Vranitzky, Wien; Hans-Jürgen Wagener, Groningen; Erzbischof Alois Wagner, Vatikan; Außenminister Wichian Watanakun, Bangkok; Joseph H. Weiler, USA; Helmut Wohlschlägl, Wien; Walter Wolfsberger, Wien; Gustav Zeilinger, Wien;Gebhard Ziller, Bonn; Reinhard Zintl, München.

Am 18. August 1991 eröffnet Otto Molden als Präsident zum siebenunddreißigsten Mal das Europäische Forum Alpbach, das in diesem Jahr seine 47. Veranstaltung durchführt.
Im Frühjahr 1992 wird Otto Molden die Präsidentschaft des Österreichischen College und damit des Europäischen Forum Alpbach zurücklegen, um sich anderen schriftstellerischen und politischen Aufgaben zuzuwenden.

Bild rechts:
EG-Präsident Jaque sDelors (im Bild links) und Landeshauptmann Alois Partl überschütten sich mit Aufmerksamkeiten.
(Photo: Gattinger)

Bild oben:
College Vizepräsident Fritz Czerwenka versucht Bundeskanzler Franz Vranitzky (rechts) von der Wertigkeit des Europäischen Forums Alpbach zu überzeugen.

Umgekehrt soll offenbar (im Bild links) ein „Schwarzer“ von drei “Roten“ überzeugt werden.
v.l.n.r.: Tirols ÖVP-Landeshauptmann Partl diskutiert mit den SPÖ -Ministern Scholten (Unterricht und Kunst) und Streicher (Verkehr) sowie mit dem Gewerkschaftspräsidenten Verzetnitsch.
(Photos: Gattinger)

Bild oben:
Der Schriftstellerin Hanna Molden und der Böglerhofwirtin Karin Duftner (rechts) sind Gäste immer herzlich willkommen. Hier beim jährlichen Empfang im Schreiberhäusl wird diskutiert, man kommt einander näher und genießt die angenehme Atmosphäre.
(Photo: Murauer)

Alpbachs Bürgermeister Ägidius Bletzacher, begrüßt die Forumsteilnehmer.

Bild rechts:
Cornelia Kaiser leitet das Sekretariat des österreichischen College. Ständig um die Gäste aus aller Welt bemüht, bereitet sie mit ihrem Team die jährlichen Veranstaltungen vor.

1992 ENTSCHEIDUNG FÜR EUROPA - BEWUSSTSEIN UND REALITÄT

Arbeitsgemeinschaften: Die Naturwissenschaften und das Menschenbild / Freiheit, Gleichheit, Effizienz: Sozialphilosophische Grundlagen der Verteilungspolitik / Wissenschaft und Metaphysik / Nationales Recht - Integrationsrecht / Zwischen Ideologieverlust und Fundamentalismus / Ursachen und Wirkungen der europäischen Völkerwanderung / Von der Planwirtschaft zur Marktwirtschaft: Erwartungen und Erfahrungen / Das europäische Verkehrssystem: politische, ökonomische und ökologische Perspektiven / Innereuropäische Konfliktlösungsmechanismen / Europa im Spiegel der Renaissance / Meinungsbildung und Meinungsbeeinflussung / Neue Partnerschaften in der Marktwirtschaft oder ökologische Selbstzerstörung / Die Entwicklung der Demokratie in Europa.

Plenarveranstaltung: Das wissenschaftliche Vermächtnis des 20. Jahrhunderts / Was bleibt von den Formalwissenschaften des 20. Jahrhunderts? / Was bleibt von der Psychologie des 20. Jahrhunderts? / Was bleibt von der Physik des 20. Jahrhunderts? / Was bleibt von der Geschichte des 20. Jahrhunderts? / Was bleibt von der Kunst und Kunsttheorie des 20. Jahrhunderts? / Europa von außen gesehen / Das neue Europa aus der Sicht Afrikas: Neue Perspektiven der Zusammenarbeit / Kolonialismus und (Un)Abhängigkeit: Europa in der historischen Perspektive Lateinamerikas / Europäische Einheit: Die Sicht des anglophonen Afrika.

Europäische Gespräche: *Kulturgespräch:* Design - Disziplin ohne Stellenwert oder Lebensnotwendigkeit?/ *Politisches Gespräch:* Die ökologische Revolution in der politischen Realität/ *Wirtschaftsgespräch:* Reformen und künftige Wirtschaftsstrukturen der GUS-Staaten/ *Alpbacher Weltwirtschaftsprognose.*

Dialogkongreß "Ukraine".

Alpbacher Porträts: Robert Musil, Ernst Mach.

Kulturelle Veranstaltungen: *Konzert* "Seifert Quartett", Mitglieder der Wiener Philharmoniker. - *Alpbacher Kirchenchor* und *Alpbacher Bläser:* "Bauernmesse" von Annette Thoma. - *"Alpbach - eine Retrospektive".* Videofilme von Hannes Kar. - *Experimentalfilme,* vorgestellt von B. Prinzgau und W. Podgorschek. - *"Starkes Land",* ein Abend in Tirol.

Ausstellungen: 1.*"Max Weiler:* Himmelsluft und Wolkenart. 2. *"Design in Europa* - Europäische Design-Zentren stellen sich vor". 3. *"Europa 1992* in *Politischen Zeichnungen* von Fritz Behrendt."

Mitwirkende: Karl Acham, Graz; Hans Albert, Mannheim; Carl Auböck, Wien; Siegfried Bauer, Graz; Borut Bohte, Ljubljana; Winfried Blum, Wien; Dieter Bökemann, Wien; Wlodzimierz Brus, Oxford; Peter Burke, Cambridge/GB; Vizekanzler Erhard Busek, Wien; Franz Ceska, Wien; Gilles Cissoko, Wien /Senegal; Ashoke Chatterjee, Indien;Kulturminister Larissa Chorolez, Kiew; Karl Corino, Frankfurt/M.; Fausto de Quadros, Lissabon; Staatssekretärin Brigitte Ederer, Wien; Nobelpreisträger Manfred Eigen, Göttingen; Kenji Ekuan, Tokio; Paul Erbrich, München; Peter Faller, Wien; Heinz Fassmann, Wien; Umweltminister Ruth Feldgrill-Zankel, Wien; Ralph Feltham, Berlin; Landwirtschaftsminister Franz Fischler, Wien; Erhard Fürst, Wien; Ghanie Ghaussy, Hamburg/Afghanistan; Alfred Gierer, Tübingen; Inger Lise Gjorv, Straßburg;Stanislaw Gromow, Moskau; Ken Gwilliam, Rotterdam; Teodoro Hampe-Martinez, Wien/Peru; Wolfgang Händel, Dresden; Oleh Hawrylyschyn, Kiew; H. R. Kurt Heindl, Wien; Hoetink, Amsterdam; Peter Hofstätter, Hamburg; Gregor Högenauer, Graz; Adolf Hohenester, Graz; Othmar Huber, Wien; Peter Jankowitsch, Wien; Igor Juchnowsky, Lemberg; Andreas Khol, Wien; Serge Kolm, Paris; Sergej Komissarenko, London; Andras Köves, Budapest; Josef Krainer, Graz; Peter F. Krogh, Washington; Thomas Lachs, Wien; Kazimierz Laski, Wien; Sixtus Lanner, Straßburg/Wien; stellv. Ministerpräsident Wladimir Lanowyi, Kiew; Kurt Leube, USA; Norbert Leser, Wien; Jewsej Machlin, Minsk; Leopold Maderthaner, Wien; Michael Malej, Moskau; Benoit B. Mandelbrot, USA; Wolfgang Mantl, Graz; Peter Marboe, Wien; Thomas Mayr-Harting, Wien; Gerold Mikula, Graz; Heinrich Mitter, Graz; Fritz Molden, Wien; Franz Moser, Graz; Rainer Münz, Wien; Ewald Nowotny, Wien; Wirtschaftsminister Andrej Njetschajew, Moskau; Edwin Nwogugu, Wien/Nigeria; Landeshauptmann Alois Partl, Innsbruck; Dimitri Pawlitschko, Kiew; Götz Pochat, Graz; Heinrich Pfusterschmid-Hardtenstein, Wien; W. Pylypschtuk, Kiew; Gérard Régnier, Paris; Alexander Rosenberg, USA; H. Onno Ruding, New York; Bürgermeister I. M. Salij, Kiew; Georgij Satarow, Moskau; Dimitrij Satonksy, Kiew; Wilhelm Schappacher, Graz; J.Schemschustchenko, Kiew; Stephan Schleicher, Graz; Peter Schmidhuber, Brüssel; Gerhard Schmidtchen, Zürich; Friedrich Schmidt-Bleek, BRD; Guido Schmidt-Chiari, Wien; Minister Roman Schpeck, Kiew; Heinz Schreiber, Wien; Wirtschaftsminister Wolfgang Schüssel, Wien; Jan-Geert Siccama, Niederlande; Wilfried Skreiner, Graz; Gerald Stourzh, Wien; Wissenschaftsminister P. Talantschuk, Kiew; Ernst Topitsch, Graz; Wiatscheslaw Tschornowil, Kiew; Loek Van der Sande, Amsterdam; Claudio Vasale, Rom; Staatssekretär Van Voorst tot Voorst, Den Haag; Gerhard Vollmer, Braunschweig; Erzbischof Alois Wagner, Vatikan; Ewald Walterskirchen, Wien; Max Weiler, Wien; Victor Weisskopf, USA; Ernst Ulrich von Weizsäcker, BRD; Heinrich Wohlmeyer, Wien; Aleksandr Wladislawlew, Moskau; Klaus Woltron, Wien; James Woudhuysen, London.

Der neue Präsident Heinrich Pfusterschmid-Hardtenstein
eröffnete im August 1992 das Europäische Forum Alpbach.
Er wurde von Anfang an nicht nur von dem
mit ihm gemeinsam gewählten Vorstand,
sondern auch von seinen steirischen Landsleuten unterstützt.
Durch den Präsidenten des „Club Alpbach Graz", Peter Mosing,
organisiert und vom (Bild rechts) Landeshauptmann der Steiermark Josef Krainer ,
und dessen Stellvertreter, Peter Schachner-Blazizek,
nachhaltig gefördert,
wurde in Alpbach 1992 ein Plenum
„Das wissenschaftliche Vermächtnis des 20. Jahrhunderts" veranstaltet.
V.l.n.r.: Heinrich Pfusterschmid-Hardtenstein,
Landeshauptmann Alois Partl und Vizekanzler Erhard Busek.

(Photos: Murauer)

Auch 1992 sind die vier Säulen des Europäischen Forum Alpbach,

(Photo: Gattinger)

Nobelpreisträger Manfred Eigen, Chemiker

(Photo: Gattinger)

Peter Jankowitsch, Außenpolitiker

(Photo: Gattinger)

Benoit B. Mandelbrot, Mathematiker

(Photo: Gattinger)

Wolfgang Schüssel und Peter Schmidhuber, Handels- Finanzpolitiker

Wissenschaft, Politik, Kultur und Wirtschaft, gut besetzt.

(Photo: Murauer)

Max Weiler, Maler

(Photo: Gattinger)

Leopold Maderthaner, Industrieller

(Photo: Gattinger)

Ekuan Kenji , Designer

(Photo: Gattinger)

Guido Schmidt-Chiari, Bankier

1993 WAS IST DER MENSCH? MENSCHENBILDER IM WANDEL

Arbeitsgemeinschaften: Genetik und Gesellschaft: Zwischen biologischem Erbe und sozialer Prägung / Das Eigene und das Fremde: Multikulturelle Gesellschaft und Kulturrelativismus / Geschichte - Macht - Wissen. Eine neue Betrachtungsweise der Buchreligionen / Die menschliche Erkenntnis und die Wissenschaften / Individuelles Verhalten und soziale Ordnung / Das Menschenbild in der Literatur des 20. Jahrhunderts / Wandel der Geschlechterrollen / Gesellschaft und Staatenwelt zwischen Gewalt und Zivilisierung / Die Renaissance des Nationalismus und die Suche nach kollektiver Identität / Wandel des Menschenbildes / Schreib- und Theaterseminar: Die Rettung der Welt.
Plenarveranstaltungen: Der Lebensraum des Menschen / Planet Erde - eine Oase im All / Das Weltall, in dem der Mensch entstand / Wir und die anderen / Die Bedeutung internationaler Menschenrechte für die Bürger / Der Wandel des Menschenbildes im modernen Roman / Das Menschenbild in der bildenden Kunst / Du singe à l´homme / L´homme dans l´univers / Ist die Ablehnung des Fremden genetisch programmiert? / Der Ötztaler Eismensch.
Europäische Gespräche: Politisches Gespräch: Das Erbe des Kommunismus und die Zukunft Europas. - *Technologiegespräch:* Bewältigung von Innovation durch Gesellschaft, Wissenschaft und Wirtschaft - Am Beispiel der Gentechnik. Arbeitskreise: Forschung / Gesundheit - Medizin - Finanzierung / Landwirtschaft - Ernährung / Akzeptanz - Standortfragen / Sicherheit - Ethik - Recht. - *Wirtschaftsgespräch:* Autonomie und Gemeinschaft - Widerspruch oder Ergänzung? Möglichkeiten autonomer Politik in integrierten Räumen / Einkommens- und Sozialpolitik / Fiskalpolitik / Wettbewerbs- und Standortpolitik / Autonomie und Gemeinschaft im weltweiten Rahmen / Sens et puissance.
Dialogkongreß "Europa im Werden. Dialog mit den Iberischen Staaten"
Alpbacher Porträts: Arnold Gehlen, Helmuth Plessner.
Kulturelle Veranstaltungen: *Konzert des "Concilium Musicum"*: Notturno Festivo. Leitung: Paul Angerer, Wien. - *Kabarettabend* "Im Liebesrausch" von und mit Karl F. Kratzl, Wien. - *Gastspiel des Wiener Burgtheaters:* "Ein Bericht für eine Akademie" von Franz Kafka. Mit Peter Radtke, München.
Ausstellungen: 1. Werke von *Hubert Schmalix*. 2. *Karikaturenausstellung*: Der Forscher und seine Welt. 3. *Dokumentation:* Der Mann vom Similaun - Homo Tirolensis.

Mitwirkende: Alexander Abrahamovicz, Wien; Jurij N. Afanasjew, Moskau; Hans Albert, Heidelberg; Peter Alter, London; Mohammed Arkoun, Amsterdam / Paris; Shlomo Avineri, Jerusalem; Siegfried Bauer, Graz; Peter R. Baehr, Utrecht; Botschafter Wladislaw Bartoszewski, Warschau-Wien; Dieter Bökemann, Wien; Geoffrey Brennan, Canberra; Vizekanzler Erhard Busek, Wien; Vizepremierminister Willy Claes, Brüssel; Maria de Corral, Madrid; Peter Czedik-Eysenberg, Wien; Theodor Detter, Wien; Ricardo Diez-Hochleitner, Madrid; Ricardo Diez-Hochleitner Rodriguez, Madrid; Peter Dukor, Wien; Nobelpreisträger Renato Dulbecco, USA; H. W. von der Dunk, Niederlande; Martin Esslin, London; Efim Etkind, Frankreich; Fernando Faria de Oliveira, Lissabon; Johann Farnleitner, Wien; Francois Fejtö, Paris; Nationalratspräsident Heinz Fischer, Wien; Landwirtschaftsminister Franz Fischler, Wien; Vergilio Folhadela Moreira, Porto; Werner Frantsits, Wien; Alexander v. Gabain, Wien; Ernst Gehmacher, Wien; Walter Geppert, Wien; Friedrich Gleissner, Wien;Francisco Granell, Brüssel; Haim Harari, Israel; Hans-Georg Heinrich, Moskau-Wien; Pater Gregor Henckel-Donnersmarck, Stift Heiligenkreuz; Michael Higatsberger, Wien; H. R. Hoetink, Amsterdam; Gregor Högenauer, Graz; Hans Hoyer, Wien; Motoshige Itoh, Tokio; Jerry Jordan, USA; Hans Wilhelm Jürgens, Kiel; Bischof Egon Kapellari, Klagenfurt; Ludwig Kaspar, Wien; Hermann Katinger, Wien; Ulrich Kattmann, Oldenburg; Rudolf Kippenhahn, Göttingen; Karl Ferdinand Kratzl, Wien; Wolfram Krömer, Innsbruck; Elisabeth List, Graz; Bedrich Loewenstein, Berlin; Peter Ludlow, Brüssel; Heinz Ludwig, Wien; Borges de Macedo, Lissabon; Maurice Marois, Paris; Heinrich Matthes, Brüssel; Thomas Mayr-Harting, Wien; Außenminister Alois Mock, Wien; Fritz Molden, Wien; Carlo Mongardini, Rom; Benno Müller-Hill, Köln; A. Musgrave, Neuseeland; Heinz Naegler, Wien; Dieter zur Nedden, Innsbruck; Michael Neider, Wien; Bernd Nitzschke, Düsseldorf; Friedrich Noszek, Wien; Hans Nothdurfter, Bozen; Ewald Nowotny, Wien; Landeshauptmann Alois Partl, Innsbruck; John Passmore, Canberra; Steve Pejovich, USA; Bildungsminister Petr Pitha, Prag; Heinrich Pfusterschmid-Hardtenstein, Wien; Werner Platzer, Innsbruck; Günther Pöltner, Wien; Gunilla Preisler, Stockholm; München; Michael Redhead, GB; Juan Carlos Rodriguez Ibarra, Merida; Antonio Ruberti, Brüssel; Karl-Siegbert Rehberg, Dresden; Wolfgang Schallenberg, Wien; Nationalbank-Präsidentin Maria Schaumayer, Wien; Wulf Schiefenhövel, BRD; Peter Schmidhuber, Brüssel; Heinrich Schneider, Wien; Kurt Scholz, Wien; Thomas Schröder, Frankreich; Otto Schwarz, Wien; Horst Seidler, Wien; Dieter Senghaas, Bremen; Wilfried Skreiner, Graz; Bürgermeister Anatolij Sobtschak, Sankt Petersburg; Ministerpräsident a. D. Kalevi Sorsa, Helsinki; Konrad Spindler, Innsbruck; Erich Steinitz, Wien; Edmund van Trotsenburg, Klagenfurt; Hans Tuppy, Wien; Herman van Zonneveld, Brüssel; Jean-Didier Vincent, Paris;Erzbischof Alois Wagner, Vatikan; Christian von Weizsäcker, Köln; Wolfgang Wickler, BRD; Martin Wolf, London; Karl Woschitz, Graz; Masao Yamaguchi, Tokio; Nikolaus Zacherl, Wien.

Die werdende Europäische Union, vertreten durch den belgischen Außenminister und Präsidenten des Rates der EG, Willy Claes (rechts), und durch Österreichs Außenminister Alois Mock (links), trifft auf das neue Rußland.

Rußland ist in Alpbach durch liberale Politiker vertreten. Links im Bild der Rektor der Moskauer Universität für Geisteswissenschaften Jurij Afanasjew und rechts von ihm der St. Petersburger Bürgermeister Anatolij Sobtschak.

(Photos: Gattinger)

Beim Wirtschaftsgespräch 1993 sind Nationalbankpräsidentin Maria Schaumayer ebenso am Podium zu finden wie Friedrich Gleissner Alpbach

Bild links:
Auch der Generalsekretär des Wiener Außenminsteriums Wolfgang Schallenberg der das Alpbacher Forum 1993 eröffnete ist keineswegs ein Neuling im Alpbachtal.

Journalist und langjähriger EG-Korrespondent Georg Possanner kann es auch in Alpbach nicht lassen. Seine Koordination ermöglicht während des Forums die tägliche Herausgabe der „Alpbach News"

(Photos: Gattinger)

Fritz Behrendt, der seit Jahrzehnten europaweit bekannte und beliebte politische Karikaturist ist seit langem ein Wahlalpbacher. Er kam so oft zum Forum, daß er sich schließlich ein eigenes Haus auf der Sonnenseite des Tales baute, um nicht immer mit so viel Gepäck aus seinem Amsterdamer Wohnsitz anreisen zu müssen. Im Zuge dieser langjährigen Aufenthalte konnte er treffende Vergleiche zwischen dem Alpbach „wie es damals war, und jenem, wie es heute ist, ziehen und auch die vielfältigen Beziehungen zwischen der Alpbacher Bevölkerung und den Forumsteilnehmern genau kennenlernen. Das Resultat seiner Studien hat er in der oben dargestellten Karikatur, die er dem 50. Forumsjubiläum widmete, gar trefflich dargestellt.

Vorwort zum 50. Europäischen Forum Alpbach

In diesem August lädt das Österreichische College zum 50. Mal nach Alpbach ein. Im Jahre 1945 von Otto Molden und Simon Moser als erste Hochschulwochen im Nachkriegseuropa ins Leben gerufen, war diese Veranstaltung zunächst als einmaliges Treffen zur geistigen Bestandsaufnahme und Öffnung Österreichs gegenüber der Welt gedacht. Der Erfolg war so überzeugend, daß Alpbach seitdem Jahr für Jahr zum Treffpunkt für Menschen wurde, denen die Probleme ihrer Zeit ein Anliegen sind, die sie im Kreise Gleichgesinnter überdenken und beraten wollen. Seit 1949 trägt diese Veranstaltung den Namen "Europäisches Forum Alpbach", um der Herausforderung Rechnung zu tragen, die Europa als kulturelle, wirtschaftliche und politische Einheit für seine Bürger darstellt. Im Laufe der Jahre gesellten sich Dialogkongresse und seit 1992 eine Sommerschule für Europäische Integration hinzu. Vielfach gelobt, aber auch kritisiert und oft nachgemacht, hat das Europäische Forum wegen seiner intellektuellen Offenheit und Breite sowie der besonderen Atmosphäre dieses Tales einen hervorragenden Platz im intellektuellen Leben Österreichs errungen. Von den Hungerjahren der unmittelbaren Nachkriegszeit, die durch Aufgeschlossenheit für die wiedergewonnene Freiheit im Denken und das Miteinander-Diskutieren gekennzeichnet waren, über die Jahre der zurückgewonnenen Selbstsicherheit und des satten Wohlstandes bis zum Aufbruch zur Neugestaltung der Zukunft Europas nach dem Zusammenbruch des kommunistischen Imperiums im Jahre 1989 spannt sich in Alpbach ein Bogen von Veranstaltungen, von denen immer wieder neue Impulse für die Wissenschaften, die Kultur, die Politik und die Wirtschaft ausgehen.

Wie könnte ein solches Jubiläum besser gefeiert werden als mit einem Thema, das sich mit der gegenseitigen Bedingtheit der Zeit und ihrer jeweiligen Wahrheiten befaßt? Ist Zeit nur ein Hintergrund, vor dem sich alles abspielt, eine Skala für die Registrierung der Vorgänge, oder ist sie nicht vielmehr ein ständiger Zwang, leere Räume auszufüllen und damit im Denken und Handeln unsere Existenz zu begründen? Ändern sich mit dem Lauf der Zeit die Wahrheiten oder sehen wir sie nur anders, entsprechend dem Wechsel unseres Standortes? Gibt es unveränderliche Wahrheiten oder sind die jeweils dafür gehaltenen für uns nicht wichtiger? Bis zu welchem Punkt vermögen wir die Zeit zurückzuverfolgen? Können wir die Zukunft projizieren, um voraussehend an unserem Schicksal mitzuwirken? Dementsprechend reichen die Themen der Seminare und Plenarveranstaltungen von der Kosmologie über die Theologie und Philosophie bis zur Frage nach unserem eigenen Altern und dem Aussterben ganzer Linien der Schöpfung.

So wie das Österreichische College nach Beendigung des Zweiten Weltkriegs begründet wurde, ist die Edmund A. Walsh School of Foreign Service der Georgetown University in Washington, D. C. eine Schöpfung der Nachkriegszeit des Ersten Weltkriegs. Sie ist die älteste Hochschule für Internationale Beziehungen in den USA. Ihr 75. Jubiläum und das 50. des Österreichischen College wird durch die gemeinsame Veranstaltung "Europäische Perspektiven - Europa in Perspektive" gefeiert.

Wieder hoffen wir, daß Alpbach jene Mischung von Menschen aller Berufs- und Altersklassen zusammenzuführen vermag, die nötig ist, um über die Grenzen der eigenen Erkenntnisse und Meinungen hinaussehen zu können. So verbleiben wir weiterhin dem Auftrag an den Homo sapiens verpflichtet, nach dem Wahren zu suchen. Das Europäische Forum Alpbach wird hierfür seinen Gästen einmal mehr Zeit und Ambiente anbieten.

Zur Feier des 50. Europäischen Forum Alpbach hat Bundespräsident Dr. Thomas Klestil zu Ehren und in Anerkennung der Tätigkeit des Österreichischen College und seiner Veranstaltungen Alpbach als Ort für sein Gespräch mit den Staatsoberhäuptern der Nachbarstaaten Österreichs gewählt. Die Präsidenten werden im Laufe des Nachmittags des 21. August in Alpbach eintreffen und im Anschluß an ihre Besprechungen am Montag, den 22. August ein "Europa-Gespräch" abhalten.

Das Österreichische College ist sich der Bedeutung dieses Treffens bewußt und dankt den teilnehmenden Staatsoberhäuptern und dem Herrn Bundespräsidenten für die ihm zuteil gewordene Ehre.

Dr. Heinrich Pfusterschmid-Hardtenstein
Präsident des Österreichischen College

PROGRAMM

SAMSTAG, 20. AUGUST 1994

21.00 **BEGRÜSSUNG DER TEILNEHMER**
durch die Mitglieder des Präsidiums
des Österreichischen College
anschließend **Open House**

Ständchen: Bläserquintett AKUSTIK-PROJEKT
Leitung: Robert WINKLER, Wiener Neustadt

SONNTAG, 21. AUGUST 1994

9.00 **HEILIGE MESSE**
Erzbischof Dr. Alois WAGNER,
Ständiger Beobachter des Heiligen Stuhls bei den Organisationen der UNO in Rom, Vatikan

10.00 **EMPFANG DER TEILNEHMER**
durch die Tiroler Landesregierung
und die Gemeinde Alpbach am Kirchenplatz

Begrüßung
Ing. Ägidius BLETZACHER
Bürgermeister von Alpbach
Dr. Wendelin WEINGARTNER
Landeshauptmann von Tirol, Innsbruck

10.45 **ERÖFFNUNGSANSPRACHEN**
Dr. Thomas KLESTIL
Bundespräsident der Republik Österreich, Wien
Dr. Heinrich PFUSTERSCHMID-HARDTENSTEIN
Präsident des Österreichischen College, Wien
Prof. Otto MOLDEN
Ehrenpräsident des Österreichischen College,Wien
Univ.-Prof. Dr. James M. BUCHANAN
Center for Study of Public Choice, George Mason University, Fairfax, Virginia
Vizekanzler Dr. Erhard BUSEK
Bundesminister für Wissenschaft und Forschung, Wien
Musikalische Umrahmung
Ernst Krenek: Alpbach-Quintett
Wolfgang A. Mozart: Rondo aus der GranPartita
Bläserquintett AKUSTIK-PROJEKT
Leitung: Robert WINKLER, Wiener Neustadt

15.00 **EINFÜHRUNGSVORTRAG ZUM GENERALTHEMA**
veranstaltet in Zusammenarbeit mit dem Land Steiermark
John R. LUCAS, FBA
Philosoph, Merton College, University of Oxford

16.30 **KONSTITUIERUNG DER SEMINARE**
Die Details zu den Seminaren finden Sie auf Seite 26.
em. Univ.-Prof. Dr. Hans ALBERT
Heidelberg
Univ.-Prof. Dr.-Ing. Dieter BÖKEMANN
Vorstand des Instituts für Stadt- und Regionalforschung, Technische Universität Wien

21.00 **KLAVIERKONZERT:**
Elisabeth LEONSKAJA
Franz Schubert: Sonate D-Dur, op. 53 ("Gasteiner")
Modest Mussorgsky: Bilder einer Ausstellung

MONTAG, 22. AUGUST 1994

9.15 **Seminare** (erste Sitzung)

11.00 **"EUROPA-GESPRÄCH DER STAATSOBERHÄUPTER"**
eine Diskussion zwischen den Staatsoberhäuptern Österreichs und seiner Nachbarstaaten unter Teilnahme des designierten Präsidenten der Europäischen Kommission,
Jacques SANTER,
Ministerpräsident von Luxemburg
Thomas KLESTIL
Bundespräsident der Republik Österreich, Wien
S.D. Fürst HANS-ADAM II.
Fürstentum Liechtenstein, Vaduz
Arpád GÖNCZ
Präsident der Republik Ungarn, Budapest
Milan KUCAN
Präsident der Republik Slowenien, Laibach
Oscar Luigi SCALFARO
Präsident der Italienischen Republik, Rom
Václav HAVEL
Präsident der Tschechischen Republik, Prag

Michal KOVÁC
Präsident der Slowakischen Republik, Preßburg
Otto STICH
Bundespräsident der Schweizerischen Eidgenossenschaft, Bern
Roman HERZOG
Bundespräsident der Bundesrepublik Deutschland, Berlin

Moderation
Dr. Horst-Friedrich MAYER
Chefredakteur des Aktuellen Dienstes, ORF, Wien

Da die Anzahl der Plätze im Vortragssaal begrenzt ist, wird diese Veranstaltung live in den zweiten Saal des Kongreßhauses (Paula von Preradovic-Haus) übertragen.

15.00 **ERÖFFNUNG DER AUSSTELLUNGEN**
- Das Europäische Forum Alpbach: 1945 - 1994
- Alpbacher Kunst und Bilderbogen
Hofrat Alexander AUER, Wien

anschließend
ALPBACH IN EUROPA - EUROPA IN ALPBACH
Retrospektive - Perspektive
em. Univ.-Prof. Dr. Hans ALBERT, Heidelberg
Hofrat Alexander AUER, Wien
Prof. Ivo FRENZEL, Hannover
Friedrich HANSEN-LØVE, Wien
Dr. Peter KECKEIS, Küsnacht (Schweiz)
Fritz P. MOLDEN, Wien
em. Univ.-Prof. Dr. Robert MUTH, Innsbruck
Liliane THORN-PETIT, Luxemburg

DIENSTAG, 23. AUGUST 1994

9.15 **Seminare** (zweite Sitzung)

14.30 **Alpbacher Porträt:**
NORBERT ELIAS (1897 - 1990)
Soziologisches Orientierungwissen für europäische Staatsgesellschaften?
Univ.-Prof. Dr. Peter GLEICHMANN
Institut für Soziologie, Universität Hannover

15.30 **EIGENZEIT UND SYNCHRONISATION**
Einleitung und Diskussionsleitung
Univ.-Prof. Dr. Helga NOWOTNY
Collegium Budapest; Vorstand des Instituts für Wissenschaftstheorie und Wissenschaftsforschung, Universität Wien
Univ.-Prof. Dr. Gernot EDER
Institut für Kernphysik, Technische Universität Wien

Zeitschichten
em. Univ.-Prof. Dr. Dr.h.c. Reinhart KOSELLECK
Historiker, Budapest/Bielefeld

Auf der Suche nach der vorhandenen Zeit
Univ.-Prof. Dr. Ernst PÖPPEL
Mitglied des Vorstands des Forschungszentrums Jülich GmbH, Jülich (Deutschland)

21.00 **Filmabend: WARTEN AUF GODOT**
von Samuel Beckett
mit Heinz Reincke, Kurt Sowinetz u.a.

MITTWOCH, 24. AUGUST 1994

9.15 **Seminare** (dritte Sitzung)

16.00 **TRUTH AS A RECOGNITION OF PERMANENCE -**
An interdisciplinary critique
(Wahrheit als Erkennen des Dauerhaften - eine interdisziplinäre Kritik)
Dr. J. T. FRASER
Gründer der International Society for the Study of Time, Westport, Connecticut

18.00 **WISSENSCHAFT UND SICHERHEITSPOLITIK**
Präsentation der Wissenschaftskommission beim österreichischen Bundesministerium für Landesverteidigung
veranstaltet in Zusammenarbeit mit dem Bundesministerium für Landesverteidigung

Einleitung
Divisionär Ernest KÖNIG
Generalstabsoffizier des Bundesheeres, Bundesministerium für Landesverteidigung, Wien

Statement
Dr. Werner FASSLABEND
Bundesminister für Landesverteidigung, Wien

Kurzvortrag
Divisionsgeneral Carlo CABIGIOSU, Italien

Präsentation der Wissenschaftskommission durch den Vorsitzenden
Univ.-Prof. Dr. Klaus ZAPOTOCZKY
Institut für Soziologie, Abteilung für Politische Sozio-logie und Entwicklungsforschung, Universität Linz

22.00 **GESELLIGES BEISAMMENSEIN FÜR JUNGE UND JUNGGEBLIEBENE**

Musikalische Umrahmung
Latin Jazz
SASCHA DUJIN QUARTETT
Leitung: Werner MRAS, Wien

DONNERSTAG, 25. AUGUST 1994

9.15 **Seminare** (vierte Sitzung)
parallel

9.30 **Workshop GRUNDLAGENFORSCHUNG**
Veranstalter:
Bundesministerium für Wissenschaft und Forschung
Österreichische Akademie der Wissenschaften
Fonds zur Förderung der Wissenschaftlichen Forschung

Begrüßung und Einleitungsreferat
Vizekanzler Dr. Erhard BUSEK
Bundesminister für Wissenschaft und Forschung, Wien

Impulsreferate
Univ.-Prof. Dr. D. Allan BROMLEY
Früherer Wissenschaftsberater des Präsidenten der USA; Yale University, New Haven, Connecticut
Dr. Jean-Pierre R. CONTZEN
Generaldirektor der Gemeinsamen Forschungsstelle der Europäischen Kommission, Brüssel

Die Grundlagenforschung ist zwischen reinem Erkenntnisstreben und praxisbezogenen Verwertungszwängen mit neuen nationalen und interna-tionalen Herausforderungen konfrontiert. Ein intensiver forschungspolitischer Dialog über den Standort der erkenntnisorientierten Wissenschaften und über ihre Bedeutung im Gesamtsystem von Wissenschaft und Technologie ist daher erforderlich. Dieser Dialog findet als Kontrapunkt einen Tag vor den Alpbacher Technologiegesprächen unter Beteiligung von prominenten Wissenschaftern und Politikern aus dem In- und Ausland statt.

Achtung: Der Workshop Grundlagenforschung wird als Klausurveranstaltung in der Bergstation Hornboden der Alpbacher Bergbahnen mit verpflichtender ganztägiger Beteiligung der angemeldeten Teilnehmer abgehalten!

14.30 **STERBEN UND AUSSTERBEN**

Einleitung und Diskussionsleitung
Univ.-Prof. DDr. Gerhard VOLLMER
Seminar für Philosophie, Technische Universität Braunschweig

Referenten
Univ.-Prof. Dr. Svante PÄÄBO
Zoologisches Institut der Ludwig-Maximilians-Universität München
Univ.-Prof. Dr. Mark STONEKING
Institut für Anthropologie, Penn State University, University Park, Pennsylvania

18.30 **Alpbacher Technologiegespräche: INFRASTRUKTUREN FÜR EIN GEMEINSAMES EUROPA**
Veranstalter:
Österreichischer Rundfunk
Vereinigung Österreichischer Industrieller
Österreichisches Forschungszentrum Seibersdorf
in Zusammenarbeit mit:
Bundesministerium für wirtschaftliche Angelegenheiten
Bundesministerium für öffentliche Wirtschaft und Verkehr
Bundesministerium für Wissenschaft und Forschung

PLENUM: ERÖFFNUNG DER VERANSTALTUNG
Multimedia Präsentation
Orlando - die erste digital vernetzte Stadt der Welt

19.00 **Alpbacher Technologiegespräche**
PLENARVORTRÄGE
Al GORE
Vizepräsident der Vereinigten Staaten von Amerika, Washington, D.C.
via Satellitenschaltung
Religiös-geistige 'Infrastruktur' eines Europa im Wandel
Kardinal DDr. Franz KÖNIG
Alterzbischof von Wien
Weichenstellung für ein digitales Österreich
Dkfm. Dr. Franz VRANITZKY
Bundeskanzler der Republik Österreich, Wien
Anschließend **Open House**
des Österreichischen College und der Veranstalter der Alpbacher Technologiegespräche (gesponsert vom Weingut Robert Schlumberger, Bad Vöslau, Handl Tirol und Brau AG).

FREITAG, 26. AUGUST 1994

9.15 **Seminare** (fünfte Sitzung)
parallel
9.30 **Alpbacher Technologiegespräche**
PLENARVORTRÄGE
Österreichs Forschung und Europa
Vizekanzler Dr. Erhard BUSEK
Bundesminister für Wissenschaft und Forschung, Wien
Neue Medientechnologien - die europäische Kultur im dritten Jahrtausend
Jack LANG
Kulturminister a. D. der Französischen Republik (1981 bis 1986 und 1988 bis 1993), Paris

11.30 **Alpbacher Technologiegespräche**
BEGINN DER ARBEITSKREISE
Die Details zu den Arbeitskreisen finden Sie auf Seite 29.

15.00 **Alpbacher Technologiegespräche**
ARBEITSKREISSITZUNGEN, parallel zueinander
parallel

15.30 **Alpbacher Porträt: ALBERT EINSTEIN**
Univ.-Prof. Dr. Elie G. ZAHAR
Institut für Philosophie, The London School of Economics and Political Science, London

19.30 **Alpbacher Technologiegespräche**
PLENUM: CLUB 2 SPEZIAL
TV-Aufzeichnung durch den ORF
Gastgeber
Dr. Rudolf NAGILLER
Hörfunkintendant, ORF, Wien
Gäste
Karel VAN MIERT
Mitglied der Europäischen Kommission, Brüssel
Mag. Viktor KLIMA
Bundesminister für öffentliche Wirtschaft und Verkehr, Wien
und andere

SAMSTAG, 27. AUGUST 1994

9.15 **Seminare** (sechste Sitzung)
parallel
9.00 **Alpbacher Technologiegespräche**
PLENUM: GRUNDSATZREFERATE
Die Rolle Österreichs im Schnittpunkt europäischer Hochleistungs-Infrastrukturen
Mag. Viktor KLIMA
Bundesminister für öffentliche Wirtschaft und Verkehr, Wien
Der Informations-Highway Europa
Jean-Pierre ELKABBACH
Generaldirektor von France-Télévision, Paris

10.45 **Alpbacher Technologiegespräche**
FORTSETZUNG DER ARBEITSKREISSITZUNGEN

15.00 **Alpbacher Technologiegespräche**
PLENUM:
ERGEBNISSE DER ARBEITSKREISE
ABSCHLUSSREFERATE

Die digitale Medienzukunft - Chance und Herausforderung für den ORF
Gerhard ZEILER
Design. prov. Generalintendant des ORF, Wien

Technologiepolitik und institutionelle Infrastruktur
Mag. Dr. Maria-Theresia FEKTER
Staatssekretärin im Bundesministerium für wirtschaftliche Angelegenheiten, Wien

16.30 **GENERATIONSSPEZIFISCHE GESCHICHTSERFAHRUNG**

Generatio praeterit, et generatio advenit Zeit und Wahrheit in Rankes Papstgeschichte
Patrick BAHNERS, MA
Historiker und Journalist, Bonn

Zeit und Illusion
em. Univ.-Prof. Dr. Ernst TOPITSCH
Institut für Philosophie, Karl-Franzens-Universität Graz

SONNTAG, 28. AUGUST 1994

10.00 **HEILIGE MESSE**
Kardinal DDr. Franz KÖNIG, Wien
Weihbischof Dr. Christoph SCHÖNBORN, Wien
Erzbischof Dr. Alois WAGNER, Vatikan
Musik: "Bauernmesse" von Annette Thoma
ALPBACHER KIRCHENCHOR
Leitung: Josef BLETZACHER
ALPBACHER BLÄSER, Leitung: Peter MOSER

14.30 **HUMAN EMBRYO RESEARCH**
(Die Forschung am menschlichen Embryo)
Univ.-Prof. Dr. Robert STILLMAN
Abteilung für Gynäkologie und Geburtshilfe, Medical Center, George Washington University, Washington, D.C.

16.00 **ZUR RELATIVITÄT VON MORAL UND RECHT**
Univ.-Prof. Dr. Jonathan GLOVER
University of Oxford

Überwindung des Relativismus durch Metaphysik?
Univ.-Prof. DDr. Norbert HOERSTER
Fachbereich Rechts- und Wirtschaftswissenschaften, Universität Mainz

Gibt es "Moral Absolutes"?
P. Univ.-Prof. Dr. Christoph SCHÖNBORN OP
Weihbischof, Erzdiözese Wien

21.00 Gastspiel des Salzburger Landestheaters
DER KONTRABASS
von Patrick Süskind
mit Georg SCHUCHTER
veranstaltet in Zusammenarbeit mit der Kulturabteilung des Amtes der Salzburger Landesregierung

EUROPAWOCHE

MONTAG, 29. AUGUST 1994

9.15 **Seminare** (siebente Sitzung)
parallel

10.00 **EUROPÄISCHE PERSPEKTIVEN - EUROPA IN PERSPEKTIVE**
veranstaltet in Zusammenarbeit mit der Edmund A. Walsh School of Foreign Service der Georgetown University, Washington, D. C. anläßlich ihres 75jährigen Bestehens

Koordination und Leitung
Univ.-Prof. Dr. Peter F. KROGH
Dekan der Edmund A. Walsh School of Foreign Service, Georgetown University, Washington, D.C.
Univ.-Prof. Dr. Karl ZEMANEK
Vorstand des Instituts für Völkerrecht und Internationale Beziehungen der Universität Wien

Eröffnungsvortrag
Dr. Alois MOCK
Bundesminister für auswärtige Angelegenheiten, Wien

GIBT ES EINE EUROPÄISCHE IDENTITÄT?
- Der offene Begriff Europa

- Kulturelle, ethnische, historische und politische Aspekte

Univ.-Prof. Dr. Géza JESZENSZKY
Minister für auswärtige Angelegenheiten a.D.; Parlamentsabgeordneter, Budapest

Kulturelles Miteinander in Europa - Die Notwendigkeit einer Charta der Europäischen Kulturellen Zusammenarbeit
Dr. Maarten MOURIK
Botschafter i.R., Schriftsteller, Callantsoog, (Niederlande)

Die Erwartungen an Europa
Dr. Yoh KUROSAWA
Präsident der Industrial Bank of Japan, Tokio

15.00 **DIE ERWARTUNGEN AN EUROPA**
(Fortsetzung Europäische Perspektiven)
- aus US-amerikanischer, japanischer, russischer und lateinamerikanischer Sicht
- Dialog mit der Europäischen Union

Univ.-Prof. Dr. Jurij N. AFANASJEW
Rektor der Russischen Staatlichen Universität für Geisteswissenschaften, Moskau

Die sicherheitspolitische Rolle Europas aus amerikanischer Sicht
Univ.-Prof. Dr. Chester A. CROCKER
Georgetown University; Vorsitzender des United States Institute of Peace, Washington, D.C.

Das neue Europa in den Augen Lateinamerikas - Selbstverständnisse, Mißverständnisse
Univ.-Prof. Dr. Estevão C. de REZENDE MARTINS
Staatssekretär im Justizministerium; Universidade de Brasília

DIENSTAG, 30. AUGUST 1994

9.15 **Seminare** (achte Sitzung)
parallel

10.00 **LÄSST SICH AUS HISTORISCHEN VERGLEICHEN LERNEN?**
(Fortsetzung Europäische Perspektiven)
- Die Balkankrisen, die zum Ersten Weltkrieg geführt haben
- Das Scheitern der Pariser Friedensverträge und des Völkerbundes
- Die Ost-West-Konfrontation nach dem Zweiten Weltkrieg

Die Balkankrise 1914 - Katastrophe eines Krisenmanagements
Dr. Johann Christoph ALLMAYER-BECK
Historiker, Wien

Lehren aus den Jahren des Kalten Krieges
Univ.-Prof. William G. HYLAND
Edmund A. Walsh School of Foreign Service, Georgetown University, Washington, D.C.

Univ.-Prof. Dr. Gaddis SMITH
Direktor des Yale Center for International and Area Studies, Yale University, New Haven, Connecticut

15.00 **WAS BEDROHT EUROPA?**
(Fortsetzung Europäische Perspektiven)
- Stabilität im Westen? Instabilität im Osten?
- Politische, militärische und institutionelle Positionen und Strategien zur Herstellung einer Friedensordnung

Das Europa der neuen Zeit
Dr. Hans BINNENDIJK
Direktor des Instituts für Nationale Strategische Studien, National Defense University, Washington, D.C.

Dr. Satoshi MORIMOTO
Senior Researcher, Nomura Research Institute, Tokio

Univ.-Prof. Dr. Lothar RÜHL
Staatssekretär a.D.; Forschungsinstitut für Politische Wissenschaften der Universität zu Köln

Univ.-Prof. Dr. Bart TROMP
Fachgruppe Politikwissenschaften, Reichsuniversität Leiden

21.00 **SENTIMENTAL JOURNEY**
ein nicht nur nostalgischer Rückblick auf die letzten 50 Jahre Alpbach

Moderation
Fritz P. MOLDEN
Präsident des Auslandsösterreicherwerkes; Mitglied des Präsidiums des Österreichischen College, Wien
Dipl.-Ing. Rainer SCHREMS
Julius Meinl AG; Mitglied des Vorstands des Österreichischen College, Wien

MITTWOCH, 31. AUGUST 1994

9.15 **Seminare** (neunte Sitzung)
parallel

10.00 **DIE ROLLE EUROPAS IM RAHMEN DER GLOBALEN SICHERHEIT**
(Fortsetzung Europäische Perspektiven)

Paneldiskussion
unter Teilnahme der Referenten der Vortage dieser Veranstaltung

14.30 **Wirtschaftsgespräch:**
NEUE HERAUSFORDERUNGEN DURCH INTEGRATION UND FREIHANDEL - PERSPEKTIVEN EUROPÄISCHER UND NATIONALER STANDORTPOLITIKEN

Koordination
Dr. Erhard FÜRST
Vereinigung Österreichischer Industrieller, Wien
Dr. Friedrich GLEISSNER
Wirtschaftskammer Österreich, Wien

WIRTSCHAFTS- UND WÄHRUNGSPOLITISCHE RAHMENBEDINGUNGEN FÜR DEN INTERNATIONALEN STANDORTWETTBEWERB - REGIONALE UND GLOBALE HERAUSFORDERUNGEN

Einleitung und Diskussionsleitung
KR Dkfm. Dr. Maria SCHAUMAYER
Präsidentin der Oesterreichischen Nationalbank, Wien

Eröffnungsvortrag
Dkfm. Ferdinand LACINA
Bundesminister für Finanzen, Wien

Wirtschaftliche und währungspolitische Einflüsse auf das japanische Investitionsverhalten im Ausland
Dr. Keisuke EGASHIRA
Präsident von J. Osawa & Co., Ltd., Tokio

Die Wettbewerbsfähigkeit Europas
Dr. Carlos FERRER
Präsident der UNICE (Dachverband der europäischen Industrie- und Unternehmerverbände), Brüssel

Industriepolitik unter veränderten internationalen Rahmenbedingungen
Dr. Heinz KESSLER
Vorsitzender des Vorstandes der Nettingsdorfer Papierfabrik AG; Präsident der Vereinigung Österreichischer Industrieller, Wien

Warren A. LAVOREL, BA
Botschafter; Stellvertretender Generaldirektor des GATT, Genf

Die Wettbewerbsfähigkeit Amerikas und die Agenda der Regierung Clinton
Univ.-Prof. Dr. Theodore H. MORAN
Leitender Berater der Politischen Planungsabteilung des Außenministeriums der Vereinigten Staaten, Washington, D.C.

21.00 **MUSIK DES 13. UND 20. JAHRHUNDERTS**
TRIO DES CLEMENCIC CONSORTS, Wien

René CLEMENCIC: mittelalterliche Flöten
René ZOSSO: Drehleier, Gesang
Esmail VASSEGHI: Santur, Tambak, Schlagzeug, Gesang

Alfonso el Sabio - Carmina Burana - Guiraut de Bornelh - Guillaume de Machault - Tomaso Israelito - persische und französische Volkslieder

DONNERSTAG, 1. SEPTEMBER 1994

10.00 **STANDORT EUROPA AUS EUROPÄISCHER, NORDAMERIKANISCHER UND OSTASIATISCHER SICHT**
(Fortsetzung Wirtschaftsgespräch)

Diskussionsleitung
Dr. Franz CESKA
Generalsekretär der Vereinigung Österreichischer Industrieller, Wien

Die Zukunft der Automobilindustrie in Europa - aus der Sicht eines weltweit tätigen Fahrzeugherstellers
Dipl.-Ing. Peter ENDERLE
Mitglied des Vorstands der Adam Opel AG, Rüsselsheim

Standortwettbewerb in Europa und weltweit: Eine ordnungspolitische Perspektive
Univ.-Prof. Dr. Dr.h.c. Herbert GIERSCH
Institut für Weltwirtschaft, Kiel

Das Weißbuch der Europäischen Kommission "Wachstum, Wettbewerbsfähigkeit, Beschäftigung" als Beitrag zur Sicherung des Wirt-

schaftsstandorts Europa
Dipl.-Volksw. Peter M. SCHMIDHUBER
Mitglied der Europäischen Kommission, Brüssel

Mitteleuropa aus der Sicht Japans
Hidehiko YOSHIDA, BSc
Senior Executive Vice President, Toshiba Corporation, Tokio

15.00 **MITTEL- UND OSTEUROPA ALS PARTNER UND KONKURRENT**
(Fortsetzung Wirtschaftsgespräch)

Diskussionsleitung
Dr. Walter WOLFSBERGER
Vizepräsident des Aufsichtsrates der Siemens AG Österreich, Wien

Univ.-Prof. Dr. Robert HOLZMANN
Geschäftsführender Direktor des Europa-Instituts der Universität des Saarlandes, Saarbrücken

Möglichkeiten und Grenzen der Beeinflussung der Standortbedingungen durch Beratungshilfe
Dipl.-Volksw. Walter KITTEL
Staatssekretär a.D.; Beauftragter der Bundesregierung für die Beratung in Osteuropa, Bundesministerium für Wirtschaft, Bonn

Carl C. LANDEGGER, BSS
Vorsitzender der Black Clawson Company, New York

Banken- und Kapitalmarkt aus der Sicht einer führenden österreichischen Kommerzbank
Dr. Guido SCHMIDT-CHIARI
Generaldirektor der Creditanstalt-Bankverein, Wien

Dr. Wolfgang SCHÜRER
Präsident der MS Management Service AG, St. Gallen

anschließend **Empfang**
der Oesterreichischen Nationalbank

FREITAG, 2. SEPTEMBER 1994

10.00 **STANDORT ÖSTERREICH**
(Fortsetzung Wirtschaftsgespräch)

Diskussionsleitung
Dr. Johann FARNLEITNER
Generalsekretär-Stellvertreter der Wirtschaftskammer Österreich, Wien

Einleitungsvortrag:
Die Herausforderung des Wirtschaftsstandorts Österreich
Univ.-Prof. Dr. Helmut KRAMER
Leiter des Österreichischen Instituts für Wirtschaftsforschung, Wien

Panel

Mag. Viktor KLIMA
Bundesminister für öffentliche Wirtschaft und Verkehr, Wien

Industrielle Selbsterneuerung am Standort Österreich
Dkfm. Lorenz FRITZ
Vizepräsident der Vereinigung Österreichischer Industrieller; Generaldirektor der Alcatel Austria AG, Wien

Die Zukunft des Industriestandortes Österreich aus Sicht eines österreichischen Technologiekonzerns
Dipl.-Ing. Othmar PÜHRINGER
Generaldirektor der VA Technologie AG, Linz

Erfahrungen eines Mittelbetriebes
Alexander ROTH-POLLAK-PARNAU
Inhaber und Geschäftsführer von Freistadtl GmbH & Co. KG, Wien

KR Dipl.-Ing. Dr. Heinrich STEPNICZKA
Generaldirektor der Lenzing AG, Lenzing (Österreich)

Dkfm. Dr. Werner TEUFELSBAUER
a.o. Univ.-Prof.; Leiter der Wirtschaftspolitischen Abteilung der Wirtschaftskammer Österreich, Wien

SEMINARE

Die Seminare beginnen mit der Konstituierung am Sonntag, den 21. August 1994, und finden täglich (außer Sonntag, den 28. August; letzte Sitzung am Mittwoch, den 31. August) parallel zueinander statt. Die jeweiligen Seminarsprachen sind in Klammern nach dem Titel angegeben; eine Simultanübersetzung in den Seminaren ist nicht möglich.

Seminar 1
Rationalität und kognitiver Relativismus (englisch)
Univ.-Prof. Dr. Hans-Jürgen WENDEL
Ludwigshafen
Univ.-Prof. Dr. Elie G. ZAHAR
Institut für Philosophie, The London School of Economics and Political Science, London

Seminar 2
Zeit und Kosmos - Evolution des Universums (englisch)
Univ.-Prof. Dr. Peter AICHELBURG
Institut für Theoretische Physik, Universität Wien
Univ.-Prof. Dr. Christopher ISHAM
Imperial College, University of London
Univ.-Prof. Dr. Sandor SZALAY
Institut für Physik und Astronomie, Johns Hopkins University, Baltimore

Seminar 3
Vom Molekül zum Menschen - Perspektiven der Evolutionsbiologie (deutsch)
Priv.-Doz. Dr. Volker SOMMER
Institut für Anthropologie, Georg-August-Universität Göttingen
Univ.-Prof. DDr. Gerhard VOLLMER
Seminar für Philosophie, Technische Universität Braunschweig

Seminar 4
Zeit und Wahrheit in Ökonomie und Politik (englisch)
Univ.-Prof. Dr. Geoffrey BRENNAN
Direktor des Instituts für Sozialwissenschaften, The Australian National University, Canberra
Univ.-Prof. Dr. James M. BUCHANAN
Nobelpreisträger für Wirtschaftswissenschaften, Center for Study of Public Choice, George Mason University, Fairfax, Virginia
Univ.-Prof. Dr. Viktor VANBERG
Center for Study of Public Choice, George Mason University, Fairfax, Virginia

Seminar 5
Das Wahrheitsproblem in Religion und Theologie (deutsch)
em. Univ.-Prof. DDr. Eugen BISER
Leiter des Seniorenstudiums, Universität München
em. Univ.-Prof. Dr. Gottfried HORNIG
Wissenschaftspublizist, Bochum
Univ.-Doz. Dr. Gerhard STREMINGER
Institut für Philosophie, Karl-Franzens-Universität Graz

Seminar 6
Der Historismus und das Wahrheitsproblem in den Kulturwissenschaften (deutsch)
Univ.-Prof. Dr. Alexander DEMANDT
Fachbereich Geschichtswissenschaften, Freie Universität Berlin
Univ.-Prof. Dr. Karl-Siegbert REHBERG
Institut für Soziologie, Technische Universität Dresden
Univ.-Prof. Dr. Gunter SCHOLTZ
Institut für Philosophie, Ruhr-Universität Bochum

Seminar 7
Zum Wandel der ästhetischen Kriterien (deutsch)
Univ.-Prof. Dr. Gottfried BOEHM
Kunsthistorisches Seminar, Universität Basel
em. Univ.-Prof. Dr. Werner HOFMANN
Hamburg
Achtung: Dieses Seminar endet bereits am 26. 8. 1994!

Seminar 8
Lebensalter und Lebenswert: Psychologische und soziologische Fragen (deutsch)
Univ.-Prof. Dr. Freya DITTMANN-KOHLI
Vorstand der Fachgruppe Psychogerontologie der Katholischen Universität Nijmegen
Univ.-Prof. Dr. Martin KOHLI
Institut für Soziologie, Freie Universität Berlin

Seminar 9
Postmodernismus als Literatur der Krise (deutsch)
Univ.-Prof. Dr. Dimitrij W. SATONSKY
Abteilungsleiter des Instituts für Literatur der Akademie der Wissenschaften der Ukraine, Kiew
Univ.-Prof. Dr. Joseph STRELKA
Institut für Deutsche Sprache und Literatur, State University of New York at Albany, New York

Seminar 10
Technische und institutionelle Grenzen der individuellen Handlungsfreiheit (englisch)
em. Univ.-Prof. Dr. Torsten HÄGERSTRAND

Institut für Geographie, Universität Lund
em. Univ.-Prof. Dr. Philip WAGNER
Simon Fraser University, Burnaby, B.C. (Kanada)

Seminar 11
Persönlichkeitsrecht und Medienrecht (deutsch)
Ing. Alfred WORM
Chefredakteur von "News", Wien
Dr. Georg ZANGER
Rechtsanwalt, Wien
unter Mitwirkung von
Dr. Harry BERGMANN
Demner & Merlicek WerbegesmbH., Wien
Wolfgang FELLNER
Herausgeber und Chefredakteur von "News", Wien
Hans MAHR
Geschäftsführer von RTL, Köln

Seminar 12
Zeitprobleme der Industriegesellschaft: Arbeitszeit, Freizeit, Lebenszeit (deutsch)
veranstaltet in Zusammenarbeit mit dem
Land Oberösterreich
Dr. Wolfgang KLAUDER
Leitender Wissenschaftlicher Direktor des Instituts für Arbeitsmarkt- und Berufsforschung der Bundesanstalt für Arbeit, Nürnberg
Univ.-Prof. Dr. Friedrich SCHNEIDER
Dekan der Sozial- und Wirtschaftswissenschaftlichen Fakultät, Universität Linz
Univ.-Prof. Dr. Klaus ZAPOTOCZKY
Institut für Soziologie, Abteilung für Politische Soziologie und Entwicklungsforschung, Universität Linz

unter Mitwirkung von
Fritz FREYSCHLAG
Präsident der Kammer für Arbeiter und Angestellte für Oberösterreich, Linz
KR Kurt KAUN
Präsident der Wirtschaftskammer Oberösterreich, Linz
Dr. Christoph LEITL
Wirtschaftslandesrat in der oberösterreichischen Landesregierung, Linz
Abg.z.NR Dr. Walter SCHWIMMER
Generaldirektor-Stellvertreter der Wiener Gebietskrankenkasse, Wien

ALPBACHER TECHNOLOGIEGESPRÄCHE

INFRASTRUKTUREN FÜR EIN GEMEINSAMES EUROPA
25. bis 27. August 1994

ARBEITSKREISE

Arbeitskreis 1
A 2000: Österreichs digitale Medienzukunft
Dr. Hannes LEOPOLDSEDER
Landesintendant des ORF für das Landesstudio Oberösterreich; ars electronica, Linz
unter Mitwirkung von
Dipl.-Ing. Karl Christian BONOMEO
Leiter von IBM Networking Consulting Practice, Wien
Prof. Dr. Hermann HAUSER
Vice President Research, Olivetti, London
Dr. Richard STRAUB
Regional Director of PC Business Unit, IBM Eastern Europe Inc., Wien
Univ.-Prof. Dr. Bruno BUCHBERGER
Leiter des RISC-Instituts, Universität Linz
Ing. Peter KOTAUCZEK
Präsident des Verbandes Österreichischer Software-Industrie, Wien
Jan MOJTO
Geschäftsführer von Beta-Taurus-Film, München
Dr. Peter RADEL
Kaufmännischer Direktor des ORF, Wien

Arbeitskreis 2
Österreich im Schnittpunkt europäischer Verkehrs-, Kommunikations- und Energieachsen
Dipl.-Ing. Albert HOCHLEITNER
Generaldirektor der Siemens AG Österreich, Wien
unter Mitwirkung von
Dipl.-Ing. Dr. Helmut DRAXLER
Generaldirektor der Österreichischen Bundesbahnen, Wien
Dipl.-Ing. Ernst GEHMACHER
Geschäftsführer des IFES (Institut für empirische Sozialforschung GmbH), Wien
Dipl.-Ing. Johann HAIDER

Sprecher des Vorstandes der Österreichischen Elektrizitätswirtschafts-AG, Wien
Dipl.-Ing. Josef LOIBL
Generaldirektor-Stellvertreter der Österreichischen Post- und Telegraphenverwaltung, Wien
Dipl.-Ing. Dr. Alexander MACULAN
Vorsitzender des Vorstandes der Maculan Holding, Wien
Wolfgang ROTH
Vizepräsident der Europäischen Investitionsbank, Luxemburg
KR Dipl.-Ing. Dr. Richard SCHENZ
Generaldirektor der ÖMV Aktiengesellschaft, Wien

Arbeitskreis 3
Österreichische Forschungsstrukturen für Europa
Prof. Dr. h.c. Dipl.-Ing. Helmut LIST
Vorsitzender der Geschäftsführung der AVL LIST GmbH, Graz

unter Mitwirkung von
Univ.-Prof. Dr. Peter KOSS
Geschäftsführer Wissenschaft/Technik, Österreichisches Forschungszentrum Seibersdorf GesmbH, Seibersdorf
Dr. Peter PFLUGER
Chairman of the EUREKA-National Program Coordinators; Direktor von CSEM Centre Suisse d'Electronique et de Microtechnique SA, Neuchâtel
Univ.-Prof. Dr. Arnold J. SCHMIDT
Präsident des Fonds zur Förderung der Wissenschaftlichen Forschung; Institut für Quantenelektronik und Lasertechnik, Technische Universität Wien
Dipl.-Ing. Norbert THEURETZBACHER
Mitglied der Geschäftsleitung von Alcatel Austria AG, Wien
Univ.-Prof. Dr. Isaac P. WITZ
Professor für Immunologie; Direktor des Ela Kodesz Institute for Research on Cancer Development and Prevention, Tel Aviv

---

YOGA-ÜBUNGEN
Hatha-Yoga
Atem-, Körper- und Bewußtseinsübungen

Leitung
Eva CATHREIN-STECHAUNER, Innsbruck

Die Yoga-Übungen finden vom 22. bis 31. August 1994 täglich (außer sonntags) von 8.00 bis 8.30 Uhr statt und sind sowohl für Anfänger als auch für Fortgeschrittene geeignet. Für die Teilnahme wird ein Turn- oder Trainingsanzug sowie ein mittelgroßes Badetuch benötigt.

TECHNISCHES RAHMENPROGRAMM

Multimedia Präsentation "Orlando"

In Orlando, Florida, wird Ende dieses Jahres die erste digital vernetzte Stadt der Welt funktionsfähig. Die Bewohner der Stadt werden von ihrem Bildschirm im Wohnzimmer aus Tausende Filme abrufen, Banktransaktionen abwickeln oder Pizzas bestellen können. Vieles, was als reine Vision die Diskussion rund um die "Info-Highways" beherrscht, ist in Orlando schon verwirklicht. Time-Warner, der größte Medienkonzern der Welt, und Silicon Graphics, die innovativste Softwarefirma Amerikas, betreiben mit einem Milliardenaufwand das Orlando-Projekt als 1:1-Modell unser aller Medienzukunft.

Vernetzung der Arbeitskreise

Die Arbeitskreise werden mit Online Videoconferencing vernetzt. Die Technologiedemonstration zeigt die Verwendung von DIGITAL Alpha AXP Workstations, die mit einem FDDI Hochgeschwindigkeitsnetz verbunden sind. Bild- und Tonübertragung erfolgen digital, etwaige Kompressionen werden ausschließlich mit Software in Realzeit durchgeführt. (In Zusammenarbeit mit DIGITAL Equipment Österreich AG)

EU-Datenverbund für Forschung und Entwicklung

Um die Verbreitung und Nutzung von wissenschaftlichen und technischen Kenntnissen aus den Gemeinschaftsprogrammen zu fördern, stehen für die Benutzer umfangreiche Datenbanken zur Verfügung. Neben dem elektronischen Informationsdienst CORDIS gibt es noch eine Reihe von Kontakt- und Kommunikationsnetzen, die es ermöglichen, die notwendige Transparenz und den raschen Zugriff zu einer Flut von wissenschaftlichen Daten zu ermöglichen. Das Forschungszentrum Seibersdorf bietet nicht nur den eigenen Wissenschaftlern, sondern auch seinen Industriepartnern in einem Informationsverbund mit nationalen Stellen ein derartiges Informationsservice an.

GSM verbindet Europa

Siemens stellt den Alpbacher Technologiegesprächen 1994 50 GSM Handys zur Verfügung. Das europaweite GSM-Netz (Global System for Mobile Communication) wird in Zukunft dafür sorgen, daß Europa noch enger zusammenrückt.

Das Nachbarschaftstreffen neun europäischer Staatsoberhäupter und des neu designierten EU-Präsidenten anläßlich des 50 Jubiläums des Europäischen Forums Alpbach am 20. und 21. August 1994.

Das Europäische Forum Alpbach versammelte heuer nicht nur jene frühen Europadenker, die es gegründet haben, zum Jubiläum seines 50. Stattfindens. Es war im August vielmehr auch Gastgeber eines erstaunlichen Gipfeltreffens europäischer Staatsoberhäupter.

Als nach dem Ende der Napoleonischen Kriege 1814 die Staatsoberhäupter der betroffenen Staaten in Wien zusammentrafen, um die politische Landkarte Europas neu zu zeichnen, war Österreich als Gastgeber auch die Rolle des Richtungsweisenden vorbehalten. Der Vorsitzende Clemens Fürst Metternich brachte die verlorenen Gebiete an Österreich zurück und prellte Rußland - allerdings uneigennützig - um Polen; all das geschah im Interesse des "europäischen Gleichgewichtes".

170 Jahre später, im August 1994, lud der österreichische Bundespräsident Thomas Klestil seine Kollegen aus den angrenzenden Ländern nach dem Tiroler Ort Alpbach ein. Auch ihm war es dabei um dieses Gleichgewicht zu tun. Die Waage, auf der es zu messen ist, heißt EU.

Die Besetzung ist allerdings eine andere: Deutschland und Italien sind Mitgliedstaaten der Union, die Schweizer haben einen solchen Status kürzlich abgelehnt, während Tschechien, die Slowakei, Slowenien und Ungarn eben diese Eingliederung anstreben. Österreich selbst ist mit seinem Beitritt am 1. Jänner 1995 so gut wie dabei. Unter all deren Staatsoberhäuptern nun saß, quasi wie ein Gutachter, auch der designierte EU-Präsident Jacques Santer.

Mit diesem Überfluß an Prominenz noch nicht genug, fand dieses hochrangige Treffen also zum 50. Jubiläum des Europäischen Forums Alpbach statt. Die illustren Gäste wurden vom Präsidenten des Österreichischen College (der Trägerorganisation des Alpbacher Forums), Botschafter Dr. Heinrich Pfusterschmid-Hardtenstein, begrüßt. So wurde die Veranstaltung von den einen als politisches Gipfeltreffen überbewertet, von anderen als eine Jubiläumsaktion des Europäischen Forums angesehen. Keines der beiden Urteile trifft ganz zu. Natürlich konnten die Staatsoberhäupter, zum ersten Mal in so weiter Runde versammelt, keine unmittelbar wirksamen Verhandlungen führen. Das ist schon aufgrund ihrer verfassungsmäßigen Stellung unmöglich.

Sehr wohl indes hat das alpine Zusammentreffen eine neue Gesprächsbasis europäischen Niveaus hergestellt. Einmal war es keine interne Konferenz von EU- oder Nicht-EU-Staaten, auch keine Beitrittsverhandlung, sondern eine Gesprächsrunde mehrerer Länder, die unterschiedliche Stadien der politisch-wirtschaftlichen Modernisierung nach westlichem Modell durchlaufen. Keine umsetzbaren Ergebnisse zwar, dafür ein guter, freier, allgemeiner Disput. Ja, der zwangsläufig unverbindliche Charakter des Präsidentengipfels machte ihn besonders sympathisch.

Im Rahmen jenes Forums Alpbach, das schon am Gedankengebäude "Europa" baute, als die EWG noch um ihre Konstituierung zittern mußte, waren alle Meinungen gleich viel wert, für Indoktrinierung irgendwelcher Art, wie man sie bei vergleichbaren Veranstaltungen oft antrifft, war kein Platz. Hier stellten auch die Oberhäupter eben jenes Ostmitteleuropas ihre eigenen Wege in das gemeinsame Haus dar. Da bangte ein Vaclàv Havel vor deutscher Übermacht, da ließ Sloweniens Milan Kucan seine Furcht vor dem Krieg laut werden. Auf der

Photo: APA, R. Jäger

v.l.n.r.: Kucan (Slowenien), Hans Adam II. (Liechtenstein), Göncz (Ungarn), Scalfaro (Italien), Klestil (Österreich), Havel (Tschechien), Stich (Schweiz), Herzog (Deutschland), Kovač (Slowakei)

anderen Seite suchte der Schweizer Otto Stich eine Erklärung für die ablehnende Haltung seiner Landsleute zur EU. Und in deren aller Mitte sprach Thomas Klestil, Österreichs Unions-Beitritt in der Tasche, nicht ohne verständliche Zufriedenheit von seinem Land als dem Trittbord zwischen Ost und West.

Mit Alpbach war für die Veranstaltung eine durchaus passende Kulisse gefunden. Hatten hier 1945 einige junge Freigeister, allen voran Otto Molden, den ersten internationalen wissenschaftlich-politischen Diskurs im Nachkriegseuropa zustandegebracht, so fanden sich die Internationalen Hochschulwochen - wie das Europäische Forum damals noch hieß - schon bald institutionalisiert. Der ungestüme Enthusiasmus der Europapioniere wurde in organisatorische Bahnen gelenkt, tat sich mit grossen Köpfen aus verschiedenen Wissenssparten zusammen, um Strategien für die Zukunft, wie sie auch aussehen mochte, zu entwickeln.

Alpbach war, seine Sturm- und Drangzeit hinter sich lassend, gewissermaßen nach Weimar gegangen. Doch seine Ideen und seine Philosophie vermochten auch dort noch die erwähnten großen Köpfe zu Alpbach-Spezifischem herauszufordern. "Der Kongreß tanzt!" schrieben die Blätter 1814/15 über den Wiener Kongreß. In Alpbach konnte man heuer kaum einen tanzen sehen. Aber ein Glas Schnaps wird wohl auch kein Präsident ausgeschlagen haben.

Berthold Molden

Bei den Alpbacher Technologiegesprächen: Karl Acham

v.l.n.r.: Van der Burg, Rudolf Nagiller folgen interessiert den Technologiegesprächen

v.l.n.r.: James Buchanan, Gerhard Zeiler, Walter Schuppich, Peter Koss, Günter Hillebrand

Jack Lang

Photos: Gattinger

Photo: Gattinger

Die Alpbacher Schützenkompanie schießt zum Auftakt der Feiern zum 50. Jubiläum des Forums einen Ehrensalut.

Alexander von Auer – Polyhistor, Diplomat, in den Sechziger Jahren Präsident des Europäischen Forums Alpbach, zeichnet als Herausgeber dieses Buches.

Index

Aus Platzgründen konnte nur die jeweils erste Nennung im Text angeführt werden. (Bildangaben fettgedruckt.)

Abrahamovicz, Alexander - 194
Abs, Hermann - 26, **75**
Acham, Karl - 18, **212**
Achleitner, Friedrich - 112
Adam, Adolf - 110
Adam, Antal - 184
Adam-Schwaetzer, Irmgard - 174
Adamovich, Ludwig - 154
Adjukiewicz, Kazimierz - 18
Adorno, Theodor W. - 18, **92**
Aeppli, Heinz - 40
Afanasjew, Jurij N. - 194, **195**
Affeld, Detlef - 124
Agassi, Joseph - 142
Ager, Klaus - 158
Agnelli, Arduino - 146
Agnelli, Umberto - 136
Aguirre, Joseba - 184
Ahlgrimm, Isolde - 58
Aichelburg, Peter - 206
Aichinger, Ilse - 64
Ainberger, Wolfgang - 110
Aké, Siméon - 146
Albert, Hans - 41, **111**
Albert, Michel - 158
Aldrich, Hulbert S. - 86
Alf, Julius - 52
Allers, Rudolf - 90
Allmayer-Beck, Johann-Christoph - 204
Alter, Peter - 194
Amadei, Leonetto - 158
Amalrik, Andrej - **141**
Amann, Jürg - 160
Amar, Likko - 58
Ambrosch, Heinrich - 27
Anazawa, Kazuo M. - 98
Anders, Ferdinand - 150
Andersson, Gunnar - 182
Andersson, Thomas - 186
Andrásfalvi, Bertalan - 184
Andreae, Clemens-August - 142
Andres, Stefan - 58
Androsch, Hannes - 26, **133**
Angerer, Paul - 194
Aniasi, Aldo - 124
Antoine, Tassilo - 96
Antoni, Carlo - 66
Aomi, Junichi - 146
Apel, Karl-Otto - 94
Apenzeller, Heinz - 41, **175**
Apostel, Hans-Erich - 166
Aragon, Louis - 31
Arantes e Oliveira, Eduardo de - 166
Arbesser, Max - 40
Ard, Marsha - **179**
Ardanza, Jose A. - 184
Argan, Giulio Carlo - 78
Arkoun, Mohammed - 158
Arndt, Sven W. - 172
Arregi, Joseba - 184
Artmann, H. C. - 31, **83**
Aschinger, F. E. - 122, **26**
Aslan, Raoul - 56
Asmussen, H. C. - 62
Asperger, Hans - 94
Assunto, Rosario - 80
Astl, Fritz - 186
Attali, Jacques, 142
Atteslander, Peter - 110, **134**
Auböck, Carl - 190
Auden, Wystan H. - 68, **70**
Audretsch, Jürgen - 170
Auer, Alexander - 14, **14**
Auer, Eva - **69**
Auer, Gertraud - 150
Auersperg, Johannes - 150
Auersperg, Wilhelmine - 40
Avineri, Shlomo - 146

Bach, Heinrich - 72
Bacher, Gerd - 128, **129**
Bachmann, Ingeborg - 174
Badrinath, Chaturvedi - 170
Baehr, Peter R. - 194
Baehring, Hans - 138
Baeyens, Monika - **179**
Bahners, Patrick - 203
Baier, Horst - 112
Baier, Robert - 27
Bailey, Norman - 162
Baitsch, Helmut - 116
Bakshian, Aram - 158
Balacs, Etienne - 98
Ballestrem, Karl Graf - 186
Bally, Gustav - 58
Balthasar, Hans-Urs von - 42, **51**
Bamm, Peter - 112
Bank, Jan Th. - 186
Bär, Hans J. - 138
Bär, Jürg - 40, **135**
Bar-Hillel, Yehoshua - 110
Barazon, Ronald - 174
Barry, Brian M. - 158
Barth, Hans - 86
Barthelmes, Barbara - 176
Bartley, William Warren - 18.
Bartoszewski, Wladislaw - 194
Basil, Otto - 62
Bassetti, Luis - 160
Bastian, Hans-Dieter - 110
Bauböck, Rainer - 184
Bauer, Christian - 124
Bauer, Gérard - 106
Bauer, Roger - 94
Bauer, Siegfried - 190
Bauer, Wolfgang - 142
Baum, Peter - 128
Bäumer, Bettina - 162
Baumgartner, Klaus - 110
Bautz, Theodor - 120
Bayer, Hans - 52
Beaufils, Marcel - 52
Becker, Hellmut - 90
Becker, Werner - 146
Bednarik, Karl - 56
Behler, Johannes - 58
Behrendt, Fritz - 112, **131**
Belaid, Sadok - 146
Belbenoit, Georges - 128
Belehrádek, Jan - 66
Benda, Julien - 54, **55**
Benedict, Hans-Jürgen - 122
Benedikter, Alfons - 176
Bennett, William J. - 174
Benoist, Alain de - 154
Bense, Max - 112
Benvenuto, Giorgio - 142
Berbuir, Eucharius - 62
Bergengruen, Werner - 31
Bergmann, Harry - 208
Bergstraesser, Arnold - 66
Bernard, H. P. - 124
Bernecker, Josef - 184
Bernholz, Peter - 142
Bertalanffy, Ludwig - 54
Berting, Jan - 158
Besch, Eckart - 120
Besset, Maurice - 40, **51**
Besson, Waldemar - 90
Béthouart, Emile - 23, **51**
Béthouart, Minou - **63**
Bettoni, Giangaleazzo - 110
Betz, Werner - 94
Beurle, Christian - 174
Beuys, Joseph - 162
Bhabha, Jamshed - 170
Bhagat, H. K. L. - 162
Biäsch, Hans - 64
Bidlingmaier, Johannes - 120
Bienek, Horst - 138, **141**
Bill, Max - 58
Binnendijk, Hans - 204
Binswanger, Hans C. - 170
Biot, Francois - 80
Biraben,Jean-Noel - 110
Birault, Henri - 68
Birenbaum, William - 106
Birner, Jack - 186
Bischof, Norbert - 110, **111**
Bischof, Rainer - 162
Bischoff, Norbert von - 52
Biser, Eugen - 207
Blaas, Wolfgang - 124
Blach, Maria - 40, **66**
Blacher, Boris - 130
Blankenburg, Erhard - 136
Blarer, Barbara von - **56**
Blessing, Lee - 182
Bletzacher, Ägidius - **189**
Bletzacher, Josef - 203
Bloch, Ernst - 18, **103**
Bloch-Michel, Jean - 122
Block, John - 170
Blohm, Hans - 100
Blohmke, Maria - 100
Blum, Winfried - 174
Boal, Augusto - 162
Bobek, Hans - 124
Bobleter, Carl - **137**
Bock, Fritz - 68, **97**
Böckmann, Paul - 64
Boden, Margaret A. - 158
Boeckl, Herbert - 52
Boehm, Gottfried - 207
Boeser, Knut - 174
Bohte, Borut - 190
Bökemann, Dieter - 41, **144**
Bondy, Francois - 122
Bongo, El Hadji Omar - 146
Bonicatti, Maurizio - 102
Bonomeo, Karl-Christian - 208
Boon, Louis - 146
Boorstin, Daniel - 106
Booth, Andrew D. - 94
Borgnis, Fritz - 56
Börner, Gerhard - 182
Bosman, H. W. - 136
Bosnjak, Branko - 142
Böttner, Karl Heinz - 122
Boyer, Miguel - 166
Braat, Leo P. J. - 90
Bracher, Karl Dietrich - 162
Brandstätter, Christian - 138
Braun, Felix - 54, **60**
Braunsteiner, Herbert, - **156**
Brechbühl, Beat - 128
Brecht, Bert - 110
Breier, Frederick - 110
Breisach, Emil - 138
Brennan, Geoffrey - 194
Bresgen, Cesar - 90
Bressler, Marvin - 106
Bretschneider, Rudolf - 162
Brinkmann, Donald - 54

Brinkmann, Ruth - 138
Brittan, Samuel - 158
Broady, Maurice - 124
Brochier, Hubert - 68
Brock, Bazon - 174
Broda, Christian - 136, **132**
Broecker, Walter - 72
Broesigke, Tassilo - 150, **149**
Bromley, Allan - 201
Bronk, Detlev W. - 116
Bronold, Kurt - 27 -
Brook-Shepherd, Gordon - 128, **129**
Bruckmann, Gerhart - 120, **132**
Brüggen, Frans - 86
Brugmans, Hendrik - 62
Brunhart, Hans - 172
Brunner, Karl - 50
Brunner, Magda - **71**
Brunner, Otto - 62
Brus, Wlodzimierz - 190
Brzezinski, Jacek - 186
Buchanan, James M. - 18, **181**
Buchberger, Bruno - 208
Bucher, Theodor - 128
Buckel, Werner - 108
Bunitsch, Pawel - 182
Burckhardt, Max - 54
Burgard, Hermann - 150
Bürger-Prinz, Hans - 72
Burghardt, Günter - 176
Bürgi, Wolfhart Friedrich - 58
Buri, Fritz - 106
Burke, Peter - 190
Burke, Richard - 160
Busch, Fritz - 64
Buschmann,C. - **57**
Busek, Erhard - 142, **140**
Buthelezi, Managosuthu G. - 176, **177**

Cabigiosu, Carlo - 201
Cafagna, Luciano - 182
Calabrò, Gaetano - 162
Calan, Pierre de - 172
Callot, Jaques - 66
Calogero, Guido - 86
Calogeropoulos-Stratis, S. - 96
Camu, Louis - 72, **75**
Campianu, Eva - 112
Canetti, Elias - 170
Cantoni, Remo - 72
Cappelletti, Vincenzo - 41, **139**
Capriglione, Francesco - 172
Carnapp, Rudolf - 18
Carrouges, Michel - 84
Casavola, Paolo - 174
Casimir, H. G. G. - 110
Casper, Josef - 56
Cassadó, Gaspar - 62, **63**
Castellan, Georges - 90
Cathrein-Stechauner, Eva - 209
Celio, Nello - 130
Cerha, Friedrich - 84
Ceska, Franz - 190
Chain, Ernest Boris - 18
Chalfont, Lord - 108, **109**
Chamay, Jean-Paul - 160
Chamberlain, Roderick A. - 160
Channon, Paul - 166
Chatterjee, Ashoke - 190
Chazelle, Jacques - 100
Cherry, E. Colin - 72
Chiltschewskij, Jurij M. - 182
Chladek, Rosalia - 90
Chorherr, Thomas - 174
Chorolez, Larissa - 190
Christian, Paul - 100
Christophersen, Henning - 174
Churchill, Sir Winston - 43
Cissoko, Gilles - 190
Claassen, E.-M. - 170
Claes, Willy - 194
Clair, Jean - 166
Claire, Maurice de - 110
Clark, Bill - **178**
Clark, Russel John - 124
Clark, William P. - 158
Clausen, Lars - 112
Clemencic, René - 112
Clement, Werner - 186
Clerq, Willy de - 176
Cockfield, Lord Francis A. - 172
Cohen, Robert S. - 150
Coing, Helmut - 86
Collin, Ferand - 108
Colvin-Smith, - 52
Conlan, Don R. - 170
Constantinescu, Magdalena - 176
Contini, Gianfranco - 72
Contzen, Jean-Pierre R. - 201
Cooper, Richard - 154
Copleston, Frederick D. - 64
Cordt, Herbert - 27
Coreth, Emerich - 122
Corino, Karl - 190
Cornides, Wilhelm von - 78
Corral, Maria de - 194
Corti, Axel - 130
Cossiga, Francesco - 154
Costa, Othmar - 138
Costa Martins, Vitor A. - 176 -
Coudenhove-Kalergi, Barbara - **92**
Cramer, Friedrich - 112
Cremer, Erika - 52, **147**
Crespo, Vitor - 160
Creutzfeldt, Otto - 177
Crisafulli, Vezio - 142
Crocker, Chester - 204
Cron, Helmut - 72
Crozier, Michel - 100
Csepi, Lajos - 186
Csokor, Franz Theodor - 31
Cube, Alexander von - 174
Cullin, Michel - 146
Cullis, Michael F. - 150
Cummings, Michael - 112
Curio, Eberhard - 110
Curjel, Hans - 78
Cysarz, Herbert - 54
Czedik-Eysenberg, Peter - 194
Czermak, Hans - 162
Czernetz, Karl - 138
Czerwenka, Dorli - **56**
Czerwenka, Fritz - 40, **114**

Dadié, Bernard - 146
Dahlhaus, Carl - 90
Dahrendorf, Ralf - 24, **148**
Daix, Pierre - 162
Dalma, Alfons - 128
Dalos, György - 186
Dalton, James Josef - 120
Daniélou, Jean - 58
Dantine, Wilhelm - 142
Darida, Clelio - 160
Darlap, Adolf - 124
David, Lukas - 160
David, Thomas - 160
Dayan, Esther - **155**
Dayan, Moshe - 154, **155**
De Benedetti, Carlo - 166
Decouflé, André-Clement - 124
Decroux, Etienne - 80
Defant, Albert - **65**
Dehnen, Heinz - 146
Delius, Harald - 102
Della Corte, Francesco - 176
Delors, Jacques - 186, **187**
Demandt, Alexander - 170
Dempf, Alois - 18
Demus, Jörg - 64
Dennin, Joseph - 170
Derbolav, Josef - 94
Desgranges,E. -68
Detter, Helmut - 166
Detter, Theodor - 176
Deutsch, Walter - 146
Dichter, Ernest - 174
Dickmann, Hans - 78
Diderichsen, Paul - 40
Diem, Hermann - 84
Diesner ,Gerhild - 56
Dietrich, Margret - 116
Diez-Hochleitner, Ricardo 194
Dill, Gerlinde - 130
Dinstein, Yoram - 154
Diouf, Jacques - 146, **157**
Dittmann-Kohli, Freya - 207
Dittrich, Robert - 112
Divis, Ivan - 176
Diwok, Fritz - 27
Dobretsberger, Josef - 54
Dohnanyi, Klaus von - 128
Dolgow, Sergej I. - 182
Domes, Jürgen - 122
Dopplinger, H. - 176
Dorrington, John - 172
Dowling, Walter - **63**
Drancourt, Michel - 138
Drath, Martin - 102
Draxler, Helmut - 208
Draxler, Klaus - 176
Drennig, Manfred - 160
Drescher, Hans Jürgen - 186
Dreyer, Jacob - 174
Dreyer, Peter - 110
Dreyfus, Huguette - 120
Drimmel, Heinrich - 78, **91**
Druckenthaner, Maria A. - 154
Dubedou, Hubert - 124
Dubrovic, Milan - **74**
Duchnese-Guillemin, Jacques - 84
Duftner, Hans - **169**
Duftner, Karin - **147**
Düggelin, Werner - 108
Dukor, Peter - 194
Dulbecco, Renato - 18
Dunk, H. W. von der - 194
Durnwalder, Luis - 184
Düringer, Annemarie - **115**
Dürrenmatt, Friedrich - 64, **180**
Dürrenmatt, Peter - 72
Duschek, Adalbert - 52
Dutoit, Laurence - 84, **71**

Eagleburger, Lawrence - 158
Eberlein, Klaus - 116
Ebers - 50
Ebert, Rolf - 96
Eccles, Sir John - 18, **20**
Eckmüller, Rolf - 186
Eder, Gernot - 200
Eder, Karl - 68
Eder, Walter - **67**
Ederer, Brigitte - 190
Edwardes, Michael - 98
Edzard, Dietz Otto - 98
Eerden, van - 54
Efrati, Moshe - 142
Egashira, Keishuke - 205
Egeberg, Gaute - 176
Egk, Werner - 78
Ehlermann, Claus-Dieter - 150
Ehlers, Jürgen - 170
Ehrenhaft, Felix - 58
Eibl-Eibesfeldt, Irenäus - 130
Eichler, Gabriel - 184
Eick, Jürgen - 138
Eidlin, Fred - 184
Eigen, Manfred - 18, **192**
Eigler, Gunther - 116
Einem, Gottfried von - 32, **30**
Einsele, Theodor - 116
Eisenmann, Charles - 64
Eisenreich, Herbert - 94, **88**

Ekuan, Kenji - 190, **193**
Eliade, Mircea - 66
Elkabbach, Jean-Pierre - 202
Ellis, Howard - 26
Ellwein, Thomas - 108
Elwyn-Jones, Lord Frederick - 158
Embling, Jack - 138
Emmerich, Klaus - 150, **126**
Emminger, Otmar - 122
Enderle, Peter - 205
Engel-Janosi, Friedrich - 66
Engel-Wodak, Ruth - 172
Engels, Wolfram - 158
English, Maurice F. - 106
Enk, Guido R. - 112
Epp, Leon - 56
Erbe, Michael - 186
Erbrich, Paul - 190
Erismann, Theodor - 40
Ermacora, Felix - 122, **25**
Erdl, Alois - 40
Erndl, Wolfgang - 27
Eröd, Iván - 86
Ertl, Walter - 166
Essen, Reimer von - 106
Esser, Josef - 52
Esslin, Martin - 108, **137**
Esterbauer, Fried - 176
Etiemble, René - 94
Etkind, Efim - 154, **156**
Ettl, Walter - 186
Euler, Hanns Peter - 176
Ewig, Klaus - 174

Faber, Karl-Georg - 154
Fahrenholtz, Christian - 124
Falk, Werner David - 56
Falkenhausen, Gotthard Freiherr v.-108
Faller, Peter - 190
Faria de Oliveira, Fernando - 194
Färber, Georg - 108
Färber, Monika - **115**
Farnleitner, Johann - 172
Fasslabend, Werner - 201
Fassmann, Heinz - 190
Fataud, M. J. M. - 90
Faure, Maurice - 86
Federhofer, Hellmut - 130
Federspiel, Jürg - 128
Fehr, Hans - 62
Feichtbauer, Hubert - 158
Feigl, Herbert - 18
Fekete, Janos - 146
Fekter, Maria-Theresia - 203
Felderer, Bernd - 182
Feldgrill-Zankel, Ruth - 190
Fellner, Wolfgang - 208
Felmayer, Rudolf - 52
Feltham, Ralph - 190
Ferber, Albert - 66
Ferné, Georges Luc - 110
Ferrarotti, Franco - 100
Ferrer, Carlos - 205
Ferrier, Jean-Louis - 96
Ferrigno, Maurice - 90
Fest, Hartmut - 182
Festetics, Antal - 184
Feuchtmüller, Wolfgang - 27
Feyerabend, Paul - 18
Fiechtner, Helmut A. - 72
Figl, Leopold - 64, **63**
Fijalkowski, Jürgen - 90
Filip, Ota - 136, **137**
Finet, Paul - 86
Fink, Eugen - 80
Fink, Humbert - 136
Fink, Maximilian - 116
Firnberg, Hertha - 124, **127**
Fischer, Ernst - 52
Fischer, Heinz - 128, **149**
Fischer, Hervé - 122
Fischer, Kaplan - **50**
Fischer-Appelt, Peter - 128
Fischler, Franz - 184
Fleischmann, Benno - 54
Fleischmann, Gerd - 150
Flemming, Marilies - 176
Flesch, Colette - 124
Fletcher, Edwin - 80
Fliege, Stewart E. - 116
Fliri, Franz - 146
Flohr, Heiner - 122
Flora, Paul - 56
Flöss, Helene - 184
Flöttl, Walter - 27
Fogarty, Michael - 154
Föhl, Carl - 100
Foltinek, Herbert - 174
Fontaine, Francois - 116
Foppa, Klaus - 130
Foregger, Egmont - 174
Forell, George W. - 58
Fourcade, Jean-Pierre - 150
Franck, Josef - 54
Frank, Helmar - 110
Frank, Philipp G. - 18
Frank, Peter - 174
Franke, Herbert W. - 108
Frankl, Gerhard - 56
Frankl, Viktor E. - 154, **156**
Fraser, George - 80
Fraser, J. T. - 200
Freitas do Amaral, Diogo - 138, **139**
Fremuth, Walter - 27
Frenzel, Ivo - 102, **82**
Frère, Jean - 110
Frese, Jürgen - 112
Freud, Sigmund - 172
Freund, Michael - 84
Frey, Bruno S - 142
Frey, Gerhard - 110
Freyer, Hans - 66, **69**
Freyschlag, Fritz - 208
Friderichs, Hans - 146
Frieden, Pierre - 58
Friedman, Irving S. - 146
Friedmann, Frederick - 102
Friedrich, Wolfhart - 58
Frisch, Helmut - 27
Frischmuth, Barbara - 138
Fritz, Kurt von - 62
Fritz, Lorenz - 206
Froese, Leonhard - 106
Frömmer, Norbert - 186
Fronius, Hans - 56
Frosini, Vittorio - 154
Frowen, Irene - 138
Frowen, Stephen - 142
Fuchs, Ernst - 56
Fuchs, Walther Peter - 78
Funk, Bernd - 154
Furgler, Kurt - 146
Furrer, Hans-Peter - 146
Fürst, Erhard - 170
Fürstenberg, Georg - 122
Fürstenberg, Friedrich - 154

Gabain, Alexander von - 194
Gabler, Friedrich - 110
Gabriel, Leo - 58
Gabriel, Wolfgang - 116
Gadamer, Hans- Georg - 58, **63**
Gadenne, Volker - 170
Gäfgen, Gérard - 130
Galitch, Alexander - 138
Gamper, Hans - 56, **61**
Gandhi, Indira - 162, **163**
Gandillac, Maurice de - 56
Ganji, Manouchehr - 146
Gannon, Thomas - 162
Ganser, Karl - 124
Gansterer, Helmut A. - 176
Garbrecht, Dietrich - 124
Gaspari, Mitja - 184
Gasser, Adolf - 56
Gatterburg - **57**
Gatterer, Klaus - 47
Gaudart, Dorothea - 186
Gebsattel, Viktor E. von - 64
Gebser, Jean - 62
Gehlen, Arnold - 68
Gehmacher, Ernst - 146
Geiger, Helmut - 146
Geiger, Theodor Julius - 18
Geist, Franz - 142
Gellner, Ernest - 128
Gemmell, A. R. - 78
Geoghegan-Quinn, Maire - 176
Georgi, Yvonne - 32, **30**
Georis, Raymond - 174
Geppert, Walter - 176
Gerbi, Antonello - 72
Gershman, Carl - 158
Gerstein-Kuznetsov, Larisa - 170
Gerstenbrand, Franz - 186
Gertler, André - 94
Geschka, Horst - 128
Ghaussy, Ghanie - 190
Gianani, Felice - 172
Giarini, Orio - 158
Gicklhorn, Josef - 62
Giedion, Siegfried - 58
Giedion-Welcker, Carola - 58
Gierer, Alfred - 102
Giersch, Herbert - 205
Giesecke, Helmut - 176
Gigon, Olof - 40, **51**
Gilbert, Milton - 86
Ginther, Konrad - 146
Giscard d'Estaing, Edmond - 24, **75**
Giusti, Wolf - 62
Gjorv, Inger Lise - 190
Glaser, Hermann - 160
Gleichmann, Peter - 200
Gleissner, Friedrich - 26, **107 ß?**
Gleissner, Heinrich - 66, **67**
Gloege, Gerhard - 94
Glover, Jonathan - 203
Gmoser, Rupert - 160
Goethe, Johann Wolfgang von - 58
Goetz, Hans Diego - 56
Goetz, Robert - 80
Goldmann Eisler, Frieda - 112
Goldmann, Lucien - 94
Golea, Antoine - 130
Golsong, Heribert - 142
Gombrich, Sir Ernst H. - 72
Gombrowicz, Witold - 158
Gommers, Peter - 182
Gomringer, Eugen - 112
Göncz, Arpád - 199
Gorbanevskaja, Natalja - 138, **141**
Gorcum, C. A. van - 100
Gordon, Scott - 160
Gore, Al - 202
Goriéĺy, Georges - 120
Gorman, William - 106
Götschl, Hans - 154
Gottstein, Klaus - 116
Götz, Alexander - **149**
Goudsblom, Johan - 158
Goya, Francisco - 66
Graber, Karl - 138
Grabner-Haider, Anton - 130
Graff, Michael - 160
Granell, Francisco - 194
Grant, Michael - 178
Grassi, Ernesto - 18
Gratz, Leopold - 122
Gratzer, Hans - 138
Graumann, Friedrich - 136
Gray, John - 80
Grecos, Alkis - 158
Gredler, Wilfried - 90, **117**

Greifeneder, Hubert - 56
Greiffenhagen, Martin - 138
Greiter, Bürgermeister - **100**
Grengg, Hermann - 66
Grimburg, Wilhelm - 142
Gröbl-Steinbach, Evelyn - 184
Grochla, Erwin - 120
Gröger, Adolf - 120
Groll, Florentin - 110
Gromov, Stanislaw 190
Gross, Johannes - 158
Grossman, Jan - 108
Grossmann, Norbert - 96
Gruber, Gernot - 130
Gruber, Karl - 45, **45**
Gruber, Peter - 142
Gruen, Victor - 136
Grümm, Hans - 128
Grünauer, Ingomar - 86
Grünbichler, Andreas - 184
Grundmann, Helge - **103**
Grunenberg, Antonia - 112
Grünewald, Edi - 47, **53**
Grüsser, Otto J. - 184
Gschnitzer, Franz - 54
Guillermou, Alain - 94
Gulda, Friedrich - 106
Gunert, Johann - 52
Gunst, Helmut - 182
Gurlitt, Wolfgang - 40
Gürster, Eugen - 96
Gütersloh, Albert Paris - 56
Guth, Wilfried - 108
Gutmann, Emanuel - 142
Gutowski, Arnim - 160
Guttmann, Giselher - 116
Guy, Michel - 136
Gwilliam, Ken - 190

Haberl, Horst Georg - 138
Haberl, Horst Gerhard - 142
Haberler, Gottfried von - 18, **85**
Hacker, Andreas - 186
Hacker, Friedrich J. - 90, **97**
Haeckel, Josef - 62
Haferkamp, Wilhelm - 154
Hagemann, Wilhelm - 116
Hagenah, Peter - 160, **159**
Hägerstrand, Torsten - 207
Hahn, Hans - 102
Hahn, Ulla - 170
Haiden, Günter - 146
Haider, Johann - 208
Haider, Manfred - 172
Hain, Ferdinand - 150
Haken, Hermann - 160
Halbecq, Michel - 90
Halberg, Franz - 56
Halberstadt, Victor - 158
Hale, William Harlan - 66
Hall, John A. - 176
Hall, Peter G. - 90
Hallstein, Walter - 24
Hamadani, Roswitha - 146
Hammarberg, Thomas - 162
Hampe-Martinez, Teodoro - 190
Hampl, Franz - 110
Händel, Wolfgang - 190
Handke, Peter - 166
Handler, Heinz - 158
Hans-Adam II, Fürst - 199
Hansen, Robert - 182
Hansen-Löve, Friedrich - 40, **63**
Hantsch, Hugo - 64
Harari, Haim - 194
Hare, Richard - 80
Häring, Hermann - 162
Harthorne,- 52
Hartlmayr, Fritz - 154
Hartmann, Ernst - 32
Hartmann, L. - 124
Hartmann, Max - 64, **65**
Hartmann, Olov - 64
Hartmann, Peter - 108
Hartz, Louis - 102
Harvey, David - 124
Haschek, Helmut - 27, **131**
Haseloff, Otto Walter - 98, **99**
Hass, Hans - 158
Hatry, Paul - 184
Hatschek, Rupert - 176
Hauff, Volker - 166
Haumer, Hans - 27
Haunschild, H. - 170
Hausberger, Simon -**147**
Hauser, Hannes - **137**
Hauser, Hermann - 208
Hauser, Krista - 136
Häussermann, Ernst - 108, **127**
Haussmann, Helmut - 184
Hável, Vaclav - 199
Hawrylyschyn, Oleh - 190
Haxel, Otto - 86
Hayek, Friedrich A. von - 18, **21**
Hayter, William - 94
Hazlitt, Henry - 106
Healy, Timothy - 158
Heath, Edward - 174
Heckmanns, Friedrich W. - 112
Heer, Friedrich - 54, **74**
Hegyi, Lóránd - 184
Heidemann, Claus - 124
Heiller, Anton - 80, **95**
Heilperin, Michael A. - 96
Heimbach, Edgar - 116
Hein, Hans - 142
Heindl, Kurt - 190
Heinemann, Klaus - 124
Heinloth, Klaus - 162
Heinrich, Hans-Georg - 194
Heintel, Erich - 18
Heinz, Karl - 56
Heinzmann, Melitta - 142
Heisenberg, Werner - 18
Heiss, Fritz - 142
Heitger, Marian - 116
Heitz, Sergius - 102
Heller, André - 112, **151**
Heller, Robert - 166
Helms, H. G. - 96
Heltau, Michael - 160
Henckel-Donnersmarck, Gregor -194
Hendricks, W. - 174
Henisch, Peter - 128
Henkel-Hühnermann, Gabriele - 40, **71**
Henrich, Dieter - 96
Henry, Paul - 66
Henz, Rudolf - 52
Heraud, Guy - 122
Herbert, Zbigniew - 138
Herczeg, Karl - 90
Herding, Otto - 58
Herdlitczka, Arnold - 50
Herke, Horst W. - 184
Hermann, Ulrich - 122
Herr, Michael - 50
Herrhausen, Alfred - 146
Herrmann, Theo - 128
Hertzler, Elan - 158
Herz-Kremenak, Elisabeth - 170
Herzog, Roman - 200
Heuser, Hermann - 122
Heymann, Philippe - 136
Heyt, Friso D. - 41, **144**
Hicks, Wolfgang - 112
Higatsberger, Michael - 90
Higman, Howard - 84
Hilbert, Lothar W. - 108
Hilf, Meinhard - 186
Hillebrand, Günter - **212**
Hillermeier, Karl - 158
Hillig, Jürgen - 186
Hilpert, Walter - 68
Hinnenberg-Lefèbre, Margot - 72
Hinsch, Min. Dir.- **68**
Hinterauer, Werner - 150
Hinteregger, Gerald - 186
Hinterhuber, Hans - 128
Hirnigel, Hansjörg - 142
Hirschfeld, Kurt - 62
Hittmair, Anton - 58
Hittmair, Hans C. - 170
Hittmair, Otto - 176
Hlava, Stefan - 50, **55**
Hobsbawm, Eric - 26
Hochheimer, Wolfgang - 78
Hochhuth, Rolf - 172
Hochleitner, Albert - 208
Hochstrasser, Urs - 128
Höchtl, Josef - 184
Hödl, Erich - 124
Hoenl, Helmut - 78
Hoerster, Norbert - 203
Hoess, Fritz - 166, **125**
Hoet, Jan - 162
Hoetink, H. R. - 190
Hoff, Hans - 78
Höffe, Otfried - 138
Hoffmann, Franz - 110
Hoffmann, Michael - 142
Hofmann, Rudolf - 86
Hofmann, Werner - 112
Hofstätter, Peter R. - 142
Hogen, Shinsaku - 154
Högenauer, Gregor - 190
Hohenester, Adolf - 190
Holdsworth, Mary - 86
Holey, Karl - 52
Holgersen, Alma - 52
Holl, Adolf - 108
Hollander, Arie N. J. den - 106
Holtrop, M. W. - 84
Holzinger, Gerhart - 182
Holzmann, Robert - 182
Holzmeister, Clemens - 58
Honsell, Heinrich - 176
Hook, Sidney - 68
Hörbiger, Attila - 50
Horkheimer, Max - 18
Hormats, Robert D. - 158
Hornig, Gottfried - 207
Hornstein, Herbert - **53**
Horst, Karl August - 72
Horvath, Josef Maria - 90
Horwitz, Kurt - 160
Hotschnig, Alois - 184
Hotz, Paul - 108
Howald, Oskar - 68
Howell, W. G. - 90
Hoyer, Hans - 194
Hsiao, Paul - 98
Huber, Erich **- 57**
Huber, Gerhard - 160
Huber, Johannes - 172
Huber, Norbert - 172
Huber, Othmar - 190
Hübner, Andreas - 108
Hübner, Kurt - 106
Hueber, Eduard - 58
Hueter, Birgit - 108
Huggler, Max - 58
Hughes, Tom L. - 158
Hukvary, Jenö - 90
Huldt, Bo - 184
Hummer, Waldemar - 146
Hummler, Frédéric - 110
Humpert, Hans Ulrich - 136
Hunger, Herbert - 142
Huppert, Walter - 68, **113**
Hurdes, Felix - 52
Hürlimann, Hans - 142
Husmann, Heinrich - 100
Hutchison, Terence - 176
Hutterer, Herwig - 186

Hyland, William G. - 204

Ibarra, Juan Carlos Rodriguez - 194
Igler, Hans - 120, **133**
Ikrath, Herbert - 27
Illies, Joachim - 150
Imdahl, Max - 110
In der Maur, Wolf - 146
Ingarden, Roman - 86
Ingrisch, Lotte - 172, **173**
Innerebner - **57**
Insam, Grita - 182
Ironimus, Gustav Peichl - 112
Isensee, Josef - 162
Isham, Christopher - 207
Itoh, Motoshige - 194
Ivanka, Endre - 52
Iwanow, Iwan D. - 182, **183**

Jacobs, Paul - 84
Jakober, Annelies - 37
Jammer, Max - 154
Janauer, Walter - 27
Jandl, Ernst - 112
Janik, Allan - 182
Jankowitsch, Peter - 154, **192**
Jannuzzi, Giovanni - 184
Janssen, Jörn - 124
Jantsch, Erich - 116
Jaspar, E. J. - 64
Jedlicka, Ludwig - 72
Jenewein, Jean-Francois - 176
Jennewein, Hans - **169**
Jesionek, Udo - 174
Jeszenszky, Géza - 204
Jha, L. K. - 162
Jirgal, Ernst - 52
Jobert, Michel - 160
Jocher, Herbert - 116
Joham, Josef - 27, **75**
Johnson, Ralph R. - 186
Jöhr, W. A. - 26
Joll, James - 40, **55**
Jones, Emrys - 124
Jones, Sidney L. - 136
Jonke, Gert - 142
Jorda, Hans - 182
Jordan, Jerry - 194
Jörg, Ingeborg - **57**
Jörgenssen, Jörgen - 64
Jouvenel, Bertrand de - 116
Juchnowsky, Igor - 190
Judge, Peter - 128
Jungbluth, Robert - 174
Jungk, Peter - **135**
Jungk, Robert- 116, **117**
Jungwirth, Kurt - 160
Jürgens, Hans Wilhelm - 194

Kaddoura, Abdul-Razzak - 146
Kafka, Franz - 194
Kagel, Mauricio - 110
Kahn-Ackermann, Georg - 138
Kaiser, Joachim - 96
Kaiser, Cornelia - **189**
Kaiser, Johannes - **115**
Kaiser, Philipp - 41
Kakuska, Thomas - 142
Kallio-Visapää, Sinikka - 64
Kamitz, Reinhard - 26, **29**
Kanitscheider, Bernulf - 18
Kapellari, Egon - 194
Kapeller, Hans - **135**
Kapteyn, Paul - 182
Kar, Hannes - 41, **102**
Karasek, Franz - 136
Karasek, Hellmuth - 162
Kaschljew, Jurij B. - 182
Kaspar, Ludwig - 194
Kaspar, Otto - 142
Kaspar, Robert - 158
Kasper, Helmut -
Kasper, Josef - 52
Kasten, Walter - 112
Katinger, Hermann - 194
Katona, Tamas - 184
Kattmann, Ulrich - 194
Kaufmann, Harald - 86
Kaufmann, Harry - 174
Kaufmann, Walter - 18
Kaul, Alexander - 94
Kaun, Kurt - 208
Kautsky, Benedikt - 56
Kautzky, Manfred - 110
Keatinge, Patrick - 176
Keckeis, Peter - 40
Kees, Adriaan - 106
Kehrer, Karl - 154
Keimel, Otto - 120
Keller, Adolf - 62
Kelsen, Hans - 18
Kempas, Thomas - 128
Kempski, Jürgen von - 106
Kerényi, Karl - 64
Kerr, Charlotte - 182
Kessler, D. - 170
Kessler, Heinz - 166
Keyserling, Arnold - 98, **99**
Khol, Andreas - 112
Kielmansegg, Peter Graf - 128, **25**
Kienböck, Viktor - 66
Kienzl, Heinz - 108, **109**
Kienzl, Beate - **115**
Kilty, Jerome - 172
Kind, Silvia - 122
King, Alexander - 80
Kingsley, Martin - 56
Kippenhahn, Rudolf - 194
Kirchberger, André - 110
Kirchschläger, Rudolf - 122, **167**
Kirkwood, Kenneth - 80
Kitt, Florian - 116
Kittel, Walter - 206
Kitzmantel, Edith - 124
Klaauw, C. A. van der - 154
Klages, Helmut - 116
Klappbacher, Willibald - 110
Klauder, Wolfgang - 208
Klauhs, Hellmuth - 27
Klaus, Josef - 66, **67**
Klaus, Vaclav - 184
Klecatsky, Hans - 116
Klein, Hans-Dieter - 41
Klein, Marc - 54
Klein, Rudolf - 130
Kleininger, Thomas - 184
Klenner, Fritz - 27
Klestil, Guido - 174
Klestil, Thomas - 170, **171**
Klima, Viktor - 202
Klimt, Gustav - 56
Klinda, Stefan - 106
Klingan, Hubert - 27
Klingner, Friedrich - 58
Kloepfer, Rolf - 158
Klose, Alfred - 110
Klug, Ulrich - 94
Kluge, Alexander - 90
Knapp, Horst - 26, **133**
Kneucker, Raoul F. - 182
Knöbl, Kuno - 136
Köchler, Hans - 136
Koellreutter, H. J. - 64
Koenigswald, G. H. R. von - 68
Koertge, Noretta - 136
Koestler, Arthur - 29, **44**
Koffka, Elizabeth - 66
Kofler, Leo - 80
Kogon, Eugen - 54, **57**
Kohlegger, Karl - 146
Kohler, Ivo - 102
Kohli, Martin - 207
Kohn, Hans - 68
Kohr, Leopold - 166
Koja, Friedrich - 184
Kokoschka, Oskar - 56
Kolakowski, Jeszek - 18
Kolb, Ernst - 72
Kolig, Anton - 56
Koller, Heinrich - 184
Koller, Herbert - 138
Koller, Horst - 116
Koller, Josef - 78
Kolm, Serge - 190
Kölsch, Peter - 122
Komarek, Kurt L. - 182
Komissarenko, Sergej - 190
König, Ernest - 200
König, Franz - 86, **87**
König, René - 94
Kopelew, Lew - 166
Koppers, Wilhelm - 62
Koren, Stephan - 26, **109**
Körner, Theodor - 64, **65**
Körner, Walter - 40
Korninger, Siegfried - 158
Koselleck, Reinhart - 200
Kosmidis, Paris - 110
Koss, Peter - 166, **212**
Kotauczek, Peter - 208
Kothbauer, Max - 182
Kovác, Michal - 200
Kovacic, Ernst - 142
Köves, Andras - 190
Kraft, Julius - 58
Kraft, Viktor - 17
Krainer, Josef - 190, **191**
Krajewski, Wladyslaw - 160
Kramer, Francisco Villagran - 150
Kramer, Gerhard - 138
Kramer, Helmut - 162
Kramer, Jane - 174
Kratzl, Karl F. - 194
Krauland, Peter - 58
Kraus, Herbert - 116
Kraus, Karl - 182
Kraus, Wolfgang - 108, **140**
Kravetz, Nathan - 120
Kreisky, Bruno - 78, **22**
Kreisky, Eva - 124
Kreitler, Hans - 142
Krejci, Herbert - 158
Kremenak, Liesl - **57**
Krenek, Ernst - 32, **157**
Kreutz, Henrik - 124
Kreutzberg, Harald - 54
Kreuzer, Franz - 150, **149**
Krogh, Peter F. - 190
Krömer, Wolfram - 136
Krünes, Helmut - 186
Krupp, Hans-Jürgen - 172
Kubelka, Peter - 142
Kubin, Alfred - 56
Kubilius, Jonas - 184
Kubovy, Michael - 162
Kucan, Milan - 199
Kulhavy, Ernest - 120
Kundera, Milan - 112
Kunle, Heinz - 108
Kuntner, Wilhelm - 160
Küppers, Bernd - 142
Küppers, Bernd-Olaf - 162
Kurosawa, Yoh - 204
Kurucz, Gyula - 176
Kuschlin, Walerij- 182
Kusumaatmadja, Mochtar - 160

La Pergola, Antonio - 176
Lachmann, Eduard - 56
Lachs, Thomas - 190
Lacina, Ferdinand - 160, **171**
Lafferty, Michael - 170
Lakatos, Imre - 128
Lamac, Miroslov - 106

Lamontagne, Maurice - 116
Lampe, Jorg - 54
Lampersberg, Gerhard - 84
Lampert, E. - 62
Lan, Hannes an der - 136
Lanc, Erwin - 160, **164**
Landegger, Carl C. - 206
Landshut, Siegfried - 72
Lang, Ernst Maria - 112
Lang, Friedrich - 128
Lang, Jack - 202, **212**
Lange, Hans Joachim - 128
Langeveld, M. J. - 78
Lanner, Sixtus - 138, **137**
Lanowyi, Wladimir - 190
Lansky, Milos - 112
Lanzdorf, Adolf - 116
Larribau, Jean-Francois - 130
Laski, Kazimierz - 190
Lathapipat, Damrong - 162
Laude, Jean - 84
Lauder, Ronald S. - 174
Lauterbach, Albert - 72
Lavau, Georges - 90
Lavorel, Warren A. - 205
Le Gros Clark, W. E. - 68
Lebahn, Axel - 184
Lebert, Hans - 102
Lechner, Leonhard - 146
Lederer, Hans-Jörg - **168**
Lederer, Herbert - 116
Leeb, Hermann - 68
Lefor, Peter - 136
Leherb, Helmut - 166, **173**
Lehmden, Anton - **89**
Lehner, Gerhard - 142
Lehrner, Richard - 120
Leinfellner, Werner - 108
Leipold, Helmut - 186
Leitgeb, Josef - 52
Leitl, Christoph - 208
Leitner, Bernhard - 124
Leitner, Karl - 116
Leitner, Leo - 186
Leitsch, Walter - 184
Leland, Marc E. - 158
Lemke, Jörg - 186
Lenel, Hans Otto - 86
Lenk, Hans - 116
Lenk, Kurt - 112
Lenssen, Gerhard - 110
Leonhard, Kurt - 64
Leonskaja, Elisabeth - 199
Leopoldseder, Hannes - 208
Lernet-Holenia, Alexander von, 52
Les Menestrels - 136
Leser, Norbert - 138, **149**
Lesky, Albin - 42
Letwin, Shirley Robin - 150
Leube, Kurt - 190
Leupold-Löwenthal, Harald - 94
Leuprecht, Peter - 184
Leutwiler, Fritz - 108
Lever of Manchester, Lord Harold 166
Levi, Zohar - 142
Lévy, Paul M. G. - 110
Leygraf, Hans - 52
Lichal, Robert - 192
Lieber, Hans-Joachim - 84
Liebermann, Rolf - 72, **159**
Liebrucks, Bruno - 80
Liehm, Antonin J. - 112
Liewehr, Fred - 50
Ligeti, Györgyi - 96
Lindauer, Martin - 108
Linde, Hans - 124
Lindenberg, Siegwart - 122
Linder, Wilhelm - 160
Lindsay, Kenneth - 58
Linhart, Sepp - 154
Lionnais, Francois le - 94
Liskar, Bruno - 27
List, Elisabeth - 194
List, Helmut - 209
Lods, Marcel - 58
Loennroth, Erik - 66
Loesch, Christian - 116
Loewenich, Walter von - 80
Loewenstein, Bedrich - 194
Löffler, Heinz - 41
Logothetis, Anestis - 84
Lohnert, Wolfgang - 186
Loibl, Josef - 209
Loitlsberger, Erich - 120
Lombardi, Franco - 86
Lompe, Klaus - 122
Lorant, André - 86
Lorenz, Karl R. - 64
Lorenz, Konrad - 20, **165**
Lorenzen, Paul - 94
Löschnak, Franz - 174
Loudon, Ernst, Gideon - 162
Löw, Hans - 54
Löwenthal, Richard - 136
Löwith, Karl - 18
Lübbe, Hermann - 100
Lucas, John R. - 199
Luce, Jean - 68
Luchaire, Francois - 142
Ludlow, Peter - 176
Ludwig, Christa - 78
Ludwig, Heinz - 194
Ludwig, Peter - 186
Luf, Gerhard - 172
Lugger, Alois - 90
Lutterotti, Otto - 50
Luza, Radomir - 182

Macedo, Borges de - 194
Màcievic, Tadeusz - **107**
Mach, Ernst - 190
Machado, Alberto - 150
Machlin, Jewsej - 190
Machlup, Fritz - 18, **65**
Machlup, Stefan - 108
Mackenroth, Gerhard - 72
Mackensen, Rainer - 158
Macku, Alois - 52
MacRae, Donald - 84
Maculan, Alexander - 186
Madariaga, Salvador de - 58, **61**
Maderthaner, Leopold - 190, **193**
Magris, Claudio - 142
Mahadevan, T. M. P. - 98
Mahr, Hans - 208
Maicas, Manuel Pares i - 110
Maier, Franz - 90
Maier-Leibnitz, Heinz - 138
Maihofer, Werner - 116
Mailath-Pokorny, Hans - 68
Mainx, Felix - 58
Mainzer, Klaus - 184
Mair, Albert - 170
Maix, Kurt - 80
Malej, Michael - 190
Malewski, Andrzei - 18
Maluschek, Stefan - 122
Malzacher, Michael - 138
Mandelbrot, Benoit B. - 190, **192**
Mann, Golo - 58
Mann, Thomas - 174
Manndorff, Hans - 98
Manser, W. A. P. - **26**
Mantl, Wolfgang - 190
Manz, Hans Peter - 184
Manzoni, Giacomo - 110
Maranini, Giuseppe - 72
Marboe, Ernst Wolfram - 150, **149**
Marboe, Peter - 184, **115**
Marcel, Gabriel - 84
March, Arthur - 18, **57**
Marchal, Léon - 72
Marcic, René - 112
Marcuse, Herbert - 18
Marecek, Heinz - 110
Marias, Julián - 160
Marinelli, Wilhelm - 56
Maritain, Jacques - 49
Markovic, Mihailo - 94
Markwitz, Fritz - 122, **144**
Marlet, Michael Fr. J. - 84
Marois, Maurice - 96
Marselli, Gilberto-Antonio - 106
Marsoni, Lina - 124
Martin, David W. - 186
Martin, Richard - 94
Martini, Giuseppe - 72
Martini, Plinio - 136
Martiny, Anke - 186
Massen, J. E. - 52
Masereel, Frans - 66
Massignon, Louis - 56
Mast, Hans J. - 108
Mataré, Ewald - 62
Mathey, Francois - 128
Mathez, Jean-Pierre - 122
Matsaniotis, Nicholas - 142
Matthew, Thomas U. - 80
Matthiensen, Ernst - 98
Matthies, Heinrich - 108
Matzner, Egon - 124
Mauer, Otto - 52
Mauny, Erik de - 80
Maurer, Jakob - 116
Mautner Markhof, Manfred sen. - 122
Maximow, Wladimir - 138, **141**
May, Gerhard - 86
Mayer, Hans - 106
Mayer, Horst-Friedrich - 200
Mayer-Gunthof, Franz Josef - **74**
Mayer-Maly, Theodor - 100
Maynard, Geoffrey M. - 154
Maynard-Smith, John - 146
Mayr, Monika - 40
Mayr-Harting, Thomas - 182, **185**
Mayröcker, Friederike - 146
McCausland, L. Thompson - 98
McGuinness, Diane - 170
McMahon, Christopher W. - 110, **109**
McNamar, R. - 162
McNamar, Tim - 166
McNulty, A. B. - 112
Medjimorec, Rita - 150
Meili, Richard - 66
Meimberg, Rudolf - 78
Meinecke, Max - 54
Melchor, Alejandro - 170
Melichar, Erwin - 154
Melkus, Eduard - 86
Melloan, George - 170
Mencinger, Joze - 184
Menon, Mambillikalathil G. - 154
Mergen, Armand - 62
Merkatz, Hans-Joachim von - 78
Mertens, Peter - 120
Merz-Benteli, Walter - 64
Messer, Thomas - 174
Messner, Reinhold - 64, **63**
Mettler, Peter H. - 130
Metz, Johannes Baptist - 112
Metzger, Herbert - 128
Meyer zu Schlochtern, F. J. - 162
Meyer, Conny-Hannes - 162
Meyer-Eppler, W. - 72
Meyerson, J. - 56
Michalek, Nikolaus - 186
Michand, Guy - 78
Mieling, Peter - 146
Migsch, Alfred - 56
Mikula, Gerold - 190
Millendorfer, Johann - 124
Misset, H. A. - 124
Mitscherlich, Alexander - 78
Mitteis, Heinrich - 54

Mittelstaedt, Horst - 102
Mittelstraß, Jürgen - 162
Mitter, Heinrich - 190
Mock, Alois - 176, **179**
Mohr, Hans - 162
Mojto, Jan - 208
Mokre, Johann - 56
Molden, Andrea - **135**
Molden, Berthold - 210
Molden, Ernst - **61**
Molden, Fritz - 40, **50**
Molden, Hanna - **127**
Molden, Otto - 7, **13**
Molden, Paula - **135**
Molden, Peter - 41, **135**
Molden, Sascha - **135**
Molden-Hetzer, Koschka - **178**
Moldowan, Kurt - 56
Molin, Georg - 56
Möller, Rolf - 174
Mommsen, Wolfgang - 112
Mon, Franz - 112
Mondello, Mario - 128
Mongardini, Carlo - 130
Monissen, Hans Georg - 138
Montet, Jean - 136, **26**
Monti, Mario - 126
Moodie, Graeme - 80
Moran, Theodore H. - 205
Morava, Georg J. - 170
Morazé, Charles - 84
Moreira, Vergilio Folhadela - 194
Morel, Jacques - 78
Morgan, Roger - 138
Morimoto, Satoshi - 204
Morin, Edgar - 154
Morin, Pierre-Louis - 116
Morscher, Edgar - 166
Mortari, Vincenzo Piano - 86
Morton, Frederick - 64, **180**
Morton, George - 68
Mosbakk, Kurt - 176
Moser, Alfons - 40, **121**
Moser, Bastl - **168**
Moser, Franz - 190
Moser, Gerhard - 146
Moser, Koni- 47, **123**
Moser, Oswald - **168**
Moser, Peter - 203
Moser, Simon - 7, **13**
Mosing, Peter - 40, **57**
Motte, Diether de la - 176
Motte, Helga de la - 122
Mourik, Maarten - 204
Mozer, Alfred - 78, **113**
Mras, Werner - 201
Mrozek, Slawomir - 154
Mühlfeld, Claus - 182
Mukarovsky, Hans G. - 146, **53**
Mulders, Jacques - 68
Müller, Erich A. - 100
Müller, Gerd - 98
Müller, Heiner - 162
Müller-Hill, Benno - 194
Müller-Markus, Siegfried - 98
Münz, Rainer - 190
Münzel, Vera - 40
Murad, Anatol - 58
Muralt, Alexander von - 58
Musgrave, Alan - 136, **175**
Musil, Robert - 190
Musulin, Janko von - 130, **140**
Muth, Robert - 40, **51**
Myint, Hla - 86

Nabokov, Nicolas - 68
Naef, Werner - 64
Naegler, Heinz - 194
Nagiller, Rudolf - 202, **212**
Nagora, Klaus - 106
Nakajima, Toshijiro - 166
Narjes, Karl-Heinz - 174
Narr, Wolf-Dieter - 122
Nawiasky, Hans - 68
Nayer, Manfred - **178**
Nedden, Dieter zur - 194
Neeb, Fritz - 96, **103**
Neeb, Gundi - **97**
Nehru, Shri Arun - 184
Neider, Gusti - 182, **117**
Neider, Michael - 41
Neisser, Heinrich - 174
Németh, Béla - 186
Nemschak, Franz - 96
Nesvadba, Josef - 112
Neuberg, Erich - **89**
Neugebauer, Alfred - 56
Neumann, Michael - 184
Neurath, Paul - 174
Neuwirt, Gösta - 84
Newburg, André - 41
Niasse, Moostapha - 158
Nickerl, Monika - 116
Niederwemmer, Ulf - 120
Nießlein, Erwin - 146
Nigoul, Claude - 130
Nijpels, E. H. - 182
Nitsche, Roland - 40, **53**
Nitzschke, Bernd - 194
Njetschajew, Andrej - 190
Noelle-Neumann, Elisabeth - 146
Nolte, Ernst - 172
Nord, F. E. - 110
Nösslinger, Kurt - 27
Noszek, Friedrich - 194
Nothdurfter, Hans - 194
Novotny, Fritz - 146
Nowakowski, Friedrich - 68, **85**
Nowotny, Eva - 166
Nowotny, Ewald - 190
Nowotny, Fritz - 138
Nowotny, Helga - 200
Nowotny, Rudolf - 90
Nowotny, Thomas - 166
Nüchtern, Gottfried - 120
Nunes, Manuel Jacinto - 174
Nußbaum, E. W. - **126**
Nußbaumer, Adolf - 100
Nwogugu, Edwin - 190
Nyborg, Per - 176
Nyman, E. - 124

Oberhammer, Gerhard - 162
Oberhuber, Oswald - 122
Obermoser, Johann - **91**
Oberndorfer, Peter - 154
Oesch, Hans - 108
Oeser, Erhard - 162
Ofner, Harald - 162, **167**
Öhlinger, Theo - 172
Okun, Robert - 174
Olbrich, E. - 136
Oldemeyer, Ernst - 120
Oliveira, Valente de - 150
Olson, Mancur - 170
Opp, Karl-Dieter - 130
Oppenheimer, Peter - 124
Oprecht, Emil - 58
Orlowa-Kopelew, Raissa - 166
Orsini-Rosenberg, Heinrich - 146
Örström-Möller, Jörgen - 186
Ort, Alexandr - 186
Orth, Elisabeth - 154
Ortner, Gerhard E. - 120
Ortner-Chopin, Elizabeth A. - 184
Osond, Anton - 27
Ossola, Rinaldo - 120
Ossowska, Maria - 18
Ossowski, Stanislaw - 18
Ostleitner, Herbert - 158
Ott, Heinrich - 90
Ottillinger, Margarethe - 120
Ozbekhan, Hasan - 116
Owada, Hisashi - 170
O'Donohue, Daniel - 160

Pääbo, Svante - 201
Padrta, Jiri - 106
Paelinck, Jean H. - 124
Pahr, Willibald - 138, **148**
Pale, Karl - 27
Palma, Bernd - 158
Palosuo, Arhi - 176
Pamianovsky, Jercy - 108
Pancaldi, Giuliano - 170
Pandey, P. N. - 98
Pandolfi, Filippo Maria - 154
Pankin, Michail S. - 182
Pannenberg, Wolfhart - 142
Pantzer, Peter - 154
Pap, Arthur - 72
Paradisi, Bruno - 62
Parodi, Jean-Luc - 116
Parschalk, Volkmar - **147**
Parthasarathi, G. - 162
Partl, Alois - 190, **187**
Pascal, Roy - 58
Paschke, Fritz - 142
Pasquali, Giorgio - 184
Passmore, John - 194
Pasterk, Ursula - 182
Pastore, Giulio - 80
Patzak, Julius - 58
Patzig, Günther - 130
Paumgartner, Bernhard - 62
Pawlitschko, Dimitri - 190
Pawlowski, Tadeusz - 18
Payart, F. - **67**
Payrleitner, Alfred - **126**
Pearson, A. W. - 128
Peccei, Aurelio - 116, **134**
Peichl, Gustav, Ironimus - 112, **126**
Pejovich, Steve - 194
Pejovich, Svetozar - 146
Pelczynski, Zbigniew - 80
Pelinka, Anton - 154
Pella, Giuseppe - 78, **79**
Pellizzi, Camillo - 128
Pennati, Eugenio - 78
Perdigao, Jose A. de - 160
Pernthaler, Peter - 116
Perret, Etienne - 146
Perroux, Francois - 98
Pessoa, Fernando - 174
Pestel, Eduard - 130, **134**
Peters, Hans M. - 108
Petrak, Walter - 174
Petroni, Angelo - 186
Petsche, Hellmuth - 172
Pezel, Johann - 112
Pfaundler, Wolfgang - 40, **63**
Pfaundler-Spat, Gertrud - 80
Pfersmann, Dorothea - 172
Pfliegler, Michael - 58
Pfluger, Peter - 209
Pfoch, Hubert - 124
Pfusterschmid-Hardtenstein, Heinrich - 14, **15**
Philip, André - 58, **61**
Philips, Derek L. - 154
Piaty, Richard - 162
Pierre, Andrew J. - 174
Pietschmann, Herbert - 176
Piffault, Pierre - 112
Pifff-Percevic, Theodor - 102
Piller, Peter - 41, **185**
Piloy, Robert - 130
Pimentel, José Manuel Sampaio - 158
Pimpaneau, Jacques - 98
Pinschof, Thomas - 130
Piplits, Erwin - 154
Piquea, Carlos Robles - 150
Pirkham, Otto - 90
Pitha, Petr - 194

Pitirim, Metropolit - 182, **183**
Plankensteiner - 50
Planyavsky, Peter - 122
Plaschka, Richard - 142
Platzer, Werner - 194
Plessner, Helmuth - 62, **70**
Plesu, Andrei - 184
Plon, Joseph - 106
Plowska, Ija - 18
Pochat, Götz - 190
Podbielski, René - 72
Podgorschek, W. - 186
Poeschl, Rudolf - 186
Pohl, Manfred - 186
Pöhl, Karl Otto - 150
Polanyi, Michael - 72
Polieri, Jacques - 96
Polke, Martin - 108
Pollack, Wolfgang - 146
Pollak, Oskar - 56
Pollan, Hans - 108
Polsterer, Christiane - **145**
Pöltner, Günther - 194
Polze, Werner - 184
Polzin, Jörg - 110
Ponti, Gio - 54
Ponto, Jürgen - 130, **139**
Pöppel, Ernst - 200
Popper, Sir Karl - 18, **16**
Porcellana, Giovanni - 124
Portella, Eduardo Mattos - 150
Porter, Allan - 108
Posang Dova Lama, Sherpa - **79**
Posch, Krista - 186
Pöschl, Monika - 110
Possanner, Georg - **196**
Poflat, Emilè - 160
Poullain, Ludwig - **139**
Pourvoyeur, Robert - 108
Prachensky, Markus - **89**
Prados-Arrarte, Jesus - 78
Praehauser, Thomas - 110
Prat, Juan - 186
Prawy, Marcel - 106, **107**
Pregl, Zivko Kazimir - 184
Preisler, Gunilla - 194
Prélot, Marcel - 84
Preradovic, Paula von - 31, **60**
Pribram, Karl - 170
Priester, Wolfgang - 184
Primas, Hans - 172
Prinzgau, Brigitte - 190
Prior, Fritz - 130
Procházková, Iva - 166
Prokop, Heinz - 136
Prónay, Felix - 14, **14**
Pronay, Maria - **127**
Proser, Miriam - **115**
Pross, Harry - 136
Pryce, Maurice - 58
Pryce-Jones, David - 138
Pufendorf, Ulrich von - 96
Pühringer, Othmar - 206
Purcell, Victor W. - 98
Purtscher, Martin - 160
Purtscher-Wydenbruck, Nora - 56
Pusic Eugen - 18
Pütz, Theodor - 58
Pylypschtuk, W. - 190

Quadros, Fausto de - 190
Qualtinger, Helmuth - **89**

Räber, Kuno - 52
Rabin, Yitzhak - 142, **143**
Rabl, Peter - **149**
Rachimbajew, Gajrat - 182
Radauer, Irmfried - 90
Radel, Peter - 208
Radnitzky, Gerard - 128
Radon, Johann - 58
Radtke, Peter - 194
Rahner, Hugo - 52
Rahner, Karl - 56
Raidl, Claus - 27
Rainer, Arnulf - 150
Raith, Friedrich - 108
Rajan, K. V. - 98
Rallis, George - 142
Randa, Alexander - 90
Randolf, Karl - 90
Rao, P. V. Narasimha - 158, **164**
Rapf, Kurt - 72
Rasch, Wolfdietrich - 150
Ratz, Erwin - 68
Rauch, Wolf - 174
Rauchensteiner, Manfried - 184
Rausch, Jürgen - 64
Rauscher, Carl August - **57**
Rauter, Anton E. - 162
Redhead, Michael - 194
Reding, Marcel - 18
Redlich, Hans F. - 32
Redon, Odilon - 64
Régnier, Gérard - 190
Rehberg, Karl-Siegbert - 194
Reich-Ranicki, Marcel - 138, **141**
Reichardt, Robert - 128
Reierson, Roy - 128
Reincke, Heinz - 200
Reinert, David E. - 112
Reinhardt, Eberhard - 98
Reisch, Georg - 176
Reischitz, Hermann - 120
Reisinger, Otto - **131**
Reiter, Erich - 172
Rensch, Bernhard - 80
Reuth-Nicolussi , Eduard - 50, **52**
Reuth-Nicolussi, Inge - 47
Rey, Jean-Dominique - 128
Reynolds, Albert - 176
Rezzori, Gregor von - 142
Rhomberg, Rudolf R. - 122
Rhys Williams, Sir Brandon - 154
Ricard, Louis Philippe - 62
Richebächer, Kurt - 120
Riedl, Fritz - **89**
Riedl, Romuald - 27
Riedl, Rupert - 142
Riedmatten, Henri de - 112
Riemerschmid, Werner - 56
Rigele, Hansjörg - 27
Rihm, Wolfgang - 158
Ringel, Erwin - 186
Ripper, Rudolph C. von - 62
Rippon, Sir Geoffrey - 142, **143**
Rischbieter, Carlos - 146
Rischka, Kurt - 120
Ritschel, Karl Heinz - 166
Ritter-Santini, Leo - 150
Riz, Roland - 170, **132**
Robens, Alfred - 94
Roberts, Christopher - 176
Rocard, Michel - 166
Roebersen, H. G. - 110
Roellecke, Gerd - 138
Rognoni, Luigi - 84
Roh, Franz - 62
Rohrmoser, Günther - 102
Roll of Ipsden, Lord Eric - 146, **148**
Rollig, Wolfgang - 98
Rollin, Léon - 86
Roncetti, Silvio - 100
Ronte, Dieter - 150
Ropohl, Günter - 122
Rosé, Alfred - 110
Rose, E. J. B. - 72
Rosenberg, Alexander - 190
Rosenfeld, Leon - 58
Rosenmayr, Elisabeth - 166
Rosenmayr, Leopold - 186
Ross, Alf - 78
Rossi, Paolo - 84
Rossi, Pietro - 154
Rotenstreich, Nathan - 142
Roth, Alfred - 58
Roth, Erwin - 146
Roth, Wolfgang - 209
Roth-Pollack-Parnau, Alexander - 206
Rothacker, Erich - 66
Rothschild, Kurt - 130, **132**
Rotter, Elfriede - 40, **94**
Rougemont, Denis de - 24, **71**
Rouvier, Jean - 52, **51**
Roy, Tacharand - 62
Rozsenich, Norbert - 162
Rubel, Peter - **57**
Ruberti, Antonio - 194
Ruding, H. Onno - 190
Rudolf, Karl - 18
Rueff, Jacques - 84
Rufenacht, Antoine - 142
Rühl, Günther - 100
Rühl, Lothar - 204
Rühm, Gerhard - 112
Rukavina, Nedda - **69**
Rumpf, Hans - 116
Rumpold, Konrad - 27
Ruschin, Aleksej N. - 182
Russel, Bertrand - 184
Ruthenberg, Hans - 96

Sabarsky, Serge - 174
Sachs, Hans - 122
Sachs, Nelly - 120
Sackenheim, Jürg - 40, **50**
Sadik, Nafis - 182
Sainsbury, Tim - 184
Saint-Exupéry, Antoine de - 49
Saladin, Peter - 138
Salamun, Kurt - 158
Salcher, Herbert - 160, **153**
Salij, I. M. - 190
Salim, Emil - 160
Salin, Edgar - 62
Sallinger, Rudolf . 146
Salomon, Jean-Jacques - 160
Salomon-Delatour, Gottfried - 72
Salvatore, Gaston - 176
Sand, Hermann - 108
Sandberg, Miguel de Aldosoro - 160
Sander, Alexander - 84
Sandys, Lord Duncan - 58, **61**
Sannes, John - 120
Santer, Jacques - 199
Santillana, Giorgio de - 80
Saraceno, Pasquale - 80
Sarkisyanz, Emanuel - 98
Sartin, Pierrette - 100
Sartre, Jean-Paul - 49
Sasse, Heribert - 150
Sastri, Nilakanta - 98
Satarow, Georgij - 190
Satonsky, Dimitrij W. - 190
Sattler, Dieter - 96
Sattler, Klaus-Peter - 128
Sauser, Gustav - 52
Sauter, Gerhard - 116
Savetsila, Siddhi - 160
Scalfaro, Oscar Luigi - 199
Scarascia-Mugnozza, Carlo - 136
Schaefer, Hans - 100
Schaff, Adam - 130
Schafranek, Franz - 138
Schalk, Fritz - 56
Schallenberg, Wolfgang - 162, **196**
Schappacher, Wilhelm - 190
Scharre, Rolf - 146
Schärf, Adolf - 72, **91**
Scharrer, Hans-Eckart - 176
Schat, Peter - 110
Schaumayer, Maria - 26, **196**
Scheel, Walter - 158
Scheffler, Peter - 94

Schefold, Karl - 66
Scheibe, Erhard - 96
Scheible, Hartmut - 186
Scheich, Manfred - 174
Schein, Ionel - 100
Scheit, Karl - 72
Schelsky, Helmut - 72
Schemschustchenko, J. - 190
Schenk, Winfried - 176
Schenz, Richard - 209
Scherbaum, Gustav - 124
Schiefenhövel, Wulf - 194
Schiele, Egon - 56
Schiff, Heinrich - 130
Schischkoff, Georgi - 84
Schiske, Karl - 86
Schleicher, Stephan - 190
Schlenck, Günther - 150
Schlesinger, Helmut - 158
Schluchter, Wolfgang - 136
Schmalix, Hubert - 194
Schmetterer, Leopold - 142
Schmid, Heinrich - 54
Schmid, Hermann - 186
Schmidburg, Peter - **82**
Schmidhuber, Peter M. - 166, **157**
Schmidt, Arnold J. - 209
Schmidt, Burghart - 124
Schmidt, Erich - 162
Schmidt, Siegfried J. - 110
Schmidt-Bleek, Friedrich - 190
Schmidt-Chiari, Guido - 27, **139**
Schmidt-Dengler, Wendelin - 142
Schmidt-Neider, Gusti - 182, **117**
Schmidtchen, Gerhard - 190
Schmitz, Wolfgang - 120
Schmölders, Günter - 122
Schnebel, Dieter - 154
Schneider, Friedrich - 208
Schneider, Heinrich - 182
Schneider, Leopold Christian - 56
Schneider, Wilfried - 116
Schneider, William - 166
Schnitzler, Arthur - 174
Schober - **137**
Schoeller, Philipp - 158
Schöler, Walter - 116
Scholl, Sabine - 184
Scholten, Rudolf- **188**
Scholtz, Gunter - 207
Scholz, Kurt - 194
Scholz, Rudolf - 130
Scholz, Werner - 31, **55**
Schönborn, Christoph - 203
Schönherr, Otto - **55**
Schonner, Heinz - 36
Schöpf, Alois - 128
Schpeck, Roman - 190
Schragl, Engelbert - 120
Schramm, Friedrich - 78
Schreiber, Heinz - 190
Schreiber, Luise - 72
Schrems, Rainer - 41, **185**
Schröcksnadel, Hans - 136
Schröder, Thomas - 194
Schrödinger, Erwin - 20, **19**
Schuchter, Georg - 203
Schuh, Oskar Fritz - 62
Schulin, Ernst - 116
Schulmeister, Otto - 150, **149**
Schulz, Gerhard - 142
Schumann, Maurice - 64
Schumpeter, Joseph - 176
Schuppich, Walter - **212**
Schürer, Wolfgang - 206
Schurz, Josef - 186
Schüssel, Wolfgang - 166, **192**
Schuster, Peter - 182
Schutting, Jutta - 158
Schwabl, Hans - 84
Schwarz, Dietrich - 56
Schwarz, Gerhard - 186
Schwarz, Otto - 194
Schwarzenberg, Fürst Carl - **125**
Schwarzenberg, Fürst Josef - **134**
Schwarzenberger, Georg - 58
Schwencke, Olaf - 124
Schwenda, Otto - 124
Schwertsik, Kurt - 84
Schwimmer, Walter - 208
Schwind, Franz - 112
Schwödiauer, Gerhard - 154
Seara, Luis Gonzales - 154
Seck, Assane - 146
Seebacher, Willi - 146
Seefehlner, Egon H. - 78
Seetzen, Jürgen - 128
Seewald, Richard - 62
Segalla, Viktor - 182
Seibel, Dieter - 122
Seidel, Hans - 154
Seidl, Rudolf - 120
Seidler, Horst - 194
Seifert, Wolfgang von - 120
Seiler, Hansjakob - 94
Seitelberger, Franz - 142
Seitz, Konrad - 172
Sekanina, Karl - 166
Sekyra, Hugo Michael - 182
Seligmann, Henry - 90
Sellner, Gustav Rudolf - 110
Semler, Leonore - 120
Sen, A. K. - 98
Sen, Amartya - 26
Senghaas, Dieter - 182
Sergeant, Patrick - 154
Sergent, René - 78
Sermon, Lucien Leandre - 66
Sewell, Elizabeth - 72
Sexl, Roman - 162
Shaffer, Elaine - 80
Sharif, Noam - 142
Shepard, Roger N. - 162
Shetler, Norman - 146
Shuckburgh, Evelyn - 94
Siccama, Jan-Geert - 190
Siebker, Manfred - 138
Siglienti, Sergio - 170
Sigmond, R. P. Andor - 112
Sik, Ota - 130
Silberbauer, Gerhard - 124
Silbermann, Alphons - 94
Simmonds, K. Gene - 108
Simon, Walter - 96
Simonsen, Mario - 150
Simonsen, Palle - 174
Simson, Otto G. von - 58
Sinjawskij, Andreij - 150
Sinowatz, Fred - 150
Skalicky, Peter - 186
Skalnik, Kurt - 174, **57**
Skerbisch, Hartmut - 142
Skreiner, Wilfried - 128
Slavik, Felix - 124
Smith, Gaddis - 204
Smithson, Peter - 90
Snell, Bruno - 68
Sobotka, Hans - 40, **67**
Sobotka, Vera - **96**
Sobtschak, Anatolij - 194, **195**
Söhngen, Gottlieb - 94
Sokol, Erich - 112
Solomon, Anthony - 150
Solschenizyn, Alexander - 170
Sombart, Nicolaus - 110
Sommer, Theo - 154
Sommer, Volker - 207
Sonnenfeldt, Helmuth - 41, **178**
Sontheimer, Kurt - 112
Soon, Lau Taik - 186
Soriano, Gonzalo - 72
Sorsa, Kalevi - 194
Soukup, Leopold - 18
Soustelle, Jacques - 150
Sowinetz, Kurt - 200
Soysal, Mümtaz - 146
Spadolini, Giovanni - 162
Spallinger, Kurt - 186
Spängler, Heinrich - 27
Spängler, Richard - 27
Spann, Raphael - 90
Spant, Roland - 176
Spat-Pfaundler, Gertraud - 86, **83**
Späth, Gerold - 160
Spender, Stephen - 68
Sperber, Manès - 122, **129**
Spielhoff, Alfons - 124
Spindler, Konrad - 194
Spinelli, Altiero - 72
Spinner, Helmut - 120
Spitz, Otto - 160
Sprung, Rainer - 41
Stachowiak, Herbert - 90
Stadelmann, Rudolf - 58
Stader, Maria - 116
Stadler, Irmgard - 106
Stadler, Krista - 138, **159**
Stadler, Wilfried - 176
Stadlmayr, Peter - 40
Stahl, Rudolf - 66
Staiger, Emil - 52
Stalin, Josef - 48
Stammer, Otto - 90
Standke, Klaus-Heinrich - 142
Stanzel, Anton - 146
Stapf, Kurt - 124
Starek, Jiri - 112
Starkow, Wladislaw - 182
Staska, Erich - 174
Staub, Hans O. - 128
Stavenhagen, Lutz G. - 174
Stavropoulos, Constantin - **143**
Steck, Karl Gerhard - 86
Steden, Anton - 68
Steger, Norbert - 160
Stegmüller, Wolfgang - 18, **57**
Stehl, Jan - 122
Steidl, Willy - **137**
Stein, Werner - 136
Steinbauer, Heribert - 160
Steinböck, Ludwig - 56
Steinbuch, Karl - 29
Steiner, George - 106
Steiner, Gerolf - 96
Steinhart, Otto von - 56
Steinitz, Erich - 194
Steinmüller, Wilhelm - 120
Stemberger, Gerhard - 120
Stemberger, Gert - 116
Stephan, Rudolf - 78
Stepniczka, Heinrich - 206
Stern, Peter - 142
Stewart, W. A. - 86
Steyrer, Kurt - 162
Steyrer, Tony - 52
Stich, Otto - 200
Stikker, Dirk U. - 112
Stillman, Robert - 203
Stojanovic Svetozar - 18
Stoll, Robert Thomas - 40
Stoneking, Mark - 201
Stourzh, Gerald - 158
Strasser, Wolfgang - 122
Straub, Richard - 208
Streibl, Max - 146
Streicher, Rudolf - **188**
Streissler, Erich - 184
Strelka, Joseph - 207
Streminger, Gerhard - 207
Strohmeier, Gerolf - 110
Ströker, Elisabeth - 162
Struck, Karin - **140**
Stuckenschmidt, Hans-Heinz - 32, **85**
Stummvoll, Gerhard - 142

Sturm, Peter - 186
Stürmer, Michael - 186
Stussig, Herbert - 110
Stützel, Wolfgang - 100
Sucharipa, Ernst - 184
Suitner, Othmar - 50
Sukale, Michael - 122
Sukale, Sibylle - 122
Sully, Melanie - 182
Supek, Ivan - 98
Supek, Rudi - 18
Suranyi-Ungar, Theo - 50
Suri, Surindar - 98, **99**
Susini, Eugen - 42, **51**
Süßenguth, Siegfried - 50
Sutter, Sonja - 174
Suwanagul, Kasem - 160
Svoboda, Werner R. - 136
Swart, Herman - 128
Swarup, Shanti - 98
Swoboda, Hans - 142
Swoboda, Peter - 174
Syberberg, Hans-Jürgen - **149**
Szabo, Wilhelm - 56
Szalay, Sandor - 207
Szczesny, Gerhard - 68
Szecsi, Maria - 29, **115**
Szeemann, Harald - 166
Szentagothai, Janos - 172
Szilasi, Wilhelm - 64
Szyzskovic, Rudolf - 54

Tabucchi, Yasse - 98
Takács, Jenö - 84
Talantschuk, P. - 190
Taniguchi, Makoto - 186
Tantazzi, Angelo - 174
Tapfer, Siegfried - 96
Tarn, Adám - 108
Taschau, Hannelies - 158
Taucher, Wilhelm - 64
Taus, Josef - 29, **26**
Tausch, Walter - 130
Tenbruck, Friedrich - 102
Terrel, Burnham - 94
Tesar, Erik - 54
Tesar, L. E. - 56
Tessmar-Pfohl, Werner - 130
Teufelsbauer, Werner - 206
Theis, Günter - 122
Theuretzbacher, Norbert - 209
Theuring, Günther - 90
Thiandoum, Hyacinthe - 146
Thiess, Frank - 58
Thirring, Hans - 18
Thoma, Annette - 190
Thoma, Helmut - 172
Thorbecke, William J. - 72
Thorn, Gaston - 40, **22**
Thorn-Petit, Liliane - **117**
Thum, Beda - 106
Thun-Wozniakowska, Róza - 158
Thurner, Walter - 120
Thurnher, Eugen - 52
Tichy, Bruno - 27
Tichy, Günther - 146
Tichy, Herbert - **79**
Tillich, Paul - 68
Timmermann, Manfred - 172
Toman, Walter - 106
Toman, Walther - 52
Topitsch, Ernst - 18
Torberg, Friedrich - 31, **71**
Torberg, Marietta - **71**
Tortorella, Aldo - 136
Tosi, Silvano - 80
Touraine, Alain - 24
Toweett, Taaitta - 146
Trabucchi, Alberto - 136
Tranekjaer-Rasmussen, E. - 56
Trappeniers, Felix - 130
Traupel, Walter - 78
Tréanton, Jean René - 86
Treichl, Heinrich - 27, **133**
Trelluyer, Michel - 96
Trier, Th. M. von - 160
Trillhaas, Wolfgang - 18
Tritsch, Walter - 62
Troger, Ernest - 160
Trojan, Carlo - 176
Tromp, Bart - 204
Trotsenburg, Edmund van - 194
Trouvain, Franz-Josef - 130
Tschebull, Jens - 138
Tschiggfrey, Hans - 86
Tschinkel, Erich - 160
Tschornowil, Wiatscheslaw - 190
Tucher, Hans Christoph Freiherr v. - 96
Tucker, Robert C. - 160
Tudjman, Franjo - 186
Tuke, Anthony F. - **139**
Tulodziecki, Gerhard - 116
Tuppy, Hans - 41
Turrini, Peter - 128

Übelhör, Alfons - 72
Uexküll, Thure von - 56
Uher, Julian - 27
Uhl, Ottokar - 124
Uibopuu, Henn-Jüri - 186
Ulmer, Ferdinand - 102
Ultee, W. C. - 184
Ungar, Leopold - 86, **180**
Ungvari, Tamás - 120
Unseld, Siegfried - 138, **140**
Unterberger, Ander - 38
Urbancic, Pippa Elisabeth - 47, **53**
Urbanner, Erich - 84
Urbanski, Hans - 122
Ushiba, Nobuhiko - 154

Vaizey, John - 90
Vak, Karl - 27
Valenta, Hermann - 58
Vallender, H. W. - 94
Valsecchi, Franco - 72
Van der Burg - **212**
Van der Burs, M. - 122
Van der Sande, Loek - 190
Van Miert, Karel - 202
Van Voorst Tot Voorst, B. J. M. - 190
Vanberg, Victor - 182
Varagnac, André - 64
Vasale, Claudio - 190
Vasseghi, Esmail - 205
Veillet-Lavallée, Marc - 68
Veinstein, André - 80
Veit, Otto - 78
Veltman, Kim - 182
Verdross-Drossberg, Alfred - 52
Vereno, Mathias - 98
Verzetnitsch, Franz - 170, **188**
Veselsky, Ernst Eugen - 124, **132**
Vest, George - 160
Viereck, Peter - 68, **70**
Vierhaus, Rudolf - 122
Villeneuve, Jacques de - 110
Vincent, Jean-Didier - 194
Vinck, Francois - 100
Viola, Eugenio - 176
Viravon, Amnuay - 186
Vlerick, André - 128, **25**
Vogel, Bernhard - 166
Vogel, Hans Jochen - 124
Vogg, Herbert - 160
Vogler, Heinz - 166
Vogt, Elisabeth M. - 120
Volk, Hermann - 86
Volker, Paul - 24
Volland, Helmut - 108
Vollmer, Gerhard - 182
Vorbichler, Anton - 146
Voslensky, Michael - 154, **156**
Vranitzky, Franz - 26, **145**
Vukovich, Adolf F. - 110

Wachsmann, Konrad - 78
Waddington, C. H. - 116
Wagener, Hans-Jürgen - 186
Wagner, Alois - 146, **183**
Wagner, Gerhard - 27
Wagner, Hans - 98
Wagner, Leopold - 142
Wagner, Philip - 208
Wahl, Jean - 18
Wailand, Georg - 162
Wajsman, Patrick - 158
Waldheim, Kurt - 146, **148**
Wallenborn, Robert - 56
Wallnöfer, Eduard - 122, **129**
Walser, Martin - 172
Walter ,Norbert - 182
Walter, Emil - 90
Walterskirchen, Ewald - 190
Wandruszka, Adam - 56
Wandruszka, Mario - 40
Wanke, Alexander - 182
Warhanek, Max - **57**
Warnke, Jürgen - 162
Watanakun, Wichian - 186
Watkins, John W. N. - 86, **175**
Watrin, Christian - 130
Watson, Jan C. - 184
Watson, W. B. - 90
Weber, Gerhard - 174
Weber, Wilfried - 120
Weck, Philippe de - 142
Wegner, Manfred - 182
Wehrli, Max - 58
Weibel, Peter - 146
Weidlich, Fritz - 50
Weiermair, Peter - 112
Weiler, Joseph H. - 186
Weiler, Max - 190, **193**
Weilguni, Romana - 176
Wein, Hermann - 68
Weinberger, Ota - 128
Weingart, Peter - 128
Weingartner, Wendelin - 199
Weinlich, Robert - 136
Weippert, Georg - 62
Weisgerber, Leo - 94
Weisglas, Max - 176
Weisl, Frank - 96
Weiss, Paul A. - 130, **132**
Weissinger, Johannes - 78
Weisskopf ,Victor F. - 190
Weizsäcker, Viktor Freiherr von - 18
Weizsäcker, Christian von - 194
Weizsäcker, Ernst Ulrich von - 190
Wellek, Albert - 106
Wellesz, Egon Josef - 58
Wellmer, Albrecht - 160
Wendel, Hans-Jürgen - 206
Wenger, Karl - 128
Wenzl, Aloys - 58
Wenzl, Erwin - 182
Werner, Josua - **57**
Wesemann, Christina - **135**
Wessely, Paula - 50, **147**
Westphalen, Ferdinand - 52
Whitlam, Gough - 170
Wickenburg, Erik G. - 172, **159**
Wickham, W. R. L. - 68
Wickler, Wolfgang - 160
Wiener, Barbara - 172
Wieser, Wolfgang - 110, **71**
Wildbolz, Eduard - 108
Wildenmann, Rudolf - 108
Wildhaber, Luzius - 120
Wille, Sepp - 136
Williams, Tennessee - 174
Willnauer, Franz - 122
Wimmer, Norbert - 182

Wind, Edgar - 68
Winkler, Günther - 136
Winkler, Robert - 199
Winter, Ernst Florian - 106
Wintersberger, Helmut - 158
Wisata, Roman - 86
Wiseman, Leonard A. - 110
Wistrich, Ernest - 138
With, Hans de - 146
Wittlich, Käte - 150
Witz, Isaac - 209
Wladislawlew, Aleksandr 190
Wogensky, André - 84
Wohlgenannt, Rudolf - 18
Wohlmeyer, Heinrich - 174
Wohlschlägl, Helmut - 186
Woinowitsch, Wladimir - 158
Wolf, Gottfried - 174
Wolf, Martin - 194
Wolff von Amerongen, Otto - 26, **26**
Wolff, Philip - 84
Wolfkind, Peter Daniel - 136
Wolfsberger, Walter - 186
Woltron, Klaus - 162
Wopfner, Hermann - 58
Worm, Alfred - 208
Woschitz, Karl - 194
Woschnagg, Gregor - 176
Wotruba, Fritz - 31
Woudhuysen, James - 190
Wozniakowski, Jacek - 86
Wright, Elly - 170

Yamaguchi, Masao - 194
Yassukovich, Stanislas M. - 172
Yoshida, Hidehiko - 206
Yoshida, Hidekazu - 98
Yoshino, Bunroku - 160
Young, Ralph A. - 112
Ypersele, Jacques van - 150
Ysberg, Ake - 40

Zacherl, Nikolaus - 194
Zahar, Elie Georges - 142
Zahn, Joachim - 138
Zahn, Peter von - 106
Zanger, Georg - 208
Zanone, Valerio - 166
Zapotocky, Stefan - 172
Zapotoczky, Klaus - 41, **144**
Zaslavskaya, Tatiana - 184
Zbinden, Hans - 58
Zeeland, Paul van - 90
Zehetner, Wolfgang - 146
Zeiler, Gerhard - 203, **212**
Zeilinger, Erich - 27
Zeilinger, Gustav - 186
Zelenka, Stefan - 86
Zeleny, Jindrich - 108
Zemanek, Heinz - 72
Zemanek, Karl - 112
Ziegler, Rolf - 130
Ziller, Gebhard - 186
Zimmer-Lehmann, Georg - 26, **61**
Zimmer-Lehmann, Inge - **69**
Zimmermann, Rupert - 120
Zimmermann, Walter - 80
Zintl, Reinhard - 186
Zlabinger, Albert H. - 160
Zobrist, Arthur - 116
Zonneveld, Herman van - 194
Zosso, René - 205
Zykan, Otto M. - 84
Zyl Slabbert, Frederick van - 176, **177**

Hinweis: Autoren, die mehrfach mit Beiträgen in diesem Buch aufscheinen, zeichnen lediglich den ersten Beitrag mit vollem Namen, die folgenden mit Chiffre. (Heinrich Pfusterschmid-Hardtenstein = h.p.h., Fritz Molden = f.m.)

PUBLIKATIONEN

Folgende Publikationen des Österreichischen College sind lieferbar; Bestellformulare incl. Preisliste erhalten Sie über das Österreichische College. Die Berichtbände der Jahre 1992 bis 1994 sind über den Ibera Verlag zu beziehen.

ÜBER DIE GESCHICHTE
DES EUROPÄISCHEN FORUM ALPBACH

Der andere Zauberberg - Das Phänomen Alpbach
von Otto Molden

EUROPÄISCHES FORUM ALPBACH

1978 Wissen und Macht
1979 Der Mensch in der unvollkommenen Gesellschaft
1982 Erkenntnis und Gestaltung der Wirklichkeit
1983 Wissen - Glaube - Skepsis
1984 Der Beitrag Europas - Erbe und Auftrag
1985 Evolution und die Zukunft der Menschheit
1986 Autonomie und Kontrolle
Steuerungskrisen der modernen Welt
1988 Krise der Moderne?
1989 Geschichte und Gesetz
1990 Freiheit - Ordnung - Verantwortung
1991 Zeitenwende - Vision und Wirklichkeit
1992 Entscheidung für Europa
Bewußtsein und Realität
1993 Was ist der Mensch?
Menschenbilder im Wandel
1994 Zeit und Wahrheit

DIALOGKONGRESSE

1978 Westeuropa - Schwarzafrika
1979 Westeuropa - Lateinamerika
1982 Westeuropa - ASEAN-Staaten
1983 Westeuropa - Indien
1985 Westeuropa - Nord- und Südwestpazifik
1988 Europäische Gemeinschaften - EFTA-Staaten
1989 Westeuropa - Sowjetunion
1990 Westeuropa - Osteuropa
1991 Europa - ASEAN-Staaten
1992 Ukraine
1993 Europa im Werden
Dialog mit den Iberischen Staaten

Zeichnung: Paul Flora